◎主编 何莉

度教学：绿色指标的行动研究

上海三联书店

主　编：何　莉

副主编：张　怡　罗志红

编　委：（按姓氏笔画排序）

王春燕　吴　丹　吴　骏　吴静君　张芳芳　李莹莹

追求公办初中学校办学的新境界

复旦大学　徐冬青

　　读完上海市卢湾中学《六度教学：基于绿色指标的行动研究》一书，对于上海市的绿色评价指标有了了解，更对如何践行并落实绿色评价指标有了清晰地认识。《六度教学：基于绿色指标的行动研究》是卢湾中学历时 10 年的教育教学改革实践经验的总结，更是一所优质学校的创业见证。

　　全书由第一章的"六度教学：全面对接绿色指标"的总论和其余六章构成。重点勾画了课程建设的延展度、课堂教学的增值度、学习指导的贴心度、师生关系的温暖度、校本研修的共享度、家校合作的融洽度的实践内容。通过六个章节的"六度"的具体化的概念和实践案例的全面诠释，呈现了一所学校的全方位的教育教学的基本框架。其中，对于"六度"内涵的解释、无边界课程、课堂教学的系列化的实践形态的揭示以及师生、家校和研修三方面的有特点的"度"的深度诠释，凸显了卢湾中学的办学特色和实践探索成效。

1

全书以绿色指标为基本参照,始终紧扣绿色评价指标的内涵揭示理解和外延延展的思考,使得全书充满了理论与实践之间的张力,理想与现实之间的张力、课程与教学之间的张力,研究与发展之间的张力、家庭与学校之间的张力、教师与学生之间的张力。“度”概念的提出,是对前述六种双边关系处理的一种思想原则,把握好“度”恰恰是处理好各种关系的智慧的体现。从理论与实践的关系角度来看,如何将绿色指标中所透视出的,诸如社会主义核心价值观,与具体学校的价值教育相统一,如何将课程开发的宗旨目标与具体教学实施过程的有机统一,这都需要找到转换点和聚焦点。卢湾中学提炼了课程建设中的核心指标如“延展度”作为一个聚焦点,使得课程建设找到了一个理论到实践的连接点,聚合点;又如书中所提出的“无边界课程”的探索实践,则是在理想与现实之间,从过去的依靠个别教师的天赋才能才能做到的事,通过以“无边界课程”的概念实践方式,找到了一个理想和现实相结合的转化点。这里只是从自己阅读的体会出发略举一二,在书中所提供的丰富的案例中,呈现了学校在实施六度教学中的典型经验,在详细介绍卢湾中学行动做法中,我们能够看到,通过提炼出的各种“度”的维度如贴心度、温暖度、共享度、融洽度等,进而彰显出把握好“度”便是处理好课程教学之间、家校之间、研究发展之间、师生关系之间的实践原则。通过“度”的维度、“度”的实践原则的提炼和转化,提供了我们思考关系的角度,探寻了促进各种关系之间达于融合与和谐的路径,揭示了化解矛盾的方法,形成了缓解冲突的原则,明确了提升处理各种关系能力的策略,找到了处理各种关系的聚焦点和方向感等等,这些都体现了该课题研究所揭示的方法论价值。

　　众所周知,上海市的基础教育经历了几十年的快速发展,已经呈现出高端优质的发展势头,PISA测试已经使得上海教育受到国际关注。上海绿色指标被誉为“中国的PISA”,不仅引领着上海的教育发展,也已经在国内多个地区产生了广泛的影响。

卢湾中学的基于绿色指标的六度教学实践研究,很好地践行了上海的绿色价值追求,实现了初中学校从育分向育人的华丽转型,为初中生走好青春的第一步奠定了扎实的基础,为每个学生的终身发展奠定了生命的厚度,人生的高度,思想的深度和人间的温度。通过六度教学的行动实践,放大了指标的功能,丰盈了绿色的价值,揭示了教学的意义和真正价值所在。在这个意义上,卢湾中学的"六度教学",提供了一个落实和践行绿色指标的实践范例,书中提供的大量实践思路和具体操作方法,对于相关学校的教育教学改革具有重要的借鉴意义和学习价值。

预祝卢湾中学在新时代背景下,再攀高峰,再创佳绩!

第一章　六度教学：全面对接绿色指标

　　2001 年，新课程的实施标志着我国教育评价观念的转变，评价的诊断和反馈的功能成为当时新课程教师培训的重要内容之一。2007 年，教育部构建了全国基础教育质量监测体系，开始在全国范围内实施评价实验与质量监测。2010 年，中共中央、国务院印发的《国家中长期教育改革和发展规划纲要（2010—2020 年）》中明确提出了"改进教育教学评价"的要求。因此，积极开展学生学业质量评价研究与实践，不仅是顺应了教育改革以及大趋势的内在要求，同时也是不断提升了学校教育教学质量，促进学生全面、可持续发展的现实诉求，具有极其重要的实践意义。

　　随着基础教育改革的不断深入，学生学业质量日益成为教育界关注的焦点与热点问题。2011 年 11 月，上海市向全社会公开发布了《上海市中小学生学业质量绿色指标》（本书中简称为绿色指标）。绿色指标以关注学生健康成长为核心价值追求，是教育质量综合评价改革的创新之举，丰富了学业质量评价的内涵①。"绿色指标"共有十个指数，即学生学业

---

① 赵雪晶.上海市基础教育质量综合评价的校本化实践探索[J].教师教育研究,2017,29
　　(05):75-80。

水平指数、学生学习动力指数、学生学业负担指数、师生关系指数、教师教学方式指数、校长课程领导力指数、学生社会经济背景与学业成绩的关系指数、学生品德行为指数、身心健康指数以及上述各项指标的跨年度进步指数等。"绿色指标"的监测结果，既为学校提升办学质量提供了重要依据，也是对学校改进教学行为的有力指导。透过监测结果，能够了解学校的真正"薄弱点"，通过行政干预，提供改进学校教学工作的各种建议及措施，帮助学校达成质量目标。

六年的绿色指标评价工作的持续推进，不仅在区域和学校层面取得了显著效果，帮助学校寻找到了持续发展的方向，引导学校在与区域、自身比较中找到了发展的增长点①，开展了以校为本的评价研究，而且绿色指标自身也从 1.0 版迈向了绿色指标 2.0 版。绿色指标 2.0 一方面继续秉持绿色指标 1.0 的绿色理念，另一方面也有了一些显著的变化，如更加关注对学校教育质量的科学评价，面向每一所学校，使每一所家门口的学校都优质；强调在关注均衡、质量、负担的基础上，在促进学生全面发展的同时关注学生的终身发展，从关注平等的教育到关注适合的教育，从关注基本技能到关注关键能力，从关注学校管理到关注学校治理，从线下测评到线上线下测评相结合，不断提高"绿色指标"评价的科学性、针对性和实效性。

因此，学校如何在绿色指标评价引领下，以促进每个学生的发展为宗旨，破解学校目前教育教学工作中的各种热点、难点问题，进一步深入基于绿色指标评价的校本化实践，是当前学校面临的一项重要工作。

---

① 赵雪晶.上海市基础教育质量综合评价的校本化实践探索[J]. 教师教育研究,2017,29(05):75-80。

第一节　六度教学的内涵诠释

一、六度教学的基本释义

"六度教学"作为落实绿色指标的校本建构,是与学校的发展与改革创新进程同步的,其秉承绿色指标的评价理念,把"为学生奠定幸福人生"作为教育追求,致力于将学校打造成为具有鲜明科学教育特色的公立优质学校。那么,何为六度教学?"六",是个数量词。"度",是指维度。"六度教学"是"六度教学质量评价指标"的简称,是指学校在绿色指标的指引下,从课程建设、课堂教学、学习指导、师生关系、校本研修、家校合作等六个维度构建的以校为本的教育质量评价体系。上述六个维度涵盖了学校的主要教育教学工作,但因其重心是服务于学校的教学工作,故简称其为"六度教学",其本质是评价研究,是学校基于绿色指标的校本化实践的结晶。

六度教学以课程建设、课堂教学、学习指导、师生关系、校本研修、家校合作等六个维度为评价内容,不断完善绿色指标体系下的校本化实施的评价框架,不断提升学生、教师的校园生活愉悦感,提升学生、教师的可持续发展力;不断探索学校课程教学改革的未来突破之路,切实解决目前学校在推进课程教学改革中面临的困难和问题,推动学校教育的转型发展。因此,六度教学存在另一种使动涵义,即用六个指标来评价,在此"度"有"度量"之意。以此得出,六度教学是指用延展度、增值度、贴心度、温暖度、共享度、融洽度等六个关键指标分别度量学校的课程建设、课堂教学、学习指导、师生关系、校本研修、家校合作等评价内容的变化程度,进而实现六个维度各自内容的发展和进步,并形成一个综合性的评价框架体系。

二、六度教学的理论依据

1. 增值性评价理论(Value—ded Assessment)

增值性评价理论的主要观点。增值性评价是近三、四十年来国际上最为前沿的教育评价方式之一。增值评价起源于詹姆斯·科尔曼1966年向美国国会提交的《关于教育机会平等性的报告》,简称"科尔曼报告"(Coleman Report)。"科尔曼报告"的一个重要结论是学校的物质条件并不是决定学生学业成就的核心因素,学校的作用在于帮助学生克服其出身不平等所带来的学业进步障碍,即以学校帮助学生成长的努力程度作为评价学校工作绩效的依据。由上可知,增值性评价是一种发展性评价,注重的不只是最终的教育结果,是教育过程中的学生进步情况,评价的目的不是甄别和选拔,而是通过测定学生的进步情况,改进学校和教师的教育教学,是一种发展性评价。

增值性评价理论为六度教学质量评价的建构提供了强有力的理论支撑。在六度教学质量评价中,延展度、增值度、贴心度、温暖度、共享度、融洽度等六个关键指标都是考察学校或教师对学生发展影响的净效应,尽力排除学生的一些基础性或背景因素,不以发展基础好坏作为评价的决定性因素,是对学校及教师的一种较为科学、客观的评价。六度教学质量评价有助于帮助学校开展对自身决策的评价,反思学校在增进学生学业进步乃至其他方面发展中实施的改革措施的效果情况,在厘清学校责任的基础上厘清学校改进的思路,便于学校制定和调整改进计划,确定下一步工作目标,使学校更能做到以学生为本,促进学生的全面发展,从而形成一种基于证据的"决策—研究—改进"工作方式。六度教学作为一种增值性评价,有助于引导教师为了获得较高的增值,会更加关注大多数学生的发展,明确哪些学生群体或者个体需要特别帮助,而不仅仅是关注尖子生,有助于教师形成"标准—评价—教学"的研究循环,从过分看重生源转向更注重学生的培养,从过分看重结果转向更注重教育的过程,从而更好地促进学生发展。

2. 质性评价理论

教育研究自形成以来就存在着两种典型的范式,即模仿自然科学的研究方法和模仿人文科学的研究方法。据此,学术界也普遍认为教育评价也存在两种基本的范式,"量化"与"模糊"是教育评价的一对基本范畴。有些教育现象界限清晰,可以做量化描述;而有些教育现象界限模糊,适合于质性描述。由上可知,量化评价是采用数学、统计学等方面的知识与工具,对被评对象的工作过程、绩效以及自身素质等方面的资料进行收集与处理,进而对评价对象做出价值判断的过程。而质性评价是指在自然的情境中,采用特定的调查方法(通常为深度访谈、参与性观察、实物分析等方法),尽可能详尽而全面地收集被评对象的发展状况资料,并以此对被评对象的工作过程、绩效以及自身素质等方面进行价值判断。

上述的观点为六度教学质量评价范式提供了两种思路。六度教学质量评价涵盖六个维度的评价,即课程建设、课堂教学、学习指导、师生关系、校本研修、家校合作等,比较适合于质性评价,便于学校和教师运用访谈、观察、实物分析等调查方法,分析反映评价对象发展状况的资料,从而对评价对象做出描述性、真实性的价值判断。与此同时,我们也认为,随着研究进程的不断深入,适度采用量化评价,可能更有利于形成基于证据的经验提升。

3. 系统理论(System theory)

系统理论(System theory)的主要观点。系统论是研究系统的共同特征,用数学方法定量地描述其功能,寻求并确立适用于一切系统的原理、原则和数学模型,是具有逻辑和数学性质的一门科学。系统理论(System theory)诞生于20世纪40年代。分为系统工程和一般系统论两个部分。

系统工程是由美国的工程师泰勒首创。一般系统论是美籍奥地利生物学家贝塔朗菲创立。关于系统的定义,在基础科学层次上,通常采用贝塔朗菲的定义:系统是相互联系、相互作用的诸元素的综合体。这个定义强调的是元素之间的相互作用以及系统对元素的综合作用。系统论的基本原理有四:即整体突现原理、开放性原理、等级层次原理、动态演化性原理。系统论强调整体与局部、局部与局部、整体与外部环境之间的有机联系,具有整体性、动态性和目的性三大基本特征。

系统论(System theory)为六度教学研究提供科学的方法论。六度教学评价指标体系是一个动态的系统,它的整体性和最优化就是它的特点。整体性就是把六度教学评价指标体系作为一个整体,是一个大系统,指标体系、操作体系等就是它的部分子系统。同时在这些子系统中又可分出若干个次子系统。六度教学就是要在整体与部分的内在关系中发现教学质量发展的本质属性,通过对各要素间的内在逻辑结构加以综合分析判断,找出整体发展的规律以及在整体发展中各指标要素所发挥的作用,以达到最大化的发展。因此,可以说系统理论(System theory)为六度教学的研究提供一定的实践指导。

三、六度教学的价值意义

1. 六度教学是绿色指标指引的校本化再发展

六度教学借鉴了绿色指标评价的深刻的多维评价考察思路,注重实践、注重关键因素提炼、注重多元统筹整合,进而构建一个适合学校发展的教学质量评价体系。

如同绿色指标的设计,六度教学并不追求学术意义上的完整和"纯粹"的教学质量评价指标。虽然六度教学的构建实施始终注重寻求现代教育教学和管理理论支撑,但六度教学在本质上是绿色指标引领下的实践性评价框架体系。虽然六度教学强调教学评价内容的多层面多因素互相联系互相作用的复杂系统运动，但它并不追求学术意义上的严谨的教学质量评价体系结构，反之，它是一个具有强烈指向性、选择性、策略性和操作性的教学质量评价实践框架。它是针对当前学校现实工作中的不足提出的改革和创新举措，是基于学校多年改革创新的积累和校本文化积淀而提炼出的指向现实教学关键因素的改革评价方案。如同绿色指标的设计，六度教学质量评价不仅注重课堂教学活动，还将其实施操作的空间延伸到对教学活动提供支持保障的校本研修和家校合作等去考察和构建。

因此，可以说六度教学是绿色指标指引下建构的评价体系，但它同时也强调在实施过程中的不断充实、丰富、发展和完善，是绿色指标指引的校本化再发展。

2. 六度教学是学校教育教学工作的整体设计

六度教学在目标价值层面同学校的办学理念、办学目标、育人目标等保持着内在的一致性。作为整体设计的六度教学质量评价，有助于引导学校教学活动的全面规划和统筹设计，并将学校改革提升到制度、机制建设层面，使改革从经验型逐步提升到理性、规范有序的水平。在六度教学设计的指导和统领下，我们对学校课程教学发展的各层次、各环节、各方面和各要素进行统筹规划和全方位整合，经过相互融合和优化组合而产生聚集效应，充分体现学校改革发展的贯通性、一体性，将复杂零乱、各自为政、各行其是的系统整体化。

如下是学校发展的一些背景资料：

卢湾中学地处上海市中心城区，有着 60 多年的悠久历史。办学条件优越，拥有优质的教育资源，形成了良好的校风、教风和学风，教学质量在区公立学校中名列前茅，在区域范围内具有较高的社会声誉。多年来，学校始终以"人文立魂，科学树人"为办学理念，以促进学生的终身发展为宗旨，以创建区公立名校为动力，坚持走改革创新之路，培养"知做人道理、明发展方向、具科学精神、显卢湾底蕴"的现代中学生。

学校有明确的发展目标，积极开展以"自主"为特征的校园文化建设，努力建设科学的教育管理体系，坚持深入开展课程改革，形成了鲜明的办学特色，取得了令人瞩目的办学成就。学校以科学教育为载体，着力于培养学生的创新精神和实践能力，基本形成了科学教育的办学特色，逐步形成了航模、计算机奥林匹克竞赛、头脑奥林匹克、创新大赛、智能机器人等特色项目。

学校航模队先后多次代表国家征战世界航天模型锦标赛，获得第16届世界航天模型锦标赛上 S8D 项目团体冠军，并包揽了该项目的前三名，这是中国历史上取得的最好成绩。2012 年 9 月在斯洛伐克举行的世界航天模型锦标赛上，卢湾中学代表中国青年队参赛，荣获 S8D 项目团体铜牌，为中国青年队赢得唯一一枚珍贵的奖牌。学校也被国家体育总局航管中心授予"全国航空（航天）重点单位"。自 2010 年以来，全国信息学奥林匹克获奖 26 项学校；全国头脑奥林匹克竞赛中多次获得全国第一名；上海市首届 DI 竞赛中获得了上海市中学组一等奖；11 人在上海市科技创新大赛获奖；曾获得全国青少年科技创新大赛第一名的赵俊华同学被评为"全国科学小院士"；张宇同学被评选为"上海市明日科技之星"。学校先后被评为全国航空（航天）重点单位、上海市科技教育特色示范学校和上海市航天科技特色学校。

六度教学作为一个教学质量评价的整体设计，使我们能站在整体的全局的制高点上，用俯视的眼光审视学校教学活动，从总体上进行课程教学体系的设计。它向我们揭示学校改革发展的本质、灵魂和核心，明确改革和发展的根本方向，明确改革发展的核心理念以及由此衍生的顶层目标,指导学校全局工作,统筹整合教学系统的各个方面的活动和各类资源,自上而下,自顶层到底层,从高端出发,逐层向低端展开,以此对学校改革发展进行整体设计和整合式实施。

3. 六度教学是促进学生全面发展的支撑力量

六度教学在培养目标和价值观层面,秉承了绿色指标的根本宗旨,致力于营造有利于学生健康成长的良好氛围,促进学生的全面发展;其基本的价值取向是关注学生的课堂生命质量、关注学生的学习幸福指数、关注学生学习的可持续发展。该教学,围绕"教"与"学"两个支点,同步实现两个提升,即"教学效能的提升"和"学生学业成就感的提升"。它以"关注教师和学生的幸福成长指数,关注学生综合素养的提升,关注教师后续发展潜力的培养,促进师生关系的和谐发展"为最终指向。

六度教学始终坚守学校的育人目标,要培养学生高尚的道德情操、扎实的科学文化素质、健康的身心、良好的审美情趣,努力使学生具有中华文化底蕴,具有中国特色社会主义共同理想,拥有国际视野,成为社会主义合格建设者和可靠接班人;始终坚守为了每一个学生的终身发展,为了学生的全面发展和健康成长;始终坚守培养学生的身心和谐的健康品质、求善求美的人文素养、求真求实的科学精神、学习创新的终身能力等;始终坚守国家对各个不同发展阶段的学生在知识与技能、过程与方法、情感态度价值观等方面的基本要求,并强化目标管理的细化工作,在具体的教学活动中将国家课程目标具体细化为各个学科、各个学年、学期、单元和课时的具体目标。同时处理好三维目标之间的互相关系,充分实现国家课程目标的人文性和工具性的高度的统一。

因此,我们认为六度教学是学校促进学生全面发展的重要的支撑力量。

第二节　六度教学的指标体系

一、指标体系建构的依据

1. 对接绿色指标

绿色指标改变了单一的选拔性评价格局,关注学生的学习过程与进步,利用政策导向积极调节教学过程,为学生的成长奠基,为他们的身心健康保驾护航,具有科学、全面、公正的教育评价观,是一项体现人文关怀和公平教育理念的评价政策,这是六度教学质量评价指标建构的主要依据之一。

2. 学校整体发展

上海的基础教育的转型也正向纵深推进,学校的教育改革如何进一步深化? 如何立足区情、校情,发扬优良传统,适应发展需要,顺应时代潮流,应对现实挑战,将学校的发展推上一个新台阶。因此,基于学校的发展基础是六度教学质量评价指标建构的主要依据之二。

3. 遵循教育规律

教育要回归教育的原点,要遵循教育的规律,是近年来教育界的呼声,因此,以教育理论为指导,确立学校改革发展的目标体系和实施路径,构建我们的有魂有根的改革实践框架,提高改革的自觉性和理性深度,提升学校发展的内涵和品质,为学生的生命成长提供所需要的、全面的、适合的教育,这是六度教学质量评价指标建构的主要依据之三。

4. 评价研究成果

六度教学借鉴了现有的评价研究成果,聚焦于体现教学质量内涵发展的集合点,融合绿色指标的发展要求进行创造性的选择和构建,形成独具特色的评估指标体系,这是六度教学质量评价指标建构的主要依据之四。

二、指标体系建构的原则

1. 导向性原则

绿色指标对我国基础教育质量具有极其重要的导向作用,其构建、运行、改进过程对于建立全国和地方版学业质量评价体系具有可借鉴意义,以绿色指标为蓝本的六度教学指标体系同样也体现了导向性原则。六度教学质量评价指标导向的主要体现在:它要求评价者要用发展的眼光看待问题,要重过程、重发展、重提升,即评价对象在过程中的努力程度,重视对人的深层次需要的激励和赏识,充分发挥评价的激励作用,以正确的积极的思维导向来促进评价对象的进步和发展。

2. 增值性原则

学校办学基础的差异、教师间的差异、学生间的差异等,是客观存在的,因此不能简单地用统一的指标来衡量教学质量。因此,六度教学质量评价指标的建构吸纳增值性评价的一些思想,通过阶段性的跟踪研究,收集被评价对象在一段时间内不同时间点上的发展变化,然后进行纵向比较并得出评估判断。

3. 可操作性原则

评估指标体系的制定有一定的难度,难就难在它既要科学建构,又要有一定的可操作性。实际上,一个好的指标体系不能只停留在理论层面的价值,更应体现它在操作层面的价值,这是六度教学质量评价指标建构所考量的一个重要原则。

三、指标体系建构的环节

2012 年,学校以六度教学立项开展校本研究,六度教学的整体研究主要经历了以下六个过程。(1)学校的校情分析,确立六个维度的评价内容,即课程建设、课堂教学、学习指导、师生关系、校本研修、家校合作等;(2)解读绿色指标,分析其昭示、引领的含义;(3)六度教学全面对接绿色指标;(4)建构六度教学质量评价指标;(5)形成"标准—评价—教学"和"决策—研究—改进"的研究循环,在行动研究中促进学校教育教学质量的提升;(6)形成了诸多的研究成果,积累了学校办学经验以及教师实施案例。上述六个环节环环相扣,逻辑清晰,呈现了良好的线型结构,但在实际的研究与应用中却是一个非线型结构,这也是本课题研究持续历经五年的原因之一。

在上述的研究过程中,评价体系的建构是重中之重的过程,其主要有以下五个关键性环节构成:

1. 确定评估内容

根据国家、地方的教育法律法规、政府的方针政策、教育发展的方向以及学校的校情分析,采用内涵分析法、问卷法、访谈法等方法来确定六度教学质量评价的内容,即六度教学质量评价指标涵盖六大领域,即课程建设、课堂教学、学习指导、师生关系、校本研修、家校合作。

2. 确定评价指数

评价指数主要有:延展度、增值度、贴心度、温暖度、共享度、融洽度。每个评价指数对应一个评价内容。简洁的表达为:课程建设的延展度、课堂教学的增值度、学习指导的贴心度、师生关系的温暖度、校本研修的共享度、家校合作的融洽度。

3. 六度教学全面对接绿色指标

六度教学的评价内容丰富,由课程建设、课堂教学、学习指导、师生关系、校本研修、家校合作等六个领域组成,与绿色指标对接什么? 如何对接? 是一个要解决的关键性技术路径问题。为此,我们引入了系统论思想。一是先构建两个系统,即六度教学系统与绿色指标系统(图1-1:六度教学系统与绿色指标系统的对接)。二是整体对接,即六度教学与绿色指标的评价理念对接。三是六度教学的评价内容与绿色指标十大指标对接。四是六度教学的评价指数与绿色指标十大指标中的一级指标对接。五是六度教学的评价表现与绿色指标十大指标中的二级指标对接。通过系统的对接,在评价维度、侧重点、导向性与绿色指标呈现一致性,进而达到全面落实教育质量综合评价改革的要求。

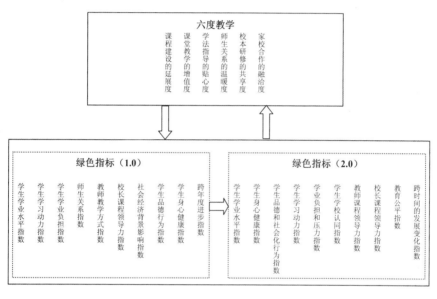

六度教学
课程建设的延展度
课堂教学的增值度
学法指导的贴心度
师生关系的温暖度
校本研修的共享度
家校合作的融洽度

绿色指标(1.0)
学生学业水平指数
学生学习动力指数
学生学业负担指数
师生关系指数
教师教学方式指数
校长课程领导力指数
社会经济背景影响指数
学生品德行为指数
学生身心健康指数
跨年度进步指数

绿色指标(2.0)
学生学业水平指数
学生身心健康指数
学生品德和社会化行为指数
学生学习动力指数
学生学校认同指数
学业负担和压力指数
教师课程领导力指数
校长课程领导力指数
教育公平指数
跨时间的发展变化指数

图1-1 六度教学系统与绿色指标系统的对接

4. 六大领域的分解研究

六度教学质量评价指标涵盖六大领域,即课程建设、课堂教学、学习指导、师生关系、校本研修、家校合作,如何在六度教学质量评价理念引领中,展开分解研究以及各领域工作的分项推进,是六度教学质量评价要解决的一个现实问题。

我们的解决思路之一是保持研究方式的一致性。一致性让我们研究思路更加清晰,也形成了共同的研究过程,含六个关键环节,即研读指标、

13

解读指标、落地生根、内涵诠释、实践应用、成果表达（详见第二章到第七章的第一节）。

我们的解决思路之二是在行动中研究，在研究中改进。行动研究法的精髓是基于实际的问题提出改进计划，通过在教育实践中实施、验证、修正而得到研究结果，并改进自身工作的一种研究方法。我们在研究中形成了两种主要形式，一是案例研究，教师从对自身教学回顾与反思中发现课题，进而把发现问题及处理问题的全过程写成案例，进而展开研讨和分析，并形成文字报告。二是问题研究，其过程包括问题、计划、行动、评价，并循环下去，直到问题得到解决。不论哪种形式的研究，重点在于要有行动研究的价值取向，在研究中不断破解学校诸多工作的难题。

5. 建构六度教学质量评价指标

形成"标准—评价—教学"和"决策—研究—改进"的研究循环，发现并分析学校在推进课堂转型过程中存在的瓶颈问题和发展障碍，在实践中针对前期问题，通过计划预设、行动探索、反馈调整等循环上升的过程，整合课堂实践反馈，实现教学质量的提升，同时完成六度教学质量评价指标的建构（详见本节指标体系的主要构成）。

四、指标体系功能与特点

1. 指标体系的功能

一是形成"决策—研究—改进"的研究循环，促进六度教学质量评价研究的不断深入，估提升学校改革与发展的自主性、能动性，进而达成评估标准的要求。二是形成"标准—评价—教学"的研究循环，促进教师自主评价、自主整改、自主发展，努力调动教师的自主能动性，自主的改进教学，以提升教学的效能。

2．指标体系的特点

（1）六度教学评价内容综合性。六度教学的评价内容具有综合性特征，主要由课程建设、课堂教学、学习指导、师生关系、校本研修、家校合作等六个领域组成。之所以选择六个领域进行以校为本的教学质量评价，原因有三：一是六个领域相互影响、相互作用，具有整体性的特点；二是学校有良好的办学基础，需要全面的发展，只有从整体性上去考虑，才能破解教学中深层面的问题；三是六度教学秉承了绿色指标具有综合性的特质，不仅考查学科测试成绩，还考查反映学业质量的一些深层次问题；不仅关注学生的学业水平，更关注学生为学业成绩付出的各种代价；不仅重视考查学生当前的发展状况，更关注附加值的变化等。

（2）六度教学评价指数简洁性。六度教学在评价内容追求综合性的同时，其评价指数却极力做到简洁性，即每个评价内容对应一个评价指数，由延展度、增值度、贴心度、温暖度、共享度、融洽度等六个指数构成。之所以这么做，从科学性视角来看，并非完整，也与大众思维相左，即若干个一级指标下再构建二级指标。但从实用性的视角来看，这却非常合理，易记简单，一看就懂，如"课堂教学的增值度"，短短八个字，就把评价内容、评价指标与评价表现蕴含其中，可谓是大道至简。由此，也实现了评价并非是专家的专利，真正做到了每个教师都是评价者，体现学校评价的公平性和即时性。

（3）六度教学评价标准表现性。评价指数简单化，带来的一个问题是容易产生分歧，其解释性不强。为此，针对每个评价指数对其外在表现进行描述，因此六度教学应隶属于质性评价。质性评价与量化评价的孰优孰劣，这不是我们讨论的重点，重点在于质性评价让教师参与度得到极大的提高，为课堂教学的日常改进，提供了一个参照性标准，即"我现在做得如何，还需要怎么做才能达到要求"。六度教学评价标准的表现性描述主要依据有二：一个是与绿色指标中的二级指标对接，另一个是依据是基于学校的实际情况。表现性的描述随着时间的变化，依据学校实际达到的程度，也会有相应的调整。

五、指标体系的主要构成

六度教学评估指标体系由三个子系统组成：一是评价内容；二是评价指数；三是评估标准标及评估方式（表1-1：六度教学质量评价指标）。

表1-1　六度教学质量评价指标

评价内容	评价指数	主要表现
课程建设	延展度（主要是指学校课程建设向广度、深度延伸的程度）	（1）学校课程建设以立德树人为本，把社会主义核心价值观主动地融入学校课程建设。 （2）学校教育理念要向广度延伸，校本化课程向深度发展，相应课程体系要不断完善。 （3）学校要持续地将课程规划、实施、评价进行有机贯通，让其内在的衔接更为紧密。 （4）课程建设的民主决策要向广度延伸，要调动广大教师更深刻地参与学校课程建设。
课堂教学	增值度（主要是指课堂教学的总效益在原有基础上的变化程度）	（1）教师要坚持全面的、可持续的学业发展观，将学科核心素养贯穿于教学每个环节。 （2）不仅要关注学生学到什么？更要关注用所学做到什么，实现高层次认知能力提升。 （3）学生的学习动力、方法、能力增值，表现为更愿意学习、更会学习、学到的更多。 （4）教师要能不断深刻剖析教学问题，反省教学行为，进而持续不断地改进课堂教学。
学习指导	贴心度（主要是指学习指导贴近学生学习需求或心理需要的程度）	（1）教师要关注学生学习动机、学习方法、思维方式，逐步培养学生的自主学习能力。 （2）学习指导要与学生的生理、心理指导相结合，实现学生生理及心理素质整体优化。 （3）要能在不同情境中，运用各种不同的学习指导的方式，综合发挥整体的最佳效能。 （4）教师要为学生创造各种学习环境或条件，选择最恰当学习内容，因人而异地指导。

评价内容	评价指数	主要表现
师生关系	温暖度（主要是指师生关系能满足师生合理需求，有利于健康人格发展的程度）	（1）学校要不断改善师生关系、同伴关系以及学校环境，提高学生对学校的喜欢程度。 （2）教师帮助学生认识自我，培养他们的适应能力及情绪控制能力，学会与人交往等。 （3）教师温暖表现在每个细节，如一句亲切的问候、一次赞赏的掌声、一个鼓励眼神。 （4）教师要热爱学生，营造民主的课堂氛围，让学生感受到殷切希望，体验成功愉悦。
校本研修	共享度（主要是指校本研修活动中的资源或成果被共用或分享的程度）	（1）建立校内的教学经验信息分享机制，让不同教师之间信息与教学的经验产生流动。 （2）构建校际之间的教师专业发展网络，让不同学校研修形成协同合作和资源的共享。 （3）建立服务教师成长的多种研修方式，如专家引领、同课异构、论坛及案例分享等。 （4）促进教师之间的问题研讨、分享改进实践与方法，共享教育教学之间专业成果等。
家校合作	融洽度（主要是指家校合作的关系和谐，能共同促进学生成长的程度）	（1）要关注学生中的特殊群体。如单亲家庭学生、家庭经济困难学生、农民工子女等。 （2）教师要公平对待任何家庭的学生，提升他们主观能动性、自我效能及其学业成就。 （3）学校要致力于构建多种紧密的家校合作的途径与方式，形成家校良好的共赢模式。 （4）家校合作不仅仅关注学生学业成绩及成效，更要共同服务于学生的身心健康成长。

1. 评价内容

目前，我国已有较为完善的教学质量评估体系，主要包括师资水平、办学条件、学生质量、教学活动、教学管理等评估内容，由三个部分构成：一是办学方向和工作水平。它是指学校要有明确可行的办学方向；工作水平除了包括师资水平外，还要注重领导干部的自身建设和加强各项工作的管理。二是办学质量和特色。在保证培养学生质量的基础上发展自身的优势，显示特色。三是办学条件与效益。条件是指各项软硬件设施，效益是指投入与产出之间的比例关系。

六度教学质量评价内容相对于上述的教学质量评估体系有所不同，主要包括课程建设、课堂教学、学习指导、师生关系、校本研修、家校合作等六个维度的内容，它更关注的学校教学质量的内涵建设，具体表现为：一是关注学生的课堂生命质量。增强教育成本意识，以学生的健康成长为导向关注教育质量的有益提升。改变学校教育增值方式，更新教师观念，革新师生关系，改善教学方法和策略，改变学生学习方式，促进师生的全面发展，实现从"知识课堂"到"生命课堂"的转变。关注学生课堂生存状态，以最小的时间投入获得最大的效益产出。尊重学生的个性，挖掘学生的潜能，唤起学生学习的内在需要、兴趣、信心，提升他们的主动探求的欲望及能力，给予学生收获学业成就的快乐。二是关注学生的学习幸福指数。教育应为人的幸福生活奠基。我们在考量学业水平的同时，更要科学地分析学生所付出的成本。引导教师在关注质量的同时，关注学生的学习幸福指数和校园生活幸福指数。三是关注学生学习的可持续发展。在"人文立魂，科学树人"的办学理念指导下，学校以培养学生的创新素养为目的，提出"科学发展、人文见长、德智双全、学创俱佳"的学生发展目标。关注学生的可持续发展，培养具有身心和谐的健康品质、求善求美的人文素养、求真求实的科学精神、学习创新的终身能力的初中学生。

评价内容的逻辑结构。评价内容由"教学核心活动子系统"和"支持保障子系统"等构成。在评价内容中，课程建设、课堂教学、学习指导、师生关系等归属于教学核心活动子系统。校本研修、家校合作归属于"支持保障子系统"。其中"教学核心活动子系统"是评价内容的核心，子系统中各维度的活动互相支持，互相作用。"支持保障子系统"则对"教学核心活动子系统"提供支持和保障。

2. 评价指数

每个评价指数对应一个评价内容。评价指数主要有:延展度、增值度、贴心度、温暖度、共享度、融洽度。延展度主要是指学校课程建设向广度、深度延伸的程度。增值度主要是指课堂教学的总效益在原有基础上的变化程度。贴心度主要是指学习指导贴近学生学习需求或心理需要的程度。温暖度主要是指师生关系能满足师生合理需求,有利于健康人格发展的程度。共享度主要是指校本研修活动中的资源或成果被共用或分享的程度。融洽度主要是指家校合作的关系和谐,能共同促进学生成长的程度。

3. 评估标准及评估方式

评估标准,即六度教学质量评价指标表中的主要表现,其主要的依据来源是对接绿色指标昭示、引领的意义。具体分述如下:

课程建设的评估标准。(1)学校课程建设以立德树人为本,把社会主义核心价值观主动地融入学校课程建设。(2)学校教育理念要向广度延伸,校本化课程向深度发展,相应课程体系要不断完善。(3)学校要持续地将课程规划、实施、评价进行有机贯通,让其内在的衔接更为紧密。(4)课程建设的民主决策要向广度延伸,要调动广大教师更深刻地参与学校课程建设。

课堂教学的评估标准。(1)教师要坚持全面的、可持续的学业发展观,将学科核心素养贯穿于教学每个环节。(2)不仅要关注学生学到什么?更要关注用所学做到什么,实现高层次认知能力提升。(3)学生的学习动力、方法、能力增值,表现为更愿意学习、更会学习、学到的更多。(4)教师要能不断深刻剖析教学问题,反省教学行为,进而持续不断地改进课堂教学。

学习指导的评估标准。(1)教师要关注学生学习动机、学习方法、思维方式,逐步培养学生的自主学习能力。(2)学习指导要与学生的生理、心理指导相结合,实现学生生理及心理素质整体优化。(3)要能在不同情境中,运用各种不同的学习指导的方式,综合发挥整体的最佳效能。(4)教师要为学生创造各种学习环境或条件,选择最恰当学习内容,因人而异地指导。

师生关系的评估标准。(1)学校要不断改善师生关系、同伴关系以及学校环境,提高学生对学校的喜欢程度。(2)教师帮助学生认识自我,培养他们的适应能力及情绪控制能力,学会与人交往等。(3)教师温暖表现在每个细节,如一句亲切的问候、一次赞赏的掌声、一个鼓励眼神。(4)教师要热爱学生,营造民主的课堂氛围,让学生感受到殷切希望,体验成功愉悦。

校本研修的评估标准。(1)建立校内的教学经验信息分享机制,让不同教师之间信息与教学的经验产生流动。(2)构建校际之间的教师专业发展网络,让不同学校研修形成协同合作和资源的共享。(3)建立服务教师成长的多种研修方式,如专家引领、同课异构、论坛及案例分享等。(4)促进教师之间的问题研讨、分享改进实践与方法,共享教育教学之间专业成果等。

家校合作的评估标准。(1)要关注学生中的特殊群体。如单亲家庭学生、家庭经济困难学生、农民工子女等。(2)教师要公平对待任何家庭的学生,提升他们主观能动性、自我效能及其学业成就。(3)学校要致力于构建多种紧密的家校合作的途径与方式,形成家校良好的共赢模式。(4)家校合作不仅仅关注学生学业成绩及成效,更要共同服务于学生的身心健康成长。

评估方式目前主要采用质性评价,质性评价的本质是通过自然的观察,全面充分地收集各种信息,来描述与分析评价对象的特质,从而进行价值判断。之所以目前主要采用质性评价是与我们对六度教学质量评价指标的应用定位有关,要让学校全员参与评价,不仅仅是学校的职能部门,还包括学校中的任何一名教师,通过观察、访谈、活动、资料等认识我们做得怎么样? 还能不能做得更好? 应该朝哪个方向去改进?

第三节 六度教学的实施方略

六度教学是学校推进本校的教学活动的提升而提出的整体改革的实践评价框架,它着眼于解决本校教学实践中的问题,在教学实践中获取灵感,接受教学实践的检验,在教学实践中不断创生、修正和完善。由此,基于实践,面向实践,推动实践,解决实践中的问题,在实践中不断创生、修正和完善,成为六度教学的关键策略的重要内容。与此同时,六度教学的实践取向直接指向本校的教学实践,它强调以本校的教学改革实践为基础,在本校的教学改革实践中推进,并以推进本校的教学改革实践的可持续发展为目的。

一、目标导向:未来奠基、终身发展

目标影响动机强度,目标影响方法,目标影响过程,目标影响结果。因此,本文所说的目标导向是以目标来激励个体或组织的动机,唤起强烈指向目标的工作方法、过程,进而达到高成就的追求以及行为结果。六度教学秉持绿色指标目标导向的评价理念,着重与从未来奠基、终身发展等方面来引导学校工作的优化。因为学校教育和服务的对象是学生,只有学生具有迎接未来挑战的能力,才是学校教育成功的反映。

1. 未来奠基

"绿色指标"评价体系全面关注学生的健康发展,有助于为社会培养合格、优秀的下一代。在这些理念指导下的"绿色指标"评价体系，将更为有效地促进学生的身心健康发展，充分发挥个人的兴趣爱好及优势，提升学生的综合素质，为社会培养合格的下一代，也是为每个学生的未来奠基。

在"绿色评价"体系的内容设计中，整体性的、承认并尊重个体差异的、人本主义的学业评价观贯穿始终。首先，绿色评价体系不仅关注学生学业成绩，还关注学生习惯的养成，从而使学生不仅学会学习，也学会做人、学会生存。其次，绿色评价在强调学生学业评价整体性观念的同时，也尊重学生的个体差异。最后，绿色评价充分体现以人为本的教育理念，重视学生的情感体验，使其充分感受求知的乐趣、学习的动力等，从而使得学生的创造力得到充分发挥。由此得出一个结论，绿色指标不仅在理念上，更在其行动中，体现了要为学生未来奠基。

未来相对于现在，从当下的角度去考虑，一个值得深入探讨的问题也就浮出水面："绿色指标"如何做到与大规模学业选拔考试有机结合，以此进行全面、客观、公正的评价，促进学生全面发展？

不少教师都有这样的困惑：绿色指标学业测试与中考究竟什么关系？中考的成绩能很直观地展示学校的办学质量，是社会家长认可学校的一个重要砝码。一定程度上来说，中考成绩好坏会直接影响学生生源，影响办学质量。而学业质量测试是如此隐性或者说间接，我们直接奔着目的地"中考"去不就可以了，现在又多了一个目标，我们要不要做？ 做了会影响中考吗？

这些问题的提出，一方面表明教师对绿色指标有了一个深层次的思考，另一方面也表明了对绿色指标有隐隐约约的困惑。因此，学校不能回避，必须做出正面的回应。所以，我们的做法有三：

一是引导教师正确认识学业质量。"绿色指标"不仅考查学科测试成绩,还考查反映学业质量的一些敏感性因素,如学生的学习自信心、学习动力、对学校的认同度、师生关系、家庭经济社会背景等;不仅关注学生的学业水平,还关注学生为学业成绩付出的各种代价,如做作业时间、补课时间、睡眠时间、体育锻炼时间等。所以,我们不能只看到现在,更需要看到未来;不能只看到结果,更应该看到过程,今天的教育时代,我们不能因为要获得高学业成绩而忽视学生为此付出的代价。

二是以六度教学质量评价指标进行纠偏教学行为。在课堂教学的增值度评价指标里明确提出,教师要坚持全面的、可持续的学业发展观,将学科核心素养贯穿于教学每个环节;不仅要关注学生学到什么? 更要关注用所学做到什么,实现高层次认知能力的提升;学生的学习动力、方法、能力增值,表现为更愿意学习、更会学习、学到的更多;教师要能不断深刻剖析教学问题,反省教学行为,进而持续不断地改进课堂教学。通过这些逐步形成"课堂教学—评价标准—提高认识—增强活力"的良性循环。

三是推进"四三工程",落地绿色指标。所谓"四三工程"是指,规范上好"三类课"——新授课、复习课、讲评课;精编精选"三类题"——例题、习题、试题;因材施教"三类生"——学困生、中等生、资优生;关注学生"三养成"——学习习惯、学习方法、学习品质(详细内容见第三章第二节)。

2. 为了学生终身发展

学生发展的目标是六度教学的终极目标,教学改进和学校发展最终都指向学生的发展。绿色指标2.0研究指出:要"在关注学生全面发展的同时,关注学生的终身发展",而六度教学在学生发展目标层面,强调学生成长的和谐发展,是全面发展和终身发展的和谐统一,体现了同绿色指标的深度对接。

学生的全面发展和终身发展是教育目的的重心,是学生的个体价值

23

的展现,是培养自立、自强、自主人格的根本。学生的全面发展和终身发展,即学生的各种基本素质获得适当协调的发展。从发展内容看,一般学生的全面发展和终身发展首先是指学生个体身心的协调发展。狭义的身心协调发展是指身体和心理的协调发展。其中身体是基础与保证,心理是中介、动力和核心。广义的学生个体的全面发展和终身发展,包括德智体美劳等的全面发展和终身发展,身体、能力和人格的发展,人文素养和科学素养的发展等等。此外,从发展的动态过程看,学生个体的全面发展和终身发展还包括对学生身心具有的巨大潜能的发掘、唤醒和激活,以及学生素养的可持续发展。

六度教学的现代城市教育发展和素质教育语境下的全面发展和终身发展,关注的是学生的课堂生命质量、学生的学习幸福指数、学生学习的可持续发展;关注的是教师和学生的幸福成长指数,学生综合素养的提升,教师后续发展潜力的培养,促进师生关系的和谐发展;关注的是学校的教育如何与现代教育接轨,如何与未来教育接轨,如何创建学生喜爱的课堂,如何创办家长满意的学校,如何使学生、教师和学校的后续发展更具竞争力。

六度教学的全面发展、终身发展的目标导向,是与卢湾中学"人文立魂,科学树人"的办学理念一致的,与卢湾中学的育人目标,即培养"知做人道理、明发展方向、具科学精神、显卢湾底蕴","科学发展、人文见长、德智双全、学创俱佳","具有身心和谐的健康品质、求善求美的人文素养、求真求实的科学精神、学习创新的终身能力"的现在中学生完全一致的。

六度教学中各个维度的实施都体现出学生全面发展和终身发展的和谐统一。如在课程建设延展度中,学校课程体系建构和"无边界课程"得实施,充分体现了对学生全面发展和终身发展的促进。

六度教学的"课程建设的延展度"的基本宗旨是在学校整体校本课程体系构建的基础上,进一步拓展课程时间空间,实现校本课程的"无边界"拓展延伸。"无边界课程"将整个世界都纳入课程资源和学生学习空间,有助于学生整体把握客观世界和真实生活,认识和把握真实的世界、社会和生活。在"无边界"课程中,学生的发展是整体性的、个性化的、全面的和自由的,"边界"的突破开阔了学生的视野,促进学生知识重组,激荡和催生着创新的冲动,使学生特长和潜能得到充分的开发。

同样,六度教学的"课堂教学增值度"、"学习指导贴心度"、"师生关系温暖度"等等,都体现了对学生全面发展和终身发展的和谐统一的追求。

二、问题导向:教学改进、教育公平

所谓问题导向是指以问题的发现为出发点,以问题的研究为着力点,以问题的积极回应为归宿点的导向方式。绿色指标自发布之日起,就表达了强烈的问题意识和实践导向。同样,以绿色指标指引建构的六度教学,也一同秉承绿色指标"问题导向"的鲜明特点,主动回应学校在落实绿色指标实践中的一些现实问题。在这些现实问题中,最为突出的问题的关键词有:教学改进、教育公平。因为学校教育的根本任务是立德树人,只有不断改进教学才能有优质的教育,优质的教育才能促使教育公平的落地生根。

1. 教学改进:教师何为?

一般认为学业评价有三个主要功能:诊断功能、导向功能和鉴定功能。在以结果为导向的评价体系中,更加关注的是评价的鉴定功能,即通过学业评价提供的证据,对学生的学业成绩或教师的工作业绩作出相应的评定,并以此划分学生、教师在各自群体中的地位。2001 年开始实施的新课程改革,在学业成绩之外提出了新的学业评价标准,在实践中引入综合素质评定,并逐渐与升学挂钩。这种注重过程的评价、关注表现的评价理念得到广大教师的认同。2011 年,绿色指标的推出,其评价更加注重诊断功能,将学业质量细分为具体的、可操作的、可监控的指标,并根据评价结果有的放矢地进行改进。

六度教学是学校基于绿色指标的校本化教学质量评价体系,有助于形成"标准—评价—改进"的教学内部循环。这些指标分布于教学过程的各个环节,可以在教学过程中根据评价结果进行改进,加快了评价信息的反馈速度。以下是学校引导以"运用课堂观察方法开展学科教学改进研究"为主题的活动:

以课堂观察为抓手,采用定性与定量相结合的听、评课原则,在理论学习和实践操作的交互研修模式下对全体教师进行校本培训。通过教研组建立课堂观察合作体,探究、应对具体的课程、教学、学习、管理上的问题,开展自我反思和专业对话,运用不同的量化指标重新审视课堂,领会合作、研修、改革、创新的教师专业品行。我们针对课堂观察特点,主要从以下三个阶段对全体教师进行研修培训:

一是学习阶段。学习阶段的目的是让教师理解课堂观察的理念和技术。拟通过专家讲座和教师研讨两种方式进行。通过专家的讲座,让教师对课堂观察有全景式的理解,即课堂观察的理念、课堂观察的技术、课堂观察的框架、课堂观察合作体的组建和观察表的选择与开发。并在专家培训的基础上,以教研组为单位,充分发动教师结合自己的专业实践,研讨课堂观察的理念和技术、课堂观察框架与程序、观察量表的意义与使用,使教师具有开展课堂观察的基本技能。

二是试点阶段。选择我校的优秀教研组室(数学组、英语组、综合理科组)作为突破口,首先对教研组长进行培训,再由教研组长对学科教师进行培训,重点内容为教师如何利用课堂观察框架确定观察点,组建课堂观察合作体,明晰课堂观察程序,清楚课前会议、课中观察和课后会议的具体内容,并对观察量表进行符合学情的改革和创新。通过试点,可以有效地积累经验,规避风险。

三是推广阶段。推广阶段采用现场观摩和实践总结的方式,通过观摩试点组室的操作流程,参与试点组室的交流研讨,使全体教师能够亲历课堂观察发生的全过程,体验培训的有效性。再通过实践操作的方式,在做中学,在做中体会课堂观察的理念和技术,集合作体之力,在观察点的选择上避免交叉重叠,互相支撑构成较为完整的观察研究体系,共同体悟课堂观察对课堂教学和自身专业发展所带来的变革。

课堂观察是一项系统的教科研活动,植根于学校的管理制度、教师文化之中,它的功能的发挥有赖于在学校、合作体和教师个人三个层面形成的合力。

学校层面:学校为课堂观察的开展创设有利的条件,通过积极的措施建立激励机制,尊重先进教师的才智和热情,鼓励课堂观察成为教师专业生活的一部分。利用已有的学术资源,结合本校情况,聘请专家进行现场指导和跟踪调研,为课堂观察的规划和实施提供建议。基于课堂观察对时间和场所的要求,学校在课时的调动和观察场所的安排上尽可能提供便利的条件。

教研组层面:构建教研组合作体文化是课堂观察顺利开展的前提。课堂观察是在利益互惠的基础上,通过成员间合理的分工,在民主的交流中对话,实现共同发展的愿景。教研组长、骨干教师、高级教师需要发挥专业引领的作用,调动组员参与课堂观察的积极性,定时、定点、定人、定主题组织培训交流活动,及时帮助组员解决研究过程中的困难。将借鉴和自我研发的课堂观察量表,逐步建立成课堂观察资料管理系统,实现课堂观察报告归档管理,使其成为学校的共享学习资源。

教师个人层面:教师在实践课堂观察的过程中,要秉持开放的心态。作为被观察者时,能积极倾听他人的意见,直面自己的不足,综合同伴观察和自我判断,做出及时有效的改进行为。作为观察者时,要开发、采用科学的量表,如实地记录课堂信息,做出合理的判断,提供建设性的建议。在参与课堂观察的过程中,逐步认识到课堂观察对提升教师专业发展的重要意义。

常用的课堂观察量表有:学生学习投入状态观察表;对一名学生每分钟具体活动的观察;课堂作业观察表;课堂提问频数观察表;课堂提问水平及教师解答观察表;教师课堂追问情况观察表;课堂观察一览表;对一名学生的课堂观察框架。

2. 教育公平:学校何为?

随着社会经济的发展和文明进步程度的提升,追求体现公平和质量评价的要求日渐彰显。上海课改 30 年,开始迈向公平、质量满足阶段,在追求教育资源的进一步优化,追求教育的均衡发展、内涵发展,教育重心逐步由从追求数量、规模为中心转到着重讲求质量、效益为中心,主要体现是要让孩子们能够上好学,在学校能够公平地接受优质教育,也就是以优质教育资源得到最大化的满足为宗旨。

绿色指标作为一项评价政策,促进评价机制向多元化转变,体现了我国当前教育政策对教育差异性和多样性的尊重,是教育政策公平的具体体现。绿色指标自身的测试工具多元,评价指数多元化,政策主体分工明确、过程民主公正,评价结果具有公平导向。因此,可以说绿色指标是一项体现教育公平的评价政策。绿色评价 1.0 将学生社会经济背景对学业成绩的影响纳入评价范围。分析家庭对学生学业成绩的影响,可以更好地反映学校在教育过程中的作为,在更深层面上推进教育公平。绿色指标2.0中,对教育公平是这样阐述的,即为所有学生提供从教育中收益的机会,不论学生的性别、家庭社会经济背景。因此,可以说绿色指标是上海市实现基础教育教育质量公平的重要途径。

上述的背景,让我们意识到六度教学质量评价必须要彰显教育公平。教育公平:学校应该有何作为? 如何让学校教育走向更公平? 为此,我们以这些问题为出发点,以问题的研究为着力点,以对教育公平问题的积极回应为归宿点,开展一系列的校本研修活动(详细内容参见第六章校本研修的共享度)。

三、六大领域的实施及其践行成效

(一) 六大领域的实施方略

六度教学质量评价围绕着课程建设、课堂教学、学习指导、师生关系、校本研修、家校合作等六个领域,紧扣"教育质量"这一中心,以"众教育"为宗旨统领战略布局,构建"科学与人文相融"的现代课程体系。聚焦课程教学的触点变革,不断探寻"新"课程,定义"新"课堂,为学生提供适合其学习能力、个性发展需要的课程服务,在课程与教学的变革中培育师生生命智慧的文化空间,努力让学校成为轻负高质的教育生态园。

1. 课程建设——延展度

(1) 理清延展度的内涵,研制支持课程建设实现延展的工具

所谓"延展度"主要是指学校课程建设向广度、深度延伸的程度。延展度在课程建设中的表现有:学校课程建设以立德树人为本,把社会主义核心价值观主动地融入学校课程建设;学校教育理念要向广度延伸,校本化课程要向深度发展,相应课程体系要不断完善;学校要持续地将课程规划、实施、评价进行有机贯通,让其内在的衔接更为紧密;课程建设的民主决策要向广度延伸,要调动广大教师更深刻地参与学校课程建设。

基于延展度评价的表现，为更好地发挥课程建设的评价导向功能，形成"决策—研究—改进"的研究循环，形成"标准—评价—教学"的研究循环。我们开发研制了支持教师理性认识提升，实践技能提高的课程建设工具，为教师搭梯子、做支架，促进课程建设的研究与实践的有序规范实施。

工具一：绿色指标昭示、引领深化学校课程建设意义表

"绿色指标昭示、引领深化学校课程建设意义表"工具设计意图是帮助教师深刻理解绿色指标的本真意义，明确绿色指标与对学校课程建设的关系。

表1-2　绿色指标昭示、引领深化学校课程建设意义表

	绿色指标1.0	绿色指标2.0	昭示、引领的意义
课程建设			一种导向： 一个依据： 一种要求： 一个改进：

工具二：延展度在课程建设中的表现工具表

"延展度在课程建设中的表现工具表"是建立绿色指标昭示、引领深化学校课程建设意义表的基础之上的延伸表，其设计意图是明确形成课程建设的评价标准。

表1-3　绿色指标昭示、引领深化学校课程建设意义表

	昭示、引领的意义	延展度的具体表现
课程建设	一种导向：	
	一个依据：	
	一种要求：	
	一个改进：	

工具三：课程建设延展度研究的主要过程表

"课程建设延展度研究的主要过程表"的设计意图是规范课程建设

延展度的整个研究过程,有助于我们将研究和实践有机的结合,是形成"决策—研究—改进"研究循环的基本量表。

表1-4 课程建设延展度研究的主要过程表

	研读指标	解读指标	延展度释义	课程建设实践	成果表达
课程建设	绿色指标1.0	一种导向	释义: 作用: 表现:		管理经验
		一个依据			
	绿色指标2.0	一种要求			实践案例
		一个改进:			

工具四:学校SWOT分析表

"学校SWOT分析表"的设计意图是客观分析学校的优势和劣势以及存在的机会,有助于学校管理部门客观分析课程建设的基础条件,为决策提供帮助。

表1-5 学校SWOT分析表

因素	S(优势)	W(劣势) T(威胁)	O(机会)
地理环境			
学校规模			
硬件设备			
品牌建设			
学生状况			
教师情况			
家长配合			
地方资源			

工具五:课程实施的课堂观察表

"课程实施的课堂观察表"的设计意图是帮助教师认识自我的课程实施和他人课程的实施状况,是形成"标准—评价—改进"研究循环的基本量表。

（2）形成"决策—研究—改进"的研究循环,明晰学校课程建设实现延展的研究方向

表1-6　课程实施的课堂观察表

学科＿＿＿＿＿＿＿　　班级＿＿＿＿＿＿　　课题＿＿＿＿＿＿＿＿＿＿＿＿

时间＿＿＿月＿＿＿日　　星期＿＿＿＿＿　　上午／下午　　第＿＿＿节

观察任务:感受课堂整体

领　域	程　　度
学习氛围	教师中心＿＿＿　＿＿＿　＿＿＿　＿＿＿　学生中心
课堂管理	有　序＿＿＿　＿＿＿　＿＿＿　＿＿＿　无　序
教学过程	清　晰　＿＿＿　＿＿＿　＿＿＿　＿＿＿不清晰
教学方式	多样化＿＿＿　＿＿＿　＿＿＿　＿＿＿单一化
教学目标	明　确＿＿＿　＿＿＿　＿＿＿　＿＿＿不明确
学生参与	参与度高＿＿＿　＿＿＿　＿＿＿　参与度为零
教学细节/ 体会简记	

说明:根据您的观察与感受,在每一领域的相应程度上用"√"标识。

为保证课程建设评价标准的有效达成,充分利用现有的信息结构,审慎地判断、制定、选择相应的方案,这是课程建设决策的基本理解。如何避免决策中的经验主义,这需要我们展开相应的研究,在研究的基础上形成的改进方案,这样的一个过程有助于我们把握问题的本质,有助于教师成为真正的课程领导者。

基于上述的认识,我们构建了"决策—研究—改进"的研究循环,与此同时,也形成了在学校课程建设方面的研究思路,明晰学校课程建设实现延展的研究方向。

学校课程改革如何定位在绿色发展的大背景下,将课程建设与课程文化水乳交融,是学校课程建设实现延展的研究方向之一。对此,我们的认识是:课程的实质在于建构一种文化,学校课程文化的核心和灵魂,是学校办学理念、人才价值取向以及教师文化自觉意识的体现。在研究过程中,形成了以下观点:课程气质要契合学校文化的精神内守;课程标识——凸显学校理念的符号象征;课程话语——教师课程意识的外显形式;课程贯通——学生成长环境的优化融合;文化自觉——学校课程革新的助推器。

学校如何建设科学与人文相融的现代课程体系,是学校课程建设实现延展的研究方向之二。为此,学校在课程宏观层面提出以"整个世界都是'教室'"作为课程理念,尝试突破学科边界、突破时空边界、突破学段边界、突破围墙边界、突破家校边界。学科课程中观层面引导各个学科在围绕"双基"的基础上,延伸学科的宽度、广度,培育学生的学科核心素养。学科知识点的微观层面引导各个学科对相关学科交叉知识点进行微观研究,找到不同学科知识点之间的连接点与整合点,将分散的课程知识按知识点内在的逻辑来重构,使课程要素更利于学生去思考、发现和解决实际的问题。

课程建设延展的思想研究以及无边界课程的开发与实施,是学校课程建设实现延展的研究方向之三。目前形成的主要观点有:重新审视教学时空,"第三空间"是基于全面发展的育人要求,把丰富一个人的学习经历,让一个人自由呼吸、自由生长作为主轴;"第三空间"课程的突出特征即是延展,要开发多元课程,开展多元活动,超越学科中心,推进跨学科学习(项目研究);"第三空间"课程倡导自主、合作、探究的新型学习方式,它尊重学生个性化的学习方式与个人知识、体验参与的意义和价值,有利于学生的个性及其全面发展;"第三空间"课程着眼于学生、着眼于开放,让孩子们站在课堂的正中央,使学习真正走向学生的内心,滋养学生的心灵,促进学生的全面成长。在上述思想的指导下,学校开发了无边界课程。

（3）形成"标准—评价—改进"的研究循环,探索无边界课程的落地路径

形成"标准—评价—教学"的研究循环,促进教师自主评价、自主整改、自主发展,努力调动教师的自主能动性,自主的改进,促进工作效能的提升,这是六度教学评价的导向功能。

在这样导向功能指引下,教师可以借助课程建设的主要工具,有效地促进课程建设实现延展的落地行动。

学校从课程的宏观层面、学科课程的中观层面和学科知识点的微观层面,建设科学与人文相融合的现代课程体系,形成了科学类、人文类、艺术类、体育类四大类课程群。在此基础上,在"第三空间"思想指导下,又系统地推进无边界课程的研发与实施,已经取得了教育同仁们的认可和学生们的欢迎。卢湾中学"无边界思维坊"的成立,改变了原有同学科教研的模式,打开新的视角,拓宽知识领域,为教师们提供了更宽广的交流平台。不同学科老师共同研讨,各自的想法成为大家共同的构想,思维的碰撞激发更多灵感的火花,累积了无边界课程的教学设计、实施与评价的案例。

2. 课堂教学——增值度

（1）理清增值度的内涵,研制支持课堂教学实现增值的主要工具

所谓"增值度"主要是指课堂教学的总效益在原有基础上的变化程度,在课堂教学中有表现有:教学过程要建立全面科学的质量意识,不仅要关注学生学到了什么？更要关注学生能用所学做到了什么,从而能帮助学生实现高层次认知能力的提升。教师在课堂教学中能实施有效的教学,让学生学习动力增值,表现为更愿意学习;学习方法增值,表现为更会

学习;知识能力增值,表现为学到更多;学习价值认识增值,表现为学习更有意义。教师要能不断深刻剖析教学问题,反省教学行为,进而持续不断地改进课堂教学等。

基于增值度评价的表现,如何发挥课堂教学的评价导向功能,形成"决策—研究—改进"的研究循环,形成"标准—评价—教学"的研究循环。我们开发研制了支持教师理性认识提升,实践技能提高的课堂教学工具,为教师搭梯子、做支架,促进课堂教学研究与实践的有序规范实施。

工具一:绿色指标昭示、引领深化学校课堂教学意义表

"绿色指标昭示、引领深化学校课堂教学意义表"的工具设计意图是帮助教师深刻理解绿色指标的本真意义,明确绿色指标与对课堂教学的关系。

表1-7　绿色指标昭示、引领深化学校课堂教学意义表

	绿色指标1.0	绿色指标2.0	昭示、引领的意义
课堂教学			一种导向: 一个依据: 一种要求: 一个改进:

工具二:增值度在课堂教学中的表现工具表

"增值度课堂教学中的表现工具表"是建立绿色指标昭示、引领深化学校课程建设意义表的基础之上的延伸表,其设计意图是明确形成课堂教学的评价标准。

表1-8　延展度在课堂教学中的表现工具表

	昭示、引领的意义	增值度的具体表现
课堂教学	一种导向:	
	一个依据:	
	一种要求:	
	一个改进:	

工具三:课堂教学增值度研究的主要过程表

"课堂教学增值度度研究的主要过程表"的设计意图是规范课堂教学增值度的整个研究过程,有助于我们将研究和实践有机的结合,是形成"决策—研究—改进"研究循环的基本量表。

表1-9 课堂教学增值度研究的主要过程表

	研读指标	解读指标	增值度释义	课堂教学实践	成果表达
课堂教学	绿色指标1.0	一种导向:	释义: 作用: 表现:		管理经验
		一个依据:			
	绿色指标2.0	一种要求:			实践案例
		一个改进:			

工具四:单元整体教学目标双向细目表

"单元整体教学目标双向细目表"工具的设计意图是帮助教师整体思考单元教学,建立基于标准教学的一个框架性量表,有助于实现单元课程设计、实施与评价的一体化。

表1-10 单元整体教学目标双向细目表

学习内容		学习水平	具体要求及活动建议
基本内容			
拓展内容			

工具五:课堂提问水平及教师理答观察表

"课堂提问水平及教师理答观察表"的设计意图是建立问题导向式课堂教学模式,强化对问题的设计,帮助教师实现高思维质量的课堂,是形成"标准—评价—改进"研究循环的量表之一。

表1-11 课堂提问水平及教师理答观察表

学科＿＿＿＿＿＿＿＿＿　班级＿＿＿＿＿＿　课题＿＿＿＿＿＿＿＿＿＿＿＿＿＿

时间＿＿＿月＿＿＿日　星期＿＿＿＿＿＿　上午／下午　　第＿＿＿节

观察点:提问的水平、类型、理答

问题的水平	问题的类型		教师的理答		
	封闭式问题	开放式问题	有引导	缺乏引导	没有反应
巩固记忆的问题					
启发理解的问题					
强化运用的问题					
加强分析的问题					
强调综合的问题					
引导评价的问题					
课堂教学细节/体会简记					

说明:

1. 利用画"正"的方式记录每种类型的题目的出现次数。

2. 封闭式问题:提出的问题不具备思维拓展空间,问题的答案是单一的。

3. 开放式问题:提出的问题具有思维拓展空间,问题的答案是多元的。

（2）形成"决策—研究—改进"的研究循环,明晰学校课堂教学实现增值的研究方向

为保证课堂教学评价标准的有效达成,如何充分利用现有的信息结

构,审慎地判断、制定、选择相应的方案,这是课堂教学决策的基本理解。如何避免决策中的经验主义,这需要我们展开相应的研究,在研究的基础上形成改进的方案,这样的一个过程有助于我们把握问题的本质,有助于教师成为真正的课程领导者。

基于上述的认识,我们构建了"决策—研究—改进"的研究循环,与此同时,也形成了在学校课堂教学方面的研究思路,明晰学校课堂教学研究实现增值的研究方向。

学校如何以教学质量保障体系的构建为抓手,建立课程与教学管理的标准体系,是学校课堂教学实现增值的研究方向之一。对此,我们的基本认识是学校要强化全体人员的质量战略意识、质量竞争意识和质量参与意识,树立全新的师生观念,优化学校的质量行为模式,营造一种无形的质量文化。在具体做法上要实现两个转变,一是教学管理重心下移,以强化年级组的教学管理职能,二是教学管理关口前移,以强化教研组的教学研究功能。

如何形成有效率、有效果、有效能的课堂,是学校课堂教学实现增值的研究方向之二。对此,我们的基本认识是课堂教学质量的最终落脚点是每天常态化的课堂,"清晰的目标、有效的反馈、及时的评价"是关键的三个环节。在具体做法上是要以学定教,不求最好,但求最适;章节练习突出基础,单元练习突出重点,全面练习突出综合。在对待学困生上要培养兴趣,树立自信;在对待中等生上要夯实基础,稳步发展;在对待资优生上要拓展视野,提升能力。

如何将现代教育技术注入六度教学评价改革,创建混合式互动教学,是学校课堂教学实现增值的研究方向之三。对此,我们形成了以下两个基本认识:一是在互联网+时代背景下,要充分利用网络、设备、技术、媒体的支撑,将传统教学和现代信息技术深度融合,进行课堂教学设计,组织学生学习。二是教学设计与实施中既发挥教师引导、启发、监控教学过程的主导作用,又充分体现学生作为学习过程主体的主动性、积极性与创造性。

(3) 形成"标准—评价—改进"的研究循环,探索课堂教学实现增值的落地路径

形成"标准—评价—教学"的研究循环,促进教师自主评价、自主整改、自主发展,努力调动教师的自主能动性,自主的改进,促进工作效能的提升,这是六度教学评价的导向功能。在这样导向功能指引下,教师可以借助课堂教学的主要工具,开展课堂教学实现增值的落地行动。

以下是来自语文教研组的研究案例:

备课:以学定教,确定教学"学"的目的性

在教学的各环节中,备课是首要环节,备课的优劣关系到整个教学过程和教学的有效性。教材要备,学生也要备。郑桂华老师来校之后,首先帮助我校语文组老师解决备教材的问题,通过各类作品的梳理,以典型单篇篇目为抓手,指导教研组集体备课、上课,在此基础上归纳各类作品的核心教学内容,形成"类"的教学方法,推及同类作品的教学,有效提高备课效率。

解决了教材的问题,我们接下来做的工作是把重心前移,重新审视学生在预习中的问题,删减学生已知已会的内容,调整上课的教学内容,尤其关注学生在预习中提出的问题,并以此为契机鼓励学生在预习中思考、发问。在这一点上,结合学校校本教研中"微视频"的制作,取得了较好的效果。教研组的吴浩和吴骏老师在古文教学中就制作了许多的微视频进行课前预习,节省了上课的时间,提高了效率。老师们特别重视学生在预习中的问题,比如知名作家陈丹燕《上海的弄堂》一文,有学生提出"作者与上海的弄堂格格不入"的预习感受,老师们对这个问题高度重视,但又感觉难以驾驭,就邀请郑桂华老师来上示范课。郑老师以弄堂特点为线索,设计"你认为作者是不是一个长久生活在弄堂中的人?"的问题,带领学生走进作品。在课上七年级的同学手举纷纷、跃跃欲试,课堂气氛热

烈活跃。受此启发,许多老师重视课前预习,从学生预习的情况来调整教学的内容。教学中,教离不开学。学的需要性决定教的目的性,学的必要性决定教的必要性,学的可能性决定教的现实性,这可谓"以学定教"。

上课:以教导学,凸显学生"学"的过程性

在教学中,学生是"学"的主体,同时学也离不开老师的"教"。教学目标、任务和教学方式方法的组织、选择和确定,要通过教作用于学,这就是"以教导学"。

为实现"学生"课堂学习主体,我校语文组的老师,在课堂教学中着力做好一件事:精心设计、组织和指导课堂中"学"的活动。语文老师在课堂上减少单向讲授的时间,在四十分钟的课堂上,总要安排组织十五分钟甚至二十分钟的学的活动,或是个人学习思考的任务或是小组讨论合作完成学习任务,注重点拨指导,在交流展示环节施以补充归纳。有了"学"的过程,知识和能力的获得就深刻可见。相比较于传统的讲授方式来演绎教学内容,学生在语文能力的提高方面,这种"获得过程"更具有意义。尤其在作文的教学中,这种课堂形式的转变,学生在课堂上获得更多。吴骏老师职初之时一节《心理活动》课,就获得区萌芽杯一等奖。

作业:注重延伸,突出"学"的连贯性

作业是巩固所学知识、培养迁移能力,检验教学效果的最直接方式。因此作为教学必要环节之一,作业首先具有连贯性,要与课堂教学目标具有高度的相关性。其次,作业目标还应具有可检测性,能够快速准确检测教学目标的达成度。在此基础上作业还要关注层次差异、及时反馈和跟进改正等要求。

在作业方面,我校语文组的做法是,依据不同年段,通过集体备课,确定作业与教材内容的应达成教学目标,然后根据不同年段特点有序设计作业的侧重点。作业设计既要关注教材选文的典型内容,还要关注到作业序列的可操作性。例如,理解词语、句子的含义作业设计时放在七年级上学期,针对某几篇课文来设计此项练习。又如,我们把了解关联词、理解句子之间逻辑关系、概括和归纳段意分在七上、七下和八上三个学期加以针对性的设计作业。

检测:关注数据,保证"教—学—测"的一致性

检测是对教学的检查,也是整个教学的阶段性总结。测试为教学服务,应与《课程标准》和《基本要求》一致,同时又也具有导向性,既能检测之前教学的成果不足,也应与之后的教学相联系。

我们的做法,一是阶段测试在备课组统一要求,流水批阅。每个学期,我校有两次阶段检测,这个测验的命题、批阅、讲评是在整个备课组老师的集体备课研讨中确定的,与阶段教学的内容一致,突出重点。测验的目的不是用试题去难倒学生,控制分数,而是检测阶段教学重点内容的掌握程度的反馈。二是阶段测验后,以班级为单位对考察阶段教学的几道题进行数据统计分析。测验结果的数据分析,很容易帮到老师寻找班级之间存在的差异,总结阶段教学的得失,寻找教学改进的方向。

3. 学习指导——贴心度

(1)理清贴心度的内涵,研制支持学习指导实现贴心的工具

所谓"贴心度"主要是指学习指导贴近学生学习需求或心理需要的程度,在学习指导中有四大表现:教师要关注学生学习动机、学习方法、思维方式,逐步培养学生的自主学习能力学习指导要与学生的生理、心理指导相结合,实现学生生理及心理素质整体优化。教师要能在不同情境中,运各种不同的学习指导的方式,综合发挥整体的最佳效能。教师要为学生创造各种学习环境或条件,选择最恰当的学习内容,因人而异的指导。

基于上述贴心度评价的表现,为更好地发挥学习指导的评价导向功能,形成"决策—研究—改进"的研究循环,形成"标准—评价—教学"的

研究循环。我们开发研制了支持教师理性认识提升,实践技能提高的学习指导工具,为教师搭梯子、做支架,促进学习指导研究与实践的有序规范实施。

工具一:绿色指标昭示、引领深化学习指导贴心度意义表

"绿色指标昭示、引领深化学习指导贴心度意义表"工具的设计意图是帮助教师深刻理解绿色指标的本真意义,明确绿色指标与对学习指导的关系。

表1-12　绿色指标昭示、引领深化学习指导贴心度意义表

	绿色指标1.0	绿色指标2.0	昭示、引领的意义
学习指导			一种导向： 一个依据： 一种要求： 一个改进：

工具二:贴心度在学习指导中的表现工具表

"贴心度在学习指导中的表现工具表"是建立绿色指标昭示、引领深化教师学习指导意义表的基础之上的延伸表,其设计意图是形成学习指导的评价标准。

表1-13　贴心度在学习指导中的表现工具表

	昭示、引领的意义	贴心度的具体表现
学习指导	一种导向：	
	一个依据：	
	一种要求：	
	一个改进：	

工具三:学习指导贴心度研究的主要过程表

"学习指导贴心度研究的主要过程表"的设计意图是规范学习指导贴心度的整个研究过程,有助于我们将研究和实践有机的结合,是形成

"决策—研究—改进"的研究循环的基本量表。

表1-14　习指导贴心度研究的主要过程表

	研读指标	解读指标	贴心度释义	学习指导实践	成果表达
学习指导	绿色指标1.0	一种导向	释义： 作用： 表现：		管理经验
		一个依据			
	绿色指标2.0	一种要求			实践案例
		一个改进			

工具四:学情调研十六个知晓规范表

"学情调研十六个知晓规范表"的设计意图是从16个方面帮助教师认识学生、了解学生,是教师教学、学习指导的前置基础。

表1-15　学情调研十六个知晓规范表

十六个知晓	基本含义
知晓学生的姓名含义	
知晓学生的生活习惯	
知晓学生的性格特点	
知晓学生的行为方式	
知晓学生的思维方法	
知晓学生的兴趣爱好	
知晓学生的困难疑惑	
知晓学生的情感渴盼	
知晓学生的心路历程	
知晓学生的知音伙伴	
知晓学生的成长规律	
知晓学生的家庭情况	
知晓学生的上学路径	
知晓学生的社区环境	
知晓学生家长的思想	
知晓学生家长的愿望	

工具五:英语学科的起始年级学习基本要求

"英语学科的起始年级学习基本要求"的设计意图是从三个维度,学习习惯、学习方法、学习能力等方面对学生提出的一个规范性要求,同时也是教师学习指导的一个方向性指引。同样,学校其他学科也根据本学科的特质,不同年级的学生制定了相应的学习基本要求。

表1-16　英语学科的起始年级学习基本要求

维度	主要内容	具体要求
学习习惯	预习习惯	
	朗读习惯	
	……	
学习方法	情景学习法	
	……	
学习能力	听说能力	
	……	

（2）形成"决策—研究—改进"的研究循环,明晰学习指导实现贴心的研究方向

为保证学习指导评价标准的有效达成,如何充分利用现有的信息结构,审慎地判断、制定、选择相应的方案,这是学习指导决策的基本理解,如何避免决策中的经验主义,这需要我们展开相应的研究,在研究的基础上形成的改进方案,这样的一个过程有助于我们把握问题的本质,有助于教师成为真正的课程领导者。

基于上述的认识,我们构建了"决策—研究—改进"的研究循环,与此同时,也形成了学校在学习指导方面的研究思路以及学习指导实现贴心的研究方向。

如何打破学段差异的客观存在,让初中教师对小学和高中学段在学习内容、教法及其学法上的差异有充分的了解,这是学习指导实现贴心的研究方向之一。对此,学校开展了"顾后瞻前"的学段衔接活动,让教师能在实践体验中,感悟不同学段在内容、教法及其学法上的差异,为学习指导的得力、得法夯实前行的基础。

如何让教师了解每个学生,同时制定合适的学习基本要求,这是学习指导实现贴心的研究方向之二。为此,学校以教研组为单位,利用组内教研活动的契机,组织开展讨论,依据学科特点和要求,围绕预习、上课、作业、复习四个学习环节,制定了各学科学生学习习惯、学习方法等的基本要求。

(3) 形成"标准—评价—改进"的研究循环,探索学习指导实现贴心的落地路径

形成"标准—评价—教学"的研究循环,促进教师自主评价、自主整改、自主发展,努力调动教师的自主能动性,自主的改进,促进工作效能的提升,这是六度教学评价的导向功能。在这样导向功能指引下,教师可以借助学习指导的主要工具,有效地促进学习指导贴心的落地行动。

学校开展了学案导学进课堂的教学模式。"学案导学"注重学法指导,突出学生自学,培养学生的学习能力,有效地发展学生个体素质结构,提高课堂教学效益,是师生共同合作完成教学任务的一种教学模式。学案导学的基本流程是引导先学—课堂交流研讨—课内训练巩固—课后拓展延伸—课后反思。学校引导教研组走上了一条"导学稿"编写之路,让"学案导学"成为提升课堂教学有效性的操作载体,成为师生互动的连接点,形成了各学科的教师实践案例,如数学教研组的学习指导探索之路等。

4. 师生关系——温暖度

（1）理清延展度的内涵，研制支持师生关系实现温暖的工具

所谓"温暖度"主要是指师生关系能满足师生合理需求，有利于健康人格发展的程度。温暖度在师生关系中的表现有：学校要不断提升学生对学校的认同度，不断改善师生关系、同伴关系以及学校的其他环境，提高学生对学校的喜欢程度。帮助学生认识心理问题、认识自我、培养适应能力、培养情绪管理能力、学会与人交往等。教师一句亲切的问候、一个表示肯定的示意、一次表示赞赏的掌声、一个客观、公正的评价、乃至一个鼓励的眼神等。教师要热爱、尊重、理解、宽容、鼓励学生，努力创设民主、和谐、愉悦的课堂氛围，让学生感受到教师可亲、可敬、可信的人格魅力，从而积极思考，勇于质疑，感受教师殷切的希望，体验成功的愉悦。

基于上述温暖度评价的表现，为更好地发挥师生关系的评价导向功能，形成"决策—研究—改进"的研究循环，形成"标准—评价—教学"的研究循环。我们开发研制了支持教师理性认识提升，实践技能提高的师生关系工具，为教师搭梯子、做支架，促进师生关系的研究与实践的有序规范实施。

工具一：绿色指标昭示、引领深化师生关系温暖度意义表

"绿色指标昭示、引领深化师生关系温暖度意义表"工具的设计意图是帮助教师深刻理解绿色指标的本真意义，明确绿色指标与对师生关系的关系。

表1-17　绿色指标昭示、引领深化师生关系温暖度意义表

	绿色指标1.0	绿色指标2.0	昭示、引领的意义
师生关系			一种导向： 一个依据： 一种要求： 一个改进：

工具二:温暖度在师生关系中的表现工具表

"温暖度在师生关系中的表现工具表"是建立绿色指标昭示、引领深化教师师生关系意义表的基础之上的延伸表,其设计意图是形成师生关系的评价标准。

表 1-18   温暖度在师生关系中的表现工具表

	昭示、引领的意义	温暖度的具体表现
师生关系	一种导向:	
	一个依据:	
	一种要求:	
	一个改进:	

工具三:师生关系温暖度研究的主要过程表

"师生关系温暖度研究的主要过程表"的设计意图是规范师生关系温暖度的整个研究过程,有助于我们将研究和实践有机的结合,是形成"决策—研究—改进"的研究循环的基本量表。

表 1-19   师生关系温暖度研究的主要过程表

	研读指标	解读指标	温暖度释义	师生关系实践	成果表达
师生关系	绿色指标1.0	一种导向:	释义: 作用: 表现:		管理经验
		一个依据:			
	绿色指标2.0	一种要求:			实践案例
		一个改进:			

工具四:一度温暖,百分百爱心的工具表

"一度温暖,百分百爱心的工具表"的设计意图是让教师理解学生日常管理的四个小技巧,即勤走、勤问、勤听、勤记。

工具五:大拇指策略的工具表

"大拇指策略的工具表"的设计意图倡导日常教学的表扬和鼓励,构建温馨博爱的师生关系。

表 1-20　一度温暖，百分百爱心的工具量表

基本内容	主要含义
勤走	示例：上课之前看一看学生的来校情况，中午看一看午餐情况，晚上看一看放学情况。并且建议班主任常到班级走一走，关注班级学生的日常情况。
勤问	
勤听	
勤记	

表 1-21　"大拇指"策略的工具表

基本方法	主要含义
观察学生	
把握时机	
善于灵活	
注重赞扬	

工具六："二分一合"的行规教育表

学校积极探索我校学生阶梯式、序列化的培养目标，构建了"二分一合"的行规教育体系。"二分"即：年段目标分层、具体内容分解；"一合"即"众人"合力，全员参与实施学校行为规范教育。该表的设计意图教师理解根据年级学生差异，确立具有年级梯次的行规教育目标体系，实施符合各年级学生身心发展规律的灵活多样、生动活泼、学生接受的行规养成措施。

表 1-22　"二分一合"的行规教育表

年级主题		目标	内　容	重点抓手
六年级	正行养习	学会自控		
七年级	懂礼遵规	学会自律		
八年级	诚实守信	学会自主		
九年级	明志修身	学会自觉		

（2）形成"决策—研究—改进"的研究循环,明晰师生关系实现温暖的研究方向

为保证师生关系评价标准的有效达成,充分利用现有的信息结构,审慎地判断、制定、选择相应的方案,这是师生关系决策的基本理解,如何避免决策中的经验主义,这需要我们展开相应的研究,在研究的基础上形成的改进方案,这样的过程有助于我们把握问题的本质,有助于教师成为真正的课程领导者。

基于上述的认识,我们构建了"决策—研究—改进"的研究循环,与此同时,也形成了学校在师生关系方面的研究思路,明晰师生关系实现温暖的研究方向。

新型师生关系中"共乐"将成为师生相互减压的有效手段,在教育教学过程中民主平等、相互合作、愉快互动、共同快乐成长。共创共乐,这是课改中对师生关系提出的新的要求,也是新型师生关系中的最高境界,这也是师生关系实现温暖的研究方向之一。

（3）形成"标准—评价—改进"的研究循环,探索师生关系实现温暖的落地路径

形成"标准—评价—教学"的研究循环,促进教师自主评价、自主整改、自主发展,努力调动教师的自主能动性,自主的改进,促进工作效能的提升,这是六度教学评价的导向功能。

在这样导向功能指引下,教师可以借助师生关系研究的主要工具,有效地促进师生关系融洽的落地行动。对此,学校以"科学发展、人文见长"作为学生的发展目标,在"众教育"的建设过程中,坚持以科学的方法培育人、以艺术的手段启发人、以超凡的魅力感染人、以包容的心灵体悟人,形成了一个独特的"教育文化场",即用心塑造校园"文化场",用创新开拓校园"文化场",用特色彰显校园"文化场"。在此基础上,学校开展了严而有爱、温暖如春的案例研究。

5. 校本研修——共享度

（1）理清共享度的内涵，研制支持校本研修实现共享的工具

所谓"共享度"主要是指校本研修活动中的资源或成果被共用或分享的程度，共享度在校本研修中有如下表现：表现之一。建立校内的教学经验信息分享机制，让不同教师之间信息与教学的经验产生流动。表现之二。一是从学校内部，不断挖掘教师的教学经验，在交流中不断生成新的知识与经验。二是外请专家、外出参观学习等为教师专业发展注入新的知识和经验。三是以网络和在线学习的形式为教师的教学提供持续不断的各种教学资源。四是把一定区域内不同学校的校本教师专业发展网络进行贯通，形成区域校际之间的教师专业发展网络，增加不同学校校本研修之间的协同合作和资源的共享。五是学校不同学科教师之间的跨学科活动，从而促进教育教学的知识与经验得以扩展。表现之三。一是以专家引领、同伴互助、个人反思、问题研究、交流分享等；二是集体备课、教材与教学分析、共同研课、相互听评课、公开课示范课、同课异构（一课多上）、导学案、教学微技能研究等；三是组织经验交流、课堂改进、教学论坛、典型案例等；四是专家报告与点评、理论学习、参观学习等。表现之四。教师之间交流教育教学中的问题，分享改进教育教学的实践与方法，共享教育教学之间的专业成果等，以此来持续推动教学改进的研究。

基于上述共享度评价的表现，为更好地发挥校本研修的评价导向功能，形成"决策—研究—改进"的研究循环，形成"标准—评价—教学"的研究循环。我们开发研制了支持教师理性认识提升，实践技能提高的校本研修工具，为教师搭梯子、做支架，促进校本研修的研究与实践的有序规范实施。

工具一：绿色指标昭示、引领深化学校校本研修意义表

"绿色指标昭示、引领深化学校校本研修意义表"工具的设计意图是帮助教师深刻理解绿色指标的本真意义，明确绿色指标与对校本研修的

关系。

表1-23 绿色指标昭示、引领深化学校校本研修意义表

	绿色指标1.0	绿色指标2.0	昭示、引领的意义
校本研修			一种导向： 一个依据： 一种要求： 一个改进：

工具二:共享度在校本研修中的表现工具表

"共享度在校本研修中的表现工具表"是建立绿色指标昭示、引领深化教师校本研修意义表的基础之上的延伸表,其设计意图是明确形成校本研修的评价标准。

表1-24 共享度在校本研修中的表现工具表

	昭示、引领的意义	共享度的具体表现
校本研修	一种导向：	
	一个依据：	
	一种要求：	
	一个改进：	

工具三:校本研修共享度研究的主要过程表

"校本研修共享度研究的主要过程表"的设计意图是规范校本研修共享度的整个研究过程,有助于我们将研究和实践有机的结合,是形成"决策—研究—改进"研究循环的基本量表。

表1-25 校本研修共享度研究的主要过程表

	研读指标	解读指标	共享度释义	校本研修实践	成果表达
校本研修	绿色指标1.0	一种导向：	释义： 作用： 表现：		管理经验
		一个依据：			
	绿色指标2.0	一种要求：			实践案例
		一个改进：			

51

工具四:关键教育事件的案例研究表

"关键教育事件"行动研究的提出,是继案例、课例、叙事研究之后的又一种新型的教师教育方式。该表的设计意图是在帮助教师在案例实践研究中,发现、分析和解决在实际工作中所遇到的各种各样的问题,提高教育教学的有效性、专业自觉性和理论水平。

表1-26　关键教育事件的案例研究表

主要流程	主要方法
敏感细腻地捕捉"关键教育事件"	
简明扼要地提炼"关键教育事件"	
理智深度地阐释"关键教育事件"	
科学客观地撰写"关键教育事件"	

（2）形成"决策—研究—改进"的研究循环,明晰校本研修实现共享的研究方向

为保证校本研修评价标准的有效达成,充分利用现有的信息结构,审慎地判断、制定、选择相应的方案,这是校本研修决策的基本理解,如何避免决策中的经验主义,这需要我们展开相应的研究,在研究的基础上形成的改进方案,这样的过程有助于我们把握问题的本质,有助于教师成为真正的课程领导者。基于上述的认识,我们构建了"决策—研究—改进"的研究循环,与此同时,也形成了学校在校本研修方面的研究思路。

教师知识共享有多种途径,即教师个体之间的知识共享、教研组与教师之间的知识共享、研究团队之间的知识共享,学校组织与教师之间的知识共享、校际之间的知识共享等,如何实现这样的共享是学校校本研修研究的方向之一。

（3）形成"标准—评价—改进"的研究循环,探索校本研修实现共享的落地路径

形成"标准—评价—教学"的研究循环,促进教师自主评价、自主整改、自主发展,努力调动教师的自主能动性,自主的改进,促进工作效能的提升,这是六度教学评价的导向功能。在这样导向功能指引下,教师可以借助校本研修的主要工具,有效地促进校本研修实现贴心的落地行动。

路径之一:形成"个体反思 + 集体诊断 + 专家引领 = 整体提升"的学习组织形态。

路径之二:形成"知识存量 + 知识流通 + 知识创新 = 知识管理"的研修实践模式。

路径之三:形成"研修增值 + 教改增值 + 学习增值 = 发展增值"的师生成长之路。

以下是来自学校综合理科组的研究案例:基于学情,源于问题,落实常态化主题式研修

综合理科组教师积极参加区教研活动,学习兄弟学校的教学理念和教学方法,及时掌握学科新的要求和信息。教研组物理化学学科定期组织教师分析研讨当年的中考试卷,研究中考试题新趋势,并以此为依据进行选题编题,不断更新和调整学生习题,从而实现学生作业少而精的要求。

备课组内教师每周都会基于问题、基于学情进行无障碍反思和交流,包括课堂中出现的教学疑惑、学生作业中出现的错误原因、如何用实验更好地说明问题等。

教研组开展了"课堂教学中的关键教育事件"研修,以各学科组为单位,以案例研讨的方式聚焦课堂教学中的关键问题、关键环节、关键事件开展了问题化研修。

我们以"绿色指标"为导向,在研修中推进学校的"四三工程",开展

了如何上好三类课,如何精编精选三类题、如何因材施教三类生等系列主题式研修。

多年来,组内教师在良好的研修氛围中,集思广益,互相商讨,互相借鉴与学习,不断优化教学行为与方式,切实提高了教学实效性。在学校每学年的教育教学研讨会、在外省市来访研讨会上,我们组内教师的教研成果经常会被遴选到学校层面,进行经验介绍与成果分享。

6. 家校合作——融洽度

(1) 理清融洽度的内涵,研制家校合作实现融洽的工具

所谓"融洽度"主要是指家校合作的关系和谐,能共同促进学生成长的程度,具体的表现有:表现之一。要关注学生中的特殊群体。如单亲家庭的学生、家庭经济困难的学生、农民工子女等等,让他们能充分感受到来自学校、家庭的关心与关爱。表现之二。教师要公平对待任何家庭的学生,提升他们的主观能动性、自我效能及其学业成就,从而打破家庭因社会经济地位所引起的教育代际传递现象。表现之三。一是组织家长会、开放日、作业展览等活动;二是家访、家长参与课堂教学、教育讲座、教育咨询;三是办好家长学校,提升家长亲子能力;四是组建家委会、家长志愿者,形成有效的家校合作模式等。表现之四。家校合作不仅仅关注学生学业成绩及成效,更要共同服务于学生的身心健康成长。

基于上述融洽度评价的表现,为更好地发挥家校合作的评价导向功能,形成"决策—研究—改进"的研究循环,形成"标准—评价—教学"的研究循环。我们开发研制了支持教师理性认识提升,实践技能提高的家校合作工具,为教师搭梯子、做支架,促进家校合作的研究与实践的有序规范实施。

工具一:绿色指标昭示、引领深化家校合作建设意义表

"绿色指标昭示、引领深化家校合作建设意义表"的设计意图是帮助

教师深刻理解绿色指标的本真意义,明确绿色指标与家校合作的关系。

表1-27 绿色指标昭示、引领深化家校合作建设意义表

	绿色指标1.0	绿色指标2.0	昭示、引领的意义
家校合作			一种导向: 一个依据: 一种要求: 一个改进:

工具二:融洽度在家校合作中的表现工具表

"融洽度在家校合作中的表现工具表"是建立绿色指标昭示、引领深化教师家校合作意义表的基础之上的延伸表,其设计意图是规范家校合作的评价标准。

表1-28 融洽度在家校合作中的表现工具表

	昭示、引领的意义	融洽度的具体表现
家校合作	一种导向:	
	一个依据:	
	一种要求:	
	一个改进:	

工具三:家校合作融洽度研究的主要过程表

"家校合作融洽度研究的主要过程表"的设计意图是规范家校合作融洽度的整个研究过程,有助于我们将研究和实践有机的结合,是形成"决策—研究—改进"研究循环的基本量表。

表1-29 家校合作融洽度研究的主要过程表

	研读指标	解读指标	融洽度释义	家校合作实践	成果表达
家校合作	绿色指标1.0	一种导向:	释义: 作用: 表现:		管理经验
		一个依据:			
	绿色指标2.0	一种要求:			实践案例
		一个改进:			

55

工具四:"幸福缘"家长学校课程规划表

"幸福缘家校合作坊"是在众教育思想下,集众人之智所承办的服务于本校家长的一所学校(以下简称"幸福缘")。"幸福缘"家长学校课程规划表的设计意图是规范"幸福缘"家长学校的课程设计。

表1-30 "幸福缘"家长学校课程规划表

主　题	授课内容
好孩子是怎样培养出来的	
父母必须重视和改进家庭教育	
了解自己　理解孩子	
培养好习惯	
亲子沟通的技巧	
家长帮助孩子持续性地提高学习成效的策略	
与青春期的孩子对话	
亲子关系初探	
情绪管理	
解析孩子的不当行为	
和孩子们一起成长	

(2) 形成"决策—研究—改进"的研究循环,明晰家校合作实现融洽的研究方向

为保证家校合作评价标准的有效达成,充分利用现有的信息结构,审慎地判断、制定、选择相应的方案,这是家校合作决策的基本理解,如何避免决策中的经验主义,这需要我们展开相应的研究,在研究的基础上形成的改进方案,这样的过程有助于我们把握问题的本质,有助于教师成为真正的课程领导者。

基于上述的认识,我们构建了"决策—研究—改进"的研究循环,与此同时,也形成了学校在家校合作方面的研究思路,明晰家校合作研究实

现融洽的研究方向。

学校如何建设一支家校合作的队伍,特别是更广泛的家长志愿者的参与,是学校教育民主化进程的重要标志,是学校家校合作的创新之举,这是学校家校合作实现融洽的研究方向之一。

学校如何帮助家长更好地了解青少年儿童成长的规律,认识一般家庭在孩子不同年龄阶段容易产生的问题,并给出预防措施,明确家长以及子女在家庭和社会中的角色,这是家校合作实现融洽的研究方向之二。

(3) 形成"标准—评价—改进"的研究循环,探索家校合作实现融洽的落地路径

形成"标准—评价—教学"的研究循环,促进教师自主评价、自主整改、自主发展,努力调动教师的自主能动性,自主的改进,促进工作效能的提升,这是六度教学评价的导向功能。在这样导向功能指引下,教师可以借助家校合作的主要工具,开展家校合作实现融洽的落地行动。

路径之一:队伍建设。家校合作是个系统而持续的工程,学校自觉地把家委会工作作为学校的一个重要组成部分,积极发挥家委会沟通、服务、监督、参与、管理五个作用,共同营造良好的育人环境,使家庭教育与学校教育、社会教育紧密配合,形成合力。家长志愿者是学校开展家校合作的最重要的一支队伍,广义的范畴是由本校在籍学生家长且积极参与家校活动的家长构成。家长志愿者的使命和职责简要概括为"学校文化的传播者、学校管理的参与者、学校教育的监督者、学生拓展学习的协助者"四个方面。

路径之二:"幸福缘"家长学校。"幸福缘"家长学校的主要责任和使命就是以教育来支援家长全面参与孩子的成长,增强家校合作的融洽度。"幸福缘"家长学校的活动方式有:一是大班学习。二是案例研讨。由家长和孩子提供家庭中的真实案例,全体家长分小组参与互动式研讨。三

是家长沙龙。针对某一问题或某一类学生成长的共同需求,家长敞开思想,自由发表观点。四是亲子活动。创设一定情境,围绕一个需要解决的任务,组织家长与孩子在共同探究和解决过程中,加强相互了解,建立亲密关系,获得共同体验。五是个别咨询。评估、诊断家庭教育的状况、孩子学业功课、各种习惯和行为方式、性格和心理发展状况及孩子发展的潜能和优势。

路径之三:开展融洽家校合作的活动,如家长开放日、亲子课程、教育讲座、教育咨询等。

四、六度教学评价的践行成效

近三年,学校荣获上海市文明单位、上海市安全文明校园、上海市语言文字规范化示范校、上海市依法治校示范校、上海市科技教育特色示范学校、上海市航天科技特色学校、上海市体育传统项目学校、上海市群众体育先进单位、上海市教育系统法制宣传教育先进学校、上海市青年文明号、上海市校园体育"一校多品"创建活动试点学校、初中体育多样化教学试点学校、黄浦区教育科研先进集体、黄浦区校本培训先进单位等称号。

近三年,学校共有校级课题 23 个,区级以上课题 15 个,其中市级课题 3 项、区重点课题 2 项、区规划课题 2 项、区一般课题 1 项、区课程领导力项目 1 项、区优秀科研成果推广项目 2 项、区青年教师课题 4 项。

近三年,学生在各级各类比赛中屡获殊荣,获得区级以上各类奖项 696 项。学校在上海市学业质量绿色指标测试中显示各学科学业成绩标准达成指数达到 9 级,极大部分指标指数均高于全区平均水平,并呈现了正向进步的状态。近三年中考成绩稳中有升,连续三年合格率 100%。2017 届中考再创新高,普高达线率 97.87%,上海市实验性示范性高中达线率60.28%,自主招生预录取率达39%。

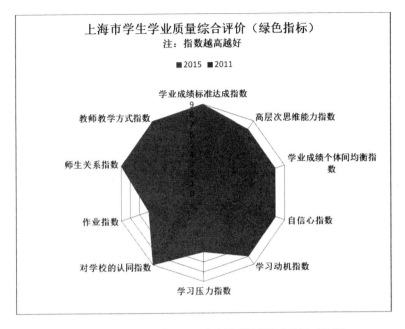

图 卢湾中学2015年、2011年绿色指标测试指标对比图

教师专业素养实现整体提升,三年来获得区级以上各类奖项229项。诸如上海市中青年教师教学评比一等奖、黄浦区教师教学评选比赛一等奖、二等奖;"一师一优课,一课一名师"教育部优课及市级优课、上海市园丁奖、上海市金爱心教师二等奖、黄浦区优秀共产党员……2016年12月,卢湾中学成为上海唯一入选教育部全国师德建设优秀案例的学校。

教育家杜威说得好:"教育本质上是无止境的圆形或螺旋形的东西,教育是一种包括科学在内的活动。正是在教育过程中,提出了更多的问题以便进一步研究,这些问题又反映到教育过程中去,进一步改变教育的过程,因此又要求更多的思想,更多的科学,循环往复以至无穷。"六度教学的研究也是如此,是一个无止境的圆形或螺旋形上升的过程,大致经历了六度教学1.0版和六度教学2.0版,也许以后还会有升级的六度教学

3.0 版。六度教学 1.0 版，主要构建了评价内容和评价指标，其评价标准主要来源于绿色指标的解释，以浅显易懂、质性评价的方式，引领学校教学质量的提升；六度教学 2.0 版则在传承 1.0 版精髓的同时，发展了自身的评价标准，构成了比较完整的评价三要素，即评价内容、评价指标和评价标准。如果问六度教学 3.0 版是什么样的，有几个粗浅的框架已形成，即在评价方式上，将质性评价和量化评价相结合；在评价人员上，将内部评价与外部评价相结合；在评价实效性，将把更多的技术手段应用其中，提高评价的效率等等。六度教学的不断升级，一方面表明学校关于教学质量评价体系研究不断深入，另一方面也是适应绿色指标升级的需要，适应新时代发展的需要。

我们已经走在路上，未来我们还会走得更远！

第二章 课程建设的延展度

本章以学校课程建设为研究视角,共分三节。第一节,回答了什么是延展度以及延展度的作用及其表现;第二节,重点叙述了来自于学校的课程建设经验,如课程文化特质、学校课程体系、第三空间思想催生无边界课程等;第三节,为让读者清晰地了解学校的课程建设实施细节,呈现了教师的所思所想:无边界课程实施的若干案例。

第一节 延展度的诠释

课程(curiculum)《教育大辞典》①的释义是:为实现学校教育目标而选择的教育内容的称谓。本书中的课程建设主要是指学校课程建设,是指学校在国家、地方和学校三级课程管理体制下,依据学校培养目标、学生需要、校内外教育资源等形成的适合学生发展的课程体系。课程关乎学生的成长与发展,它是教育教学活动开展的基础,也是学校教育目标实现的保障。当前,加强课程建设对于学校改革及其发展具有积极的现实

---

① 夏征农,陈至立.2009.《辞海(第六版彩图本)》[Z].上海:上海辞书出版社:2112。

意义。随着绿色指标的推出，为深化学校课程建设研究拓宽了新的视野。全面分析绿色指标1.0，以及即将实施的绿色指标2.0，其昭示、引领深化学校课程建设的意义有：

一种导向：立德树人是课程改革出发点和归宿点；

一个依据：以核心素养为导向统领学校课程建设；

一种要求：学校课程规划、实施、评价的一体化；

一个改进：学校与教师要共担学校课程建设重任。

如何结合学校现有的办学水平、文化基础、师资力量等，将上述四个方面扎扎实实落地生根于学校的土壤，是我们始终坚持研究的方向。2012年起，学校提出了"六度教学：助推绿色指标落地，全面实现学校发展"的行动要领，在经过长达五年的时间，历经了反复酝酿、科学论证、课题立项、行动研究、成果表达等研究过程，"课程建设的延展度"这一提法被正式确立。

一、延展度的释义

何为"延展度"？"延"有延长、延伸之意，"展"有张开、放开、施展之意，"度"有程度、境界之意。延展度可以理解为在某个领域内向广度、深度延伸的程度。在本书中，"延展度"主要是指学校课程建设向广度、深度延伸的程度。具体而言，从课程建设的出发点来看，"延展度"是学校课程建设坚持立德树人的价值观，学校的育人目标、课程理念向广度延伸；从课程建设的过程来看，"延展度"是指学校课程建设的不断贯通课程规划、实施与评价的过程；从课程建设的结果来看，"延展度"是指课程建设内容逐步走向结构化、系统化。

二、延展度的作用

"延展度"的作用之一:有助于学校在课程建设领域落实绿色指标。"延展度"是学校课程建设的延展,其表现与绿色指标的导向、依据、要求、改进呈现一致性,是绿色指标昭示、引领意义的具体化,因此它成为学校落实绿色指标的一个重要抓手。与此同时,课程建设的"延展度"有绿色发展的理念支撑,有绿色指标的保驾护航,所以,学校的课程建设成效也更有可参照性的坐标。

"延展度"的作用之二:有助于学校加强课程建设的过程管理。"延展度"是学校课程建设延伸程度的反映,是来自于学校自身对课程建设成效的评估,以及日复一日、年复一年地持续推动和螺旋式的上升过程,所以,"延展度"关注的是学校课程建设的过程质量,即课程建设的工作水平或进行中的状态,这有助于学校动态的把握课程建设的成效,加强课程建设的过程管理。

"延展度"的作用之三:有助于学校形成量化课程建设的评估研究。"延展度"的证据既可以是量化的,也可以是质性的。可以用某些数值的变化来表示,也可用质性材料的比对来呈现,这为学校的量化课程建设评估研究埋下了伏笔。

三、延展度的表现

"延展度"的表现之一。2010 年,我国颁布了《国家中长期教育改革和发展规划纲要(2010—2020)》,提出"坚持以人为本,遵循教育规律,面向社会需求,优化结构布局,提高教育现代化水平",这指明了我们未来教育发展的方向,也确立了"以人为本"的教育宗旨。党的十八大报告对教育提出了一系列的新要求、新论断,十八大报告对教育改革提出的根本指导思想就是立德树人。立德树人代表我国教育改革与发展的基本方向。

所以，"延展度"的表现是：学校课程建设以立德树人为本，把社会主义核心价值观主动地融入学校课程建设。

"延展度"的表现之二。核心素养是个体在教育过程中逐渐形成的适应社会需要和自我实现的必备品格和关键能力。其主要包括三个基本方面：文化基础、社会参与、自主发展。文化基础是指人文底蕴、科学精神；社会参与是指责任担当、实践创新；自主发展是指学会学习、健康生活。上述内容为学校课程建设的教育理念凝练、课程制度的创新、课程体系的完善等提供有力的理论支撑和价值导向。这对学校的挑战是不仅要建设学校课程，更重要的是要以核心素养为引领统整学校课程建设。所以，"延展度"表现在学校教育理念要向广度延伸，校本化课程要向深度发展，相应课程体系要不断完善。

"延展度"的表现之三。学校课程建设需要关注四个方面的内容：一是学校的育人目标；二是学校的办学定位；三是学校的课程理念，其中蕴含了学校对课程的本质、价值和内容的认识；四是学校的课程建设方略，含学校要建设什么样的课程，要怎样建设课程，要怎样进行课程的实施、评价、管理与保障等。在绿色指标里，校长课程领导力包含学校的课程规划、课程实施、课程评价等。两者的共同语义都说明学校课程建设是渐进的一体化的过程，任何割裂都可能导致课程建设中的种种碎片化，这对学校课程建设是一个前所未有的挑战。所以，"延展度"的表现学校要持续地将课程规划、实施、评价进行有机贯通，让其内在的衔接更为紧密。

"延展度"的表现之四。素养本位的学校课程建设应立足于核心素养，其课程建设过程不是闭门造就的产物，而是更宽泛的民主决策的结果，需要多方主体的深层次的对话，需要专家、教师、学生、家长等主体的参与，特别是学校教师的深度参与，这需要学校与教师要共担学校课程建设的重任。这也是目前学校要着力解决的问题,课程建设要强化教师的责任意识,调动广大教师的积极性和创造性,深度参与学校的课程建设。所以,"延展度"的表现是课程建设的民主决策要向广度延伸,要调动广大教师更深刻地参与学校课程建设。

四、课程建设——延展度

课程建设及其延展度研究的主要过程,含研读指标、解读指标、内涵诠释、实践应用、成果表达如下(见图2-1):

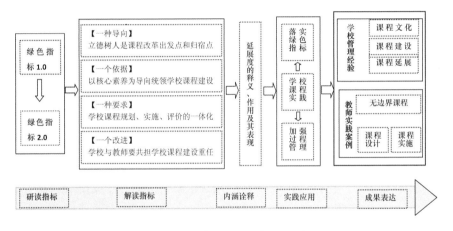

图2-1 "课程建设的延展度"的研究过程

1. 研读指标。绿色指标1.0中,与学校课程建设对标的有:学生学业水平指数(学生学业成绩的标准达成度、学生高层次思维能力指数以及学生学业成绩均衡度),校长课程领导力指数(课程决策与计划、课程组织与实施、课程管理与评价)。绿色指标2.0中,与学校课程建设对标的有:学生学业水平(学业水平的标准达成度、学生高层次思维能力、学生艺术素养),校长课程领导力(课程规划、课程实施、课程评价),教师课程领导力(教学理念、教学方式、学业评价)。

2. 解读指标。分析绿色指标,昭示、引领深化学校课程建设的意义有：立德树人是课程改革出发点和归宿点，以核心素养为导向统领学校课程建设，学校课程规划、实施、评价的一体化，学校与教师要共担学校课程建设重任。

3. 内涵诠释。以绿色指标的导向、依据、要求、改进为基石，确立课程建设的重心在于"延展度"。界定核心概念"延展度"，分析其主要作用及其在课程建设中的具体表现，建构课程建设的评价指标延展度。

4. 实践应用。形成"标准—评价—教学"的研究循环，在行动研究中促进学校教育教学质量的提升。

5. 成果表达。历经五年的基于绿色指标的实践探索，学校累积一些成功经验及其案例。为此，从两个视角选取有代表性的课程建设实践成果进行总结。一是来自于学校的管理经验，如第二节的课程文化特质、学校课程体系、第三空间思想催生无边界课程等；二是来自于学校的教师实践，以案例方式呈现，如第三节的无边界课程实施。

第二节 学校管理经验：课程文化、建设及其延展

一、课程文化：绿色视野下的五种特质

卢湾中学的课程改革一开始就定位在绿色发展的大背景下，将课程建设与课程文化水乳交融地结合起来。因为，文化决定着课程的品性，同时，课程又凝练和形成了文化。

首先，课程的本身是一种文化代码，它承载的是文化，离开了文化，课程就成了无源之水、无本之木。它可以是中华民族忠孝仁爱、修己安人、天人合一、和谐共生文化的传承，可以使是学校发展中沉淀的底蕴和精神的折射。其次，课程的本质是一种价值赋予，学校的课程以其独特的视角体现了教育对人类文化的选择。它借助学科课程的文化价值和精神财

富,把学科知识技能中的价值观念、审美情趣、思维方式和行为规范,通过教师的文化自觉传递给学生,对尚未真正形成自我的世界观、人生观和价值观的学生产生强有力的影响力甚至决定作用。第三,课程的实质在于建构一种文化,学校课程文化的核心和灵魂,是在长期的教育实践过程中为谋求发展而精心培育并与学校个性相结合的一种主导意识,是学校办学理念、人才价值取向以及教师文化自觉意识的体现。可以说,卢湾中学的课程文化建设是在学校生态文化建设中进行的,体现了学校文化的特色和价值取向。

1. 课程气质——契合学校文化的精神内守

人有不同的气质和品味,学校亦然。一所成功的学校应该有其特有的气质,正如一个有气质的人能让人在举手投足间不经意地感受到其迷人的风采一样,学校散发的气质同样能让莘莘学子感受到其独特的魅力。精神内守是中医提倡的一种养生之道,大意是指精和神都处在一种协调状态,在这里,被我借用了。一所学校的课程文化最能反映学校的办学理念和价值取向。因此,学校课程的开发应该尽可能地契合学校的文化气质,使学校课程的气质凸显学校的办学品味。

卢湾中学地处中心城区,布局精巧,风格雅致,相融共生的生态鱼缸、水火交融的灯光幕墙、古朴典雅的三角钢琴无不散发着浓郁的文化气息,传递着精品化、国际化、信息化、创新化的办学理念。这种经过长时间孕育而形成的价值观念、审美情趣已经深深植根于师生的心中,体现在校园文化的审美中,也体现在学校教育的精气神中。在探索卢湾精品教育小区一体化建设的过程中,卢湾中学以现代学校制度建设为基点,以办学理念趋同、教育特色相近、教育资源共享、教育人才柔性流动为前提,提出了"人文立魂,科学树人"的办学理念,贯之以"科学与人文并重,人本与高效并行"的管理理念,致力于打造精品城区的精品学校,力求在同质化竞争中彰显自己的特色。学校课程的开发力求凸显学校精品化、国际化、信息化、创新化的办学品味，在中西节庆课程、多元社团课程、学科统整课程、国际交流课程、筑梦圆梦课程、服务社区课程、民族植根课程等方面做了一些有益的探索和实践。

2. 课程标识——凸显学校理念的符号象征

课程标识，是课程设计中最能传递信息、吸引注意力的视觉标示，它体现了学校办学的价值追求。"人文立魂、科学树人"是我校的办学理念，"科学发展、人文见长"是学生发展的目标。因此，卢湾中学把"科学"与"人文"定为学校三类课程开发与设计的最为重要的标识。在构建"科学与人文相融"的现代课程体系中，以"科学教育"为特色，以"人文精神"为核心，积极营造科学与人文相融的课程环境，努力激活学生学习科学与人文学科的内在要求，坚持在学科教学中促进科学与人文的相融与并重。学校以学生学习方式的改变为突破口，以"创新实践日"为载体促进学生发展，共开设拓展型课程 50 余类，探究型课程 20 余类，形成了具有学校特色的科学类、人文类、艺术类、体育类等四大板块，满足了学生个性发展的需要，促进了学生的全面发展。其中，科技类课程的开设，如：航模、信息奥林匹克、智能机器人、航模、flash 制作、智能控制应用、探秘生物世界、走进天文世界、地理直通车、思维体操、TI 图形计算器、DV 制作等，为培养具有科学素养的初中学生提供了平台。学校在航天航空模型、智能机器人、计算机奥林匹克竞赛、头脑奥林匹克等科技特色项目上优势明显。

学校鼓励学生们从兴趣出发、从生活出发、从学科出发积极投身探究学习活动中，体验着探究实践的困惑与挑战，分享着探究活动带来的成果与成长。"飞扬的粉笔灰对老师们的身体健康有影响吗?"张宇同学带着问题，开展了为期三个月的对比试验，在科学老师的指导和帮助下解剖小白鼠，证实了之前的推测：粉笔灰对呼吸系统会产生危害。随后，她撰写了一篇科研论文,发明了一个具有吸附粉笔灰功能的黑板擦。在第 23 届上海市青少年科技创新大赛中,荣获青少年科技创新大赛二等奖,她本人荣获上海市"明日科技之星"的称号。

王伊隽、施皓清、夏翌旸等同学自己动手尝试制作香薰,结果发现闻上去头很晕。于是同学们产生了探究香薰是否会对人体产生负面影响的想法。在科技老师的指导下,用控制变量的方法探究了不同浓度、不同时间香薰对小鼠的影响。他们撰写的论文《香薰对小鼠影响的探究》在第 25 届上海市青少年科技创新大赛中,荣获青少年科技创新大赛一等奖。近几年,学校还有这样一批学生课题的研究获奖:在第 26 届上海市青少年科技创新大赛中,《分解油污的微生物研究》荣获青少年科技创新大赛三等奖;在第 27 届上海市青少年科技创新大赛中,《青少年常用电子产品使用状况调查及其特征污染物(Cr)对吊兰生长的影响》荣获青少年科技创新大赛一等奖;在第 27 届上海市青少年科技创新大赛中,《迁移式海洋风力发电模型作品》荣获青少年科技创新大赛二等奖;在 2012 年"第 27 届上海市青少年科技创新大赛"中展示的"迁移式海洋风力发电模型作品"项目荣获上海市船舶与海洋工程学会设立的专项"郑和奖"。

自主类社团渐渐成为学校的品牌,它作为课外的延伸,满足了不同层次学生创新的渴求,使学生学会寻找身边的课题,运用科学的方法,探索未知的知识领域。近三年,学生荣获全国类竞赛奖项 263 项、上海市竞赛奖项 351 项。"中国少年科学院院士"赵俊华、"上海市明日科技之星"罗爵、张宇等优秀学子在学校科学与人文相融的文化沃土上应运而生。

3. 课程话语——教师课程意识的外显形式

课程话语实质上是课程领域中的思维方式,它反映了教师在课程问题上的本体论和价值观。我们很多教师还停留在教学话语层面上,要提升到课程话语还需要下很大的工夫。为此,学校以课题为引领,以校本研修为载体,不断强化教师对课程的理解,提升教师的课程意识,帮助教师把教学话语转化为课程话语,达成多元的课程价值认同,寻求课程的核心育人价值。学校以"关注教育过程公平,打造生命化课堂"为主题,通过打磨课堂教学细节,美化教师课堂用语,探索学科育德和践行精讲精练等环节来提高课堂教学的效率,引导教师回归"生命关怀"的教育本质。在学科教学中,学校要求教师树立正确的育德观和学生观,充分发挥各门课程的综合育德功能,及一门课程的多重育德功能,深入挖掘课程教育内涵,实践教育有意无痕、"盐在汤里"的理念。在课堂教学过程中,学校要求教师充分关注学生的个体差异,尊重生命的生成性和创造性,促成生命自由、完整、独特的发展。通过课程话语的强化,扩大教师在课程实践中的视野,使其内化为教师的课程意识,并进而转化为课程执行力。

4. 课程贯通——学生成长环境的优化融合

各学段学科知识的统整。学校以教学质量保障体系的构建为依托,建立了教学管理制度系统、教学管理组织系统、教学质量评估系统和教学信息反馈系统。各学科组以备课组为单位,对学科内容进行深入细致地分析,梳理出每个学段、每个单元、章节的重点和难点、知识易混点、易错点,明确教学目标,编制课堂教学计划双向细目表。学科知识体系的梳理,教育目标的统整,最终促进了教学质量的提升。

三类课程的统整。学校有机统整三类课程,建立、完善了"基础＋拓展"、"常规＋特色"、"学科＋活动"的校本课程体系,实现了三类课程的对接、互补,体现了我校课程的层次性、多元性、可选择性,做到了基础型课程校本化、拓展型课程多元化、探究型课程自主化,使课程能承载学校提出的育人目标。

此外,学科间的统整、教育活动的统整和教育资源的统整,也有效地提高了校本课程的品质。学校各年级以育人、成人为主线,在统整的基础上形成了系列化的教育主题,从"写'大'一个人"、"写'活'一个人"、"写'稳'一个人"到"写'强'一个人",让每个学生得到理想的发展。学校还以教育小区一体化探索性实践为契机,整合共享优质教育资源,通过教师队伍柔性流动、优化组合、不同学段课程与教学的衔接研究等方式,贯通培养具有卢湾教育小区特色和素养的学生。

5. 文化自觉——学校课程革新的助推器

课程改革的关键是重建新的学校课程文化。课程文化是课程改革的直接诉求和终极变革。以课程文化建设支撑和引领课程改革与建设,不仅能促进学校课程物质文化的更新、课程规范文化的变革、课程行为文化的转变,更能促进学校课程精神文化的转换。我校在深化课程建设的同时,不断致力于管理者、教师、学生课程文化自觉的再造。

教师文化崇尚"合作 + 创生"。课程实施的质量取决于教师的质量,教师不仅是课程的忠实执行者,更是课程的创生者和研究者,应在整个课程运作过程中充分发挥主体性和创造性。课程文化的发展必然要求教师的文化自觉和文化意识的提升,而良好的教师行为有利于课程文化在师生间的顺利沟通和传递。"专业合作、智慧共享"是教师与新课程一起成长的一种方式,学校大力倡导哥本哈根精神,积极营造知识共享的合作文化,为教师的专业发展提供了良好的氛围。

学生文化呼唤"生命 + 自主"。学校在课程文化建设中注重对学生文化的引导,呵护以"自主"为特征的学生文化的建设,提出在"六、七年级迈好成长第一步,八年级迈好成功第一步,九年级迈好成才第一步"的序列化要求。学校以关注教育过程公平为指向,深入开展"生命化课堂"教学实践研究,在课堂教学中凸现生命意识,实现对生命的回归,让学生在课程文化自觉中充分舒展着个体生命,体验"生命的深度与理想的高度",享受生命的快乐和生活的乐趣。

课程管理文化力求"人本＋创新"。学校教学行政泛化容易制约教师教学的自主性、创造性，弱化"专业"与"学术"在学校本应有的地位。教师是课程实施的主体，他们的个人价值观、行为取向、文化选择、教学风格等将直接影响学生对课程文化的理解以及对课程内容的认同。新课程理念下，为了让每一个教师的思想走得更远，我们力求树立开放、创新、发展、以人为本的管理理念，给教师以充分的自主权，使课程管理充分发挥教师的积极性、主动性。

随着课程改革的不断推进和深化，课程文化日渐引起人们的重视。课程文化作为现代学校文化的重要内容，作为学校教育活动的生存方式，内在于人的一切活动之中。课程立校，文化为魂，是学校内涵发展的必由之路。我们将在这条路上积极探索，希望通过若干年的课程沉淀，能打造出具有卢湾中学办学特色的品质教育。

二、课程建设：科学与人文相融的现代课程体系

学校从课程的宏观层面、学科课程的中观层面和学科知识点的微观层面，建设"科学与人文相融"的现代课程体系，形成了科学类、人文类、艺术类、体育类四大类课程群，共有校本教材二十多本，其中5门被列为黄浦区区级共享课程。

研制课程计划的基础和起点，必须系统全面地分析学校的经验优势、传统特色、发展瓶颈和问题等内容（见表2－2）。

学校课程宏观层面。学校提出以"整个世界都是'教室'"作为课程理念，尝试突破学科边界、突破时空边界、突破学段边界、突破围墙边界、突破家校边界，力图让世界成为学生的"教科书"，让学生借助"树木"认识"森林"。学校成立"无边界思维坊"教师跨界学习共同体，通过跨界教研，融通知识，挖掘单学科中的整合点，将具有内在逻辑或价值关联的分科内容

表 2－2 学校 SWOT 分析表

因素	S（优势）	W（劣势） T（威胁）	O（机会）
地理环境	◇市中心，交通便利 ◇现代商业中心，经济繁荣，人文浓郁 ◇教育小区，与小学、高中毗邻	◇人口导出，生源减少 ◇生源质量受到影响，尤其是优质生源	◇教育国际化视野 ◇卢湾教育小区一体化建设
学校规模	◇全校 24 个班级，800名学生，规模适中 ◇每班 30—35 人，班额数适中，有利于课堂教学	◇人员编制减少 ◇教育成本提高	◇实行小班化和分层差异教学实验
硬件设备	◇设施设备条件较好 ◇教育信息化水平较高	◇教师教育信息技术的意识与能力的再提高 ◇网上阅卷系统、网络家校联系等平台的利用	◇区域教育信息化的整体推进，给予学校创设数字化校园的教学环境很大空间
品牌建设	◇科学教育特色日渐突显（航模、信奥、头奥等） ◇学校办学以文化建设为核心，取得一定成效 ◇生命化课堂和教学质量保障体系的初步实践取得了一定的成效	◇品牌学科的建设还没有形成良性循环的机制 ◇品牌教师的培养急需加强	◇区域着力构建创新教育实验区 ◇区域整体推进教育国际化
学生状况	◇生源整体尚好，在区域公办初中内有一定优势 ◇视野开阔，思维活跃，兴趣广泛	◇社会多元价值对学生影响的增加了学校教育的艰巨性 ◇学生学习基础和学习能力差异较大，学习内驱力不足	◇学生发展潜力较大 ◇梳理和制定卢湾中学学生发展的能力大纲
教师情况	◇师资队伍结构相对合理 ◇教师群体整体敬业爱岗，适应课改的需求 ◇中青年教师日渐成熟，涌现出一些在全国、全市教学大赛中获奖的业务能手	◇学科带头人、区骨干教师的人数相对较少，缺少有影响力的学科领军教师 ◇特色项目后备教师培养尚未跟进	◇重视高层次学历的进修 ◇全方位提供教师专业发展的平台和机会

73

（续表）

因素	S（优势）	W（劣势）　　T（威胁）	O（机会）
家长配合	◇家长对教育关注度较高 ◇能支持配合学校工作 ◇学校家委会发挥了一定作用	◇家长对孩子期望值较高，过分关注成绩 ◇家长群体差异较大，单亲、离异等特殊家庭逐年增多 ◇家庭教育的办法和效果有待加强	◇开办家长学校，提高家庭教育的实效性和针对性 ◇充分挖掘家长资源，家长主动参与学校办学中
地方资源	◇社区与学校关系密切，参与学校活动 ◇两个中心、各类素质教育实践基地、区域文化为学校教育提供了丰富的课程和实践资源 ◇教育小区一体化建设，联动发展，有利于初小、初高的探索和衔接	◇开放办学能力的进一步提升 ◇课程资源和学生实践基地进一步开发和整合	◇区域创新教育实验区和终身教育示范区的创建将为学校发展提供更多可开发利用的资源

整合在一起，针对某一概念或主题或探究活动，二度开发形成"无边界校本课程"。独创"串门式教学"，坚持"主辅结合、重点突出"的教学模式，"主讲"、"助教"分工合作，共生互补，从而实现学科之间 $1+1>2$ 的效果。

学科课程中观层面。学校从学科建设的中观层面，引导各个学科在围绕"双基"的基础上，延伸学科的宽度、广度，连接生活实际，使得平常的教学内容，平添一份学科乐趣，体现一份学科价值，培育学生的学科核心素养。诸如，数学组的全体老师在无边界课程理念下，校本化地开发了数学学科无边界系列课程。课程实施以来，深受学生喜欢，让学生感到数学是美丽的、丰富多彩的，数学是有趣的、是与生活密切联系的学科。数学课堂中时而出现语文老师、物理老师、美术老师的身影，带来了鲜活、灵动的学习内容，让学生完整地认识了数学世界。又如：体育学科注重传统文化的渗透和融合，将体育和德育、美育有机结合。在七年级开设京剧广播操的学习。京剧广播操是学校体育、艺术的无边界校本课程，既达到了运动练习的目的,又渗透了京剧艺术的综合学习。

学科知识点的微观层面。学科之间很多知识都有交集,学科交叉点往往与创新有着必然联系,让学生把学到的知识融会贯通,交叉运用,对创新型人才的培养有着重要意义。为此,学校引导各个学科对相关学科交叉知识点进行微观研究,找到不同学科知识点之间的连接点与整合点,将分散的课程知识按知识点内在的逻辑来重构,通过有序地组合,有机地串接,使课程要素更利于学生去思考、发现和解决实际的问题。例如:学校物理学科与相关的化学、生物、体育等学科中交叉知识点的梳理。(见表2-3)

表2-3

课程群		科学类	人文类	体育类	艺术类
基础型课程		数学、物理、化学、生命科学、科学、信息技术、劳动技术	语文、英语、思想品德、历史、地理	体育	音乐、美术、艺术
拓展型课程	限定	思维训练 航模	外教口语 阅读写字 听力阅读		
	自主	走进天文世界、思维体操、创造发明、数码天地、flash制作、信息技术、电子技术、航天能源、我身边的数学、生物与环保、物理小实验、科普英语、趣味化学实验、走进科学世界、单片机、头奥、PASCAL语言、奇妙的动物世界	经典阅读与写作、走进论语、古诗文鉴赏、传统文化品读、健康生活行、地理直通车、旅游策划、经典历史影片赏析、世博风、游走于唐诗宋词之间、近现代上海发展史、心灵鸡汤	高尔夫、女子排球、男子足球、击剑、韵律操、乒乓球、篮球	艺术与生活、服装设计、校园漫画、十字绣、民乐、民间工艺美术、鼓号、编制艺术

75

六度教学：基于绿色指标的行动研究

课程群		科学类	人文类	体育类	艺术类
探究型课程	限定（学科、项目）	物理学科探究化学学科探究	世博系列		
	自主	蝌蚪的成长故事；从世博看世界科技进步；微生物的分解作用探究；对连锁反应机关——小球的简单运动的探究；……	从外白渡桥的演变看外滩的发展过程；从上海老字号探中华节日传统；中西方社交礼节的研究；……	现代奥运发展研究；竞技健美操的规则变迁；对F1赛车运动旗语的探究……	中外动漫差异研究；绘制校园平面图；对中学生形象与校服的探究；……
学生社团		航模、OM、信息奥林匹克、机器人	小记者		民乐、合唱、舞蹈、校园漫画
德育人文系列课程			人文综合讲座、传统节日课程、风采礼仪课堂、廉洁文化专题教育、心灵鸡汤		
综合活动		科技节	英语学习周、语文学习周、读书周、学子节、雏鹰假日小队、志愿者服务		艺术节

　　从宏观、中观、微观三个层面,学校建设"科学与人文相融"的现代课程体系,形成了科学类、人文类、艺术类、体育类四大类课程群。在此基础上,在"第三空间"思想指导下,又系统地推进无边界课程的研发与实施,

已经取得了教育同仁们的认可和学生们的欢迎。

三、课程延展:"第三空间"思想催生无边界的课程

作为上海市中心城区知名度较高的公办学校,在黄浦区"海纳百川,兼容并蓄,追求卓越,勇于创新"的海派文化底蕴之中,卢湾中学的未来创新之路究竟在哪里? 也许,我们需要打开一只教育之眼。这只眼,有时可以是显微镜,能够看清教育的细枝末节。这只眼,有时应该是望远镜,可以看见教育的未来之路。教育的目的不是遮蔽,而是打开,打开这只眼,聚焦学生核心素养的培训,打开这只眼,看准拥有希望的教育之路。

1. 对教学时空的再认识

所谓"时空",即时间和空间。马维娜从社会学视角讨论了教学时空的双重建构,认为教学时空结构是教学时间结构与教学空间结构的简称。它可能作为两种形态存在:一是作为自然性时空存在的教学时空,主要包含上课时间、下课时间、学校空间、教室空间等物理时空本身。这种教学时空更多以一种"存在性"要素呈现出来。二是作为社会性时空存在的教学时空,即在社会学意义上探讨教学时空所具有的社会特征,不仅表现在人际交往的教学时空构成上,而且表现在与其同时发生的角色定位、互动类型、知识分配、话语权力等相关问题上。这种教学时空更多作为一种"建构性"要素彰显出来。

齐军对教学空间的内涵、影响因素及现状等进行了探讨,指出教学空间是在一定的教学情境中和空间内,人与人、人与物之间根据教学内容围绕着教学目标进行交互作用所产生的一种张力。它彰显着生命的自主性与能动性,是一个生成、创造和获得教学价值与意义的存在。任何教学活动都是在一定的空间内进行的,并赋予了空间教学属性,构成教学空间。教学空间是由人参与其中的充满社会意蕴的空间形态。对教学空间内涵

的理解应该基于教学本身，即它是以教学活动的发生为存在的前提，由教学活动所涉及的场所、设施、参与者等各因素之间所释放出来的教学影响共同构成的一种存在样态，它是动态发展的，可以随着教学活动的延伸而进行空间的调整与转换。教学空间有广义和狭义之分，广义的教学空间包括像父母辅导子女、工人师傅辅导徒弟等的教学空间。狭义的教学空间特指学校教育教学的空间。

一般认为，学校教育同家庭教育、社区教育的结合，及近年来网络信息技术在教学过程中的运用，都使传统意义上的教学时空得到了进一步的拓展。这些研究成为教学时空研究的新的关注点，也是本书研究的重要内容之一。

2. 课程变革的"第三空间"

美国社会学家欧登伯格（Ray Oldenburg）曾经提出"第三空间"概念，他称居住空间为"第一空间"，职场为"第二空间"，而博物馆、图书馆、公园等公共空间为"第三空间"。"第三空间"是一个公共交流空间，它没有等级观念，也没有角色束缚，人们可以自由地释放自我。"第三空间"的特征是自由、宽松、开放、跨界、整合。在第三空间中，人们可以全身心得到放松，可以深度迷恋，可以忘情沉浸，可以舒适度过。因此，欧登伯格认为，最能体现生命活力的地方就是"第三空间"。列菲弗尔有一个精彩的比喻：人生在世，恰如"蜘蛛"结网，"蜘蛛网"就是这个复杂、流动的创造性空间的隐喻。空间，作为真实与想象的混合物，具有一种亦此亦彼的开放性，生成于一种永无完结的过程之中。"第三空间"就是这种开放性和创造性的空间。

在我们看来，"第一空间"是封闭的空间，是没有繁殖力的空间，其隐喻是"教室的课程"；"第二空间"是试图走出去的"射线空间"，导引的是"广场的课程"；"第三空间"是跨界的"意义空间"和"价值空间"，它是

"旷野的课程"之居所。"第一空间"作为封闭的空间,学科之间壁垒森严、教师之间交流甚少、学习场地固定不变、学习方式单一乏味。

第一空间课程是教室中心、教师中心、教材中心的课程。以"第一空间"为中心的人拥有大量的知识,却只是拥有人类文明之碎片,他们往往容易被知识所禁锢,普遍会缺乏思考、分析、想象和判断力。

第二空间课程是延伸的触角,链接生活、链接活动、链接一切可能的要素。我们熟知的素质教育已经号召多年,多年来也有了很大的成绩,但还是不尽如人意,促进人的全面发展这个最根本的目的仍然没有得到很好的实现。那是因为在我们所谓的"第二空间"中生长的人,有了出去透气的机会,但他们仍然时刻不忘记自己是"这间房子里的人",仍然没有达到全身心的放松状态,仍然没有实现"全面发展"的意涵。说白了,"第二空间"只是提供了透气的一个小孔,身处其中,他仍然会深刻地受"第一空间"这一原点的影响,它有的只是透气,这是"透气性教育"的隐喻。

"第三空间"则是基于全面发展的育人要求,把丰富一个人的学习经历,让一个人自由呼吸、自由生长作为主轴,这是一个"灵性空间"。在"第三空间"成长的孩子,他们常常会亲近自然,走近活跃的生活,容易成为一个有灵性的孩子。此外,在"第三空间"生存的孩子是面向未来,适应未来世界的孩子。澳大利亚未来学家伊利亚德说过:"如果你今天不生活在未来,那么你的明天将生活在过去。"

我校提出的学校课程变革的"第三空间",本质是回归教育的原点,基于立德树人,基于人的核心素养的全面培育的一种课程价值的塑造。这种课程观包括以下几个方面的内涵。

儿童是课程的主体。一方面是指儿童的现实生活和可能生活是课程的依据;另一方面是指发挥儿童在课程实施中的能动性,儿童创造着课程。课程本身具有"过程"和"发展"的含义,儿童在课程之中,意味着儿童通过与被称为课程的东西进行对话,才能发生素质的变化和发展,才能引起儿童反思现实的生活方式,并努力去建立一种合理的可能生活方式,从而使儿童成为课程的主体。从表层看,课程是由特定的社会成员设计的,但从深层上看,课程是由儿童来创造的。课程不是设计者预设的发展路径,儿童也不是完全通过对成人生活方式的复制来成长的,他们在与课程的接触中,时刻用儿童独有的眼光去理解和体验课程,并创造出鲜活的经验,这些鲜活的经验是课程的一部分。从此意义上说,儿童是课程的创造者和开发者。因此,不应把课程及其教材视为儿童必须毫无保留地完全接受的对象,而应发挥儿童对课程的批判能力和建构能力的作用。那种视课程为"法定知识"或"圣经"式的文本而不准越雷池一步的观念,早该摒弃了。

"生活世界"是课程内容的范围。"生活世界"不是指"生活环境",也不是指"自然世界"和"社会世界",而是指对人生有意义的且人身在其中的世界,是人生活着的心物统一的世界。"生活世界"既是一个实体世界,又是一个关系的世界。在这个世界中,人的地位是至高无上的,人是能动的主体,人不依附于自然、社会、他人,或者其他某些外在的力量。生活世界中充满着自然事实、社会事务和人的生活行为事件,而且这些因素相互交叉。生活世界是人的生命存在的背景,是人生价值得以实现的基础,它为人生奠定了基石。"生活世界"对课程的意义在于:确立人本意识和生命意识,注重人的生成的动态过程。当前基础教育的课程问题之一就在于远离了儿童的生活世界,把儿童定格在"书本世界"或"科学世界"之中,丧失了生命的活力和生活的意义,难以培养起儿童的综合实践能力和社会责任感。因此,基础教育课程改革的着眼点之一应向儿童的生活世界回归,人的回归才是教育改革的真正条件。课程内容不应该是单一的、理论化的、体系化的书本知识,而要给学生呈现人类群体的生活经验,并把它纳入到学生的生活世界中加以组织,使文化进入学生的"生活经验"和"履历情境"。奥地利现象社会学家阿尔弗雷德·舒茨(Schutz, A.)在他的《社会世界的现象学》中论及"生活世界"的结构时谈到生活世界中的知识问题,他说:人在面对外在世界、理解世界时,并不仅仅在进行感知的活动,他们和科学家一样,也运用了一套极为复杂的抽象构造来理解这些对象,这些构造物就是"手头的库存知识",人利用这些"库存知识"才能理解世界。科学世界就为人提供了一部分"库存知识"。另一部分"库存知识"则是人的生活历史提供的。舒茨称人的生活历史为"生平情境(biographi-cal situation)"或"履历情境"。课程内容不能仅仅是来自"科学世界"的内容,而必须以"生活世界"作为背景和来源,课程才真正能够成为沟通学生的现实生活和可能生活的桥梁。

课程是儿童通过反思性、创造性实践而建构人生意义的活动。儿童是在动态的反思和创造的过程中成长和发展的,课程为儿童提供了反思和创造的对象。因为课程所提供的内容是与人类群体的生活经历,以及学生个体的"生活经验"和"履历情境"相关的内容。这些内容往往不能通过灌输而获得,而需要通过反思人类的生存状态,以及个体的生活方式来理解。所以,新课程观要求我们不能把课程仅仅理解为有关教育内容的东西或文本,而要把课程动态地理解为学生反思性和创造性实践来探寻人生意义的活动及其过程。

课程的学习活动方式以理解、体验、反思、探究和创造为根本。课程影响着学生在教育中的存在方式。传统课程观的弊端之一,就在于把学生视为书本知识的接受者,接受学习是其课程规定的学生的基本存在方式。当前课程改革应关注学生与课程之间的关系,从实施的角度讲,要注重理解、体验、反思、探究和创造等基本的学习活动方式,实现课程中学习活动方式的转向。

3．"第三空间"课程的特征

"第三空间"课程的突出特征即是延展。学生生活世界的整体性客观地要求课程的实际和实施要把学生从单一的书本世界和封闭的知识体系中解放出来，把他们对知识的习得与处理社会生活的各种复杂关系结合起来。使其在获得知识的过程中从容面对人与自然、人与社会、人与文化、人与自我以及人与他人之间的复杂关系。"第三空间"课程延展的主要方式是：学科知识间的整合、学科知识与生活的整合、资源的整合以及学习方式的整合。学科知识间的整合主要目的在于使学生能够从多重视角整合地处理相关信息，以便更全面、客观地理解知识和解决问题。它不要求一定得打破学科知识的疆域，合成一种新的学科形式。它可以是各学科保持独立地位，课程内容分属于不同科目领域，也可以是以组织中心如主题、问题、概念等或课程标准的要求来连接不同学科，也可以是学科融入单元或主题中。学科知识与生活的整合，强调课程内容与社会和科技发展以及学生生活的适应性。将学科知识和学生生活整合，把人与自然、人与社会、人与文化、人与自我等作为选择和组织课程内容的主题，引导学生对自然、社会、自我进行深层次的反思。学科知识与生活的整合主要是通过活动展开的。资源的整合使课程更具有生活意义和现实性。资源的整合，一方面是注重从学生的生活背景、社会发展的现实状况等方面对教材加以拓展和补充，或使之延伸，充分利用社区资源、网络资源等；另一方面是人力资源的整合，教师不再是独立的工作者，而是在与学生、其他教师、大学学科专家和课程专家的合作中更好地理解课程计划，并参与完成课程计划。另外，课程整合的开放性也将各学科的专家与教育家组织了起来，形成了一个科学家和教育家有机结合的群体，来重选课程内容和重构课程模式。资源的整合意味着将改变师生关系，知识的生成和使用将会有更多的人参与，从而形成民主的社区氛围等等。

在探索"第三空间"课程时，要确定如下的改革指导思想：经营人性的校园文化，让每个孩子都喜欢上学；开发多元课程，开展多元活动，让每个孩子有自己的个性、自己的舞台；超越学科中心，推进跨学科学习(项目研究)；精进教学的内容与方法，让每个孩子有成功的喜悦；倡导广泛阅读与丰富经历，让每个孩子有人文的翅膀；培养运用信息处理的能力，让每个孩子都能适应国际化的未来。在校本性实践中取得的收获让我们深信：有了丰富的课程资源，才有学生的丰富学习与丰富经历，有了丰富的课程才会有自主选择，进而才有每个学生的个性充分发展。

从"第三空间"课程倡导的新型学习方式的内涵来看，它从学习的品质上体现出对人主体性的珍视和关怀。所谓"自主"，它是区别于"被动"、"他主"而言的一种新品质，它在学习方式上突出了超越"他主"的"自主"、"自为"品性。这种学习方式意味着学生能够自己确定学习的目的、制订学习计划，在学习活动中能够对学习进展、学习方法作出自我调控、自我总结、自我评价和自我反馈，能够在学习活动后对学习结果进行自我检查、自我总结、自我评价和自我补救。用有的论者的话来说，就是建立在自我意识发展基础上的"能学"；建立在学生具有内在学习动机基础上的"想学"；建立在学生掌握了一定学习策略基础上的"会学"；建立在意志努力基础上的"坚持学"。

所谓"合作学习"，是相对于单一的"个体学习"、"单兵作战式学习"而言的新型学习方式，它强调学生要能够在有效的个人学习的基础上进行互助性的学习，在"合作"中展现生生间的"主体间性"品质。所谓"探究学习"是相对于单一被动的"接受学习"而言的新型学习方式，它突出了学生在学习中"主动"、"创造"品质的意义和价值。它是从学科领域或现实生活中选择和确定研究主题，通过学生自主、独立地发现问题，实验、操作、调查与搜集信息，表达与交流等探索活动，获得发展的学习方式和学习过程。新课程致力于学习方式的转变，就是要改变实然状态中存在的建立在教师、课堂和书本"三中心"基础上的单一、被动的学习方式和学习状态，建立新的、充分体现人的本质特征的、提升和体现学生主体性、能动性、独立性并能有效进行合作的新型学习方式，以促进学生创新精神、实践能力与合作精神及社会责任感的发展。

应当指出的是，"第三空间"课程强调自主、合作、探究的新型学习方式实质上是倡导一种具有个人意义的知识生成方式，它尊重学生个性化的学习方式与个人知识、体验参与的意义和价值，有利于学生的个性及其全面发展。"第三空间"课程倡导让学生在"主动参与、乐于探究、勤于动手"中获取新知识，知识不再被认为是确定的、独立于认知者之外的目标，而是被视为一种探索的行动与过程，包含着学生的个人经验、知识、情感体验的参与，知识获得是学生个体亲历的，学生个体的兴趣、已有经验和感受、情感全程介入的知识创生过程，不仅有利于学生的全面发展，而且赋予了学生在课程知识面前获得更多的体现个性的尊严与言说的机会。通过学生富有个性化的探索和体验，学生不仅获得了对知识的个人化理解与建构，而且摆脱了自己被课程知识奴役的处境。在个性化的学习过程中，学生将知识对象化、生命化、个人化，实现人类经验和个体经验的融合，实现与情感、理性的直接对话，使知识成为学生个体潜能开发、精神世界建构与唤醒、内心的敞亮、独特性发展的基础。

总之，"第三空间"课程对学习方式独特性、主动性和个性化的倡导有助于找寻被忽略了的人的自我存在和价值感等自我意识，同样体现出新课程对"人"的主动性、能动性、独特性、创造性等"种属"尊严的尊重与肯定。反思传统的教育，将学生紧紧地束缚在课本当中，思维受到限定，心灵受到制约，没有个性的张扬，没有人格的塑造，更没有主体的回归。"第三空间"课程着眼于学生、着眼于开放，让孩子们站在课堂的正中央，以"让思维玩转课堂"贯穿始终,让学生参与到形式多样、新颖有趣的游戏、实验、探究等活动中,化机械重复、枯燥乏味的学习为自主学习、深度学习、合作研讨、质疑问辩……使学习真正走向学生的内心,滋养学生的心灵,促进学生的全面成长。

"第三空间"课程关注学生科学素养与人文涵养的和谐发展。我们在依据教材的同时,更应冲破教材的束缚,引导学生开展开放式的学习,这样学生的学习兴趣迸发了,学生的个性需要得到了满足,学生的心灵也得到了释放。不管是音乐与数学的奇妙"相遇",还是历史、语文、化学的复杂"整合",课程的设计以融通为主导,老师们跳出学科界限,用一双发现的眼睛,找到了巧妙的学科整合点,挖掘着课堂的深度,发掘着课堂的广度……让学生以开放的心态,徜徉在知识的海洋里,让科学素养、人文素养、艺术素养在每位孩子身上完美统整。

4."第三空间"思想催生"无边界课程"

在"第三空间"思想指导下,学校二度开发形成"无边界课程"。所谓无边界课程是指一种着力为学生传递与真实生活更接近的知识内容,帮助学生形成发展无边界的思维方式和学习能力,营造无处不在的学习氛围,提供全方位的广泛的学习资源和学习机会的课程理念、课程形态和课程模式。更多内容详见本章第三节内容以及《无边界课程:"互联网＋"时代的变革加速度》一书。(无边界课程:"互联网＋"时代的变革加速度/何莉主编.—上海:上海教育出版社,2017.7)

第三节　教师实践案例:无边界课程的探索

话题一:无边界课程是怎么产生的?

在卢湾中学教学楼二楼,有一间人气爆棚的办公室,课余时间,老师们总爱围坐在一张张圆桌旁,呷一口咖啡,聊一会天。这里,就是"无边界课程"的孵化地——卢湾中学无边界思维坊。

卢湾中学"无边界思维坊"的成立,改变了原有同学科教研的模式,打开新的视角,拓宽知识领域,为教师们提供了更宽广的交流平台。不同学科老师共同研讨,各自的想法成为大家共同的构想,思维的碰撞激发更多灵感的火花。我们的教师以富有灵性的创意和发现,不断开发了众多的无边界课程,让我们的学生享受到了整个世界都是教室的魅力。

【场景一】一"蝉"激起千层浪

"我最近在上虞世南的《蝉》这篇诗歌,学生问了我几个问题:'蝉的声音比较聒噪,长得其貌不扬,为什么在古代蝉是高洁的意象呢?''蝉真的只喝露水吗? 它的生命周期有多长''古人为什么喜欢画蝉呢?'"语文学科教师陈思新接连抛出了几个问题,这些问题源自于课堂上学生的"奇思妙想"。这些问题一经抛出,引发了无边界思维坊里老师们热烈地讨论。先是科学、美术老师在解读,而后物理、数学、历史等学科的老师也纷纷加入,一"蝉"激起千层浪,让我们来听听各学科的老师们是怎么说的:

美术学科教师董丹阳介绍画家齐白石、赵少昂、朱耷笔下蝉的形态,赵少昂先生的蝉,画家以淡雅的笔墨画出竹竿与竹叶,以浓墨画抱一竿孤竹的寒蝉,凸现蝉的孤高。表现了赵少昂道德高洁,不羡慕名利的个人品行。而朱耷由于他特别的身世地位经历,使得他创作了无数带着复杂情感的作品,比如人家都不会去画的正面蝉,让我们感受到八大山人藏在画中的孤寂、高傲。

科学学科教师黄玮描述了蝉的独特的生活周期,说明蝉不是"垂緌饮清露",而是吮吸植物的根茎的汁液,对植物是有害的。同时她也提出这样一个问题:在北美洲发现了 13 年或 17 年才会出现一次的蝉,为什么是

13 或 17，而不是其他数字？

数学学科教师李佼紧接而上，解释了蝉"选择"13、17 年作为自己的生命周期的原因，她从质数的角度出发，提出蝉这样选择是为了逃避捕食者的策略的观点。

物理老师叶敏针对最后一句诗"居高声自远，非是借秋风。"作了科学又严谨的论证。他说，随着声音的传递，能量是损耗的，证明"居高声不远"。

历史老师吴元元介绍到：古代许多器皿和玉器用蝉形制作，如商周青铜器上出现"蝉纹"，和北朝时期的"蝉冠菩萨像"。

音乐吴媚老师也从自己的学科角度对蝉的意象作了解读，举例民间音乐模拟蝉的声音。

语文学科教师王伟华列举了唐朝有"寄托"的咏"蝉"诗，介绍了"托物寓意"是鉴赏咏物诗的基本路径，指出联想和想象是学习诗歌的基本方法。而后从作者的生平简介、古诗的意境赏析进行了阐述，妙语连珠，高潮迭起。

……

一次语文教学的无意"闲聊"，竟然能吸引这么多学科的教师参与其中，这就是一次典型的"问题式研讨"活动，一个充满吸引力的学习场。

在日常的教学中，教师有时会碰到一些问题，是自己专业知识范围内没有办法解决的。无边界思维坊神奇之处在于这里不是单一学科的教师的教研，而是汇集了各个学科的教师，教师们从自己的学科知识出发，用本学科视角观察问题、分析问题、回答问题，思维在探讨中不断碰撞，老师们不仅学到了知识、拓展了眼界，知识面得以延展。这碰撞出的火花如果融于自己的课堂，将是一个怎样的巧妙课堂呢？这为"无边界课程"找到了新的生发点。

陈思新老师在汇集了无边界思维坊同仁们的观点后,在九年级上了这样一节课:

诗意中的科学——蝉

一、导入

猜一猜,这是什么动物? 你喜欢吗? 为什么?

本以高难饱,徒劳恨费声。五更疏欲断,一树碧无情。（唐 李商隐）

露重飞难进,风多响易沉。无人信高洁,谁为表予心。（唐 骆宾王）

垂委绥清露,流响出疏桐。居高声自远,非是藉秋风。（唐 虞世南）

这是蝉。千百年来,蝉在人们的心中就是夏天昆虫的代表。它们的声音,是夏天里的主旋律。蝉也被称作"知了",意思是"了解您的心意"。但是一入秋,天气稍微转凉,大量的蝉声就消失了,有人感叹生命如此短暂。

人们对蝉有不同的看法喜好。

一般人的看法:叫声连续、响亮,比较烦人;长得一般,不讨人喜欢。

古人的看法:蝉不食五谷,不吃秽物,餐风饮露,栖身高洁,出淤泥而不染,是高洁的象征。唐人尤其喜欢。有"咏蝉三绝":虞世南的《蝉》、骆宾王的《在狱咏蝉》、李商隐的《蝉》,都极力歌咏蝉的高洁品质。你同意古人的看法吗?

二、古诗赏析

1.《蝉》虞世南

垂绥饮清露,流响出疏桐。

居高声自远,非是藉秋风。

【诗意】

蝉垂下像帽缨一样的触角吸吮着清澈甘甜的露水,

声音从挺拔疏朗的梧桐树枝间传出。

蝉声远传的原因是因为蝉居在高树上,

而不是依靠秋风。

【赏析】

这首托物寓意的小诗,是唐人咏蝉诗中时代最早的一首,很为后世人称道。

首句"垂缕饮清露","缕"是古人结在颔下的帽带下垂部分,蝉的头部有伸出的触须,形状好像下垂的冠缨,故说"垂缕"。古人认为蝉生性高洁,栖高饮露,故说"饮清露"。这一句表面上是写蝉的形状与食性,实际上处处含比兴象征。"垂缕"暗示显宦身份(古代常以"冠缨"指代贵宦)。这显贵的身份地位在一般人心目中,是和"清"有矛盾甚至不相容的,但在作者笔下,却把它们统一在"垂缕饮清露"的形象中了。这"贵"与"清"的统一,正是为三四两句的"清"无须借"贵"作反铺垫,笔意颇为巧妙。

次句"流响出疏桐"写蝉声之远传。梧桐是高树,着一"疏"字,更见其枝干的高挺清拔,且与末句"秋风"相应。"流响"状蝉声的长鸣不已,悦耳动听。着一"出"字,把蝉声传送的意态形象化了,仿佛使人感受到蝉声的响度与力度。这一句虽只写声,但读者从中却可想见人格化了的蝉那种清华隽朗的高标逸韵。有了这一句对蝉声远传的生动描写,三四两句的发挥才字字有根。

"居高声自远,非是藉秋风",这是全篇比兴寄托的点睛之笔。它是在上两句的基础上引发出来的议论。蝉声远传,一般人往往以为是借助于秋风的传送,诗人却别有会心,强调这是由于"居高"而自能致远。这种独特的感受蕴含一个真理:立身品格高洁的人,并不需要某种外在的凭借(例如权势地位、有力者的帮助),自能声名远播,这里所突出强调的是人格的美,人格的力量。两句中的"自"字、"非"字,一正一反,相互呼应,表达出对人的内在品格的热情赞美和高度自信,表现出一种雍容不迫的风度气韵。

2.《在狱咏蝉》骆宾王

西陆蝉声唱,南冠客思侵。

不堪玄鬓影,来对白头吟。

露重飞难进,风多响易沉。

无人信高洁,谁为表予心。

【诗意】

秋天里寒蝉叫个不停,被囚的人思乡愁情深。

哪堪忍蝉哀吟白发人,霜露重蝉难举翅高飞。

霜露重蝉难举翅高飞,大风起蝉鸣声被淹没。

无人相信蝉居食高洁,又有谁能为我表冰心。

【创作背景】

当时,屈居下僚十多年而刚升为侍御史的骆宾王因上疏论事触忤武后,遭诬,以贪赃罪名下狱。此诗是骆宾王身陷囹圄之作。

【诗歌鉴赏】

诗人几次讽谏武则天,以至下狱。大好的青春,经历了政治上的种种折磨已经消逝,头上增添了星星白发。在狱中看到这高唱的秋蝉,还是两鬓乌玄,两两对照,不禁自伤老大,同时更因此回想到自己少年时代,也何尝不如秋蝉的高唱,而今一事无成,甚至入狱。

两句中无一字不在说蝉,也无一字不在说自己。"露重"、"风多"比喻环境的压力,"飞难进"比喻政治上的不得意,"响易沉"比喻言论上的受压制。蝉如此,诗人也如此,物我相融。

秋蝉高居树上,餐风饮露,没有人相信它不食人间烟火。这句诗人喻高洁的品性,不为时人所了解,相反的还被诬陷入狱,"无人信高洁"之语,也是对坐赃的辩白。然而正如战国时楚屈原《离骚》中所说:"世混浊而不分兮,好蔽美而嫉妒"。在这样的情况下,没有一个人来替诗人雪冤。"卿须怜我我怜卿",意谓:只有蝉能为我而高唱,也只有我能为蝉而长吟。末句用问句的方式,蝉与诗人又浑然一体了。

3.《蝉》李商隐

本以高难饱,徒劳恨费声。

五更疏欲断,一树碧无情。

薄宦梗犹泛,故园芜已平。

烦君最相警,我亦举家清。

【诗意】

你栖身高枝之上却难以饱腹,悲鸣传恨无人理会白费其声。

五更以后疏落之声几近断绝,满树碧绿依然如故毫不动情。

我官职卑微像桃梗漂流不定,家园长期荒芜杂草早已长平。

烦劳你的鸣叫让我能够警醒,我是一贫如洗全家水一样清。

【创作背景】

李商隐平生曾两度入官秘书省,但最终未能得志,处境每况愈下。该诗就是表达了他虽仕途不顺,却坚守清高之志。

【诗歌赏析】

这首咏蝉诗,就是抓住蝉的特点。诗中的蝉,也就是作者自己的影子。

首联以蝉的生活习性起兴。"高"以蝉栖高树暗喻自己的清高;蝉的"难饱"又与作者身世感受暗合。由"难饱"而引出"声"来,所以哀中又有"恨"。

颔联进一步地描摹了蝉的鸣声。蝉的鸣声到五更天亮时,已经稀疏得快要断绝了,可是一树的叶子还是那样碧绿,并不为它的"疏欲断"而悲伤憔悴,显得那样冷酷无情。

蝉栖高难饱,费声鸣叫无人理会,纯属徒劳,这正是诗人清高自处,也是世情冷淡,无人相知的写照。

诗人由蝉的命运联想到了自身的不幸,回忆自己的仕宦生涯,流露出不尽的感慨。

同一咏蝉,虞世南"居高声自远,非是藉秋风",是清华人语;骆宾王"露重飞难进,风多响易沉",是患难人语;李商隐"本以高难饱,徒劳恨费声",是牢骚人语。这三首诗都是唐代托咏蝉以寄意的名作,由于作者地位、遭际、气质的不同,虽同样工于比兴寄托,却呈现出殊异的面貌,构成富有个性特征的艺术形象。

三、科学了解蝉

分组讨论,分别发言。教师辩证。

外形特征:

生活习性:

发声原理:

生长繁殖:

种群分类:

四、再说一说你心目中的蝉

五、作业

1. 收集有关蝉的词语或成语。

2. 查找蝉的历史地位。

3. 了解蝉在艺术上的展示。

现在的学生是勇于质疑的,而我们的老师也非常重视这些问题,善于倾听学生的提问,勇于将这些"课堂中沉睡的问题"挖掘出来,开展"问题式研讨"。在这样的研讨过程中,我们的老师脑洞大开,打开了教师和学生的眼界,让课堂精彩纷呈,推进的是课程改革,受益的是学生的慧脑。

【场景二】《驼铃声声》话丝路

"一带一路"是中国提出的"中国方案",深深地影响着中国和周边国家的每一个人。"一带一路"在"无边界思维坊"中一经提出,立刻引发了老师们热烈的讨论,卢湾中学的各学科老师们纷纷上台,从自己的学科角度出发,畅谈在这段"丝路"之上那些未被大家留心的"学科故事",由此拉开了"主题派对式跨界教研"的帷幕。生命科学老师黄玮分享了"葡萄酒"在"丝绸之路"上的旅途,而她课堂教学中的"酵母菌"正是葡萄酒酿造的"功臣"。物理余菲老师发现了"丝绸之路"中不同国家电的运输方式,恰恰能与八年级物理教学中"电"这一章节进行有机整合。历史刘梦图老师则引经据典,另辟蹊径,分析了丝绸之路上物质与文明的"被动传递"。语文老师陈思新从《穆天子传》讲起,回顾了"丝绸之路"的重要文化价值。学校还特备邀请了卢湾教育小区的同仁,卢湾高级中学的杨传彪老师,他从地理学科的角度向大家解说了"为什么要走丝绸之路",从地理角度来看"一带一路"……

在这一过程中,教师们通过对社会热点现象的分析,向大家揭示了其中运用的知识领域,在哥本哈根精神的引领下,在合作、交流、共探、共享中丰富教师的知识储备,提升教师的跨学科素养。由此新的无边界课诞生了,历史老师刘梦图、地理老师吴丹、思品老师张芳芳在《驼铃声声》中带领同学们走进了"一带一路"……

驼铃声声(一)

历史部分:

导入:播放丝绸之路相关纪录片《新丝绸之路》(视频),学生通过观看视频的形式加强学生学习的兴趣,有一个学习历史的时代带入感。

一、学生根据材料回顾张骞第一次出使西域的目的与结果。了解丝绸之路开辟的背景。

二、教师讲述张骞第二次出使西域的基本情况，了解本次出使促进了汉与西域各国的经济文化交流；了解丝绸之路上东西经济文化交流的基本情况，并通过丝路上罗马帝国与汉帝国的交往来加深学生的理解。

三、观察地图，了解丝绸之路的路线，思考为什么要走这条路，选择这些道路的原因是什么？由此引入地理内容。

地理部分：

【教学目标】

1. 学生通过对水源分布、地形地貌特征、气候特点等地理因素的综合，能分析丝绸之后选址的自然原因。

2. 学生能通过对不同文本类型的解读，学会捕捉关键词，概括提炼和综合信息的途径和方法。

【教学方法】

小组任务驱动式

【教学安排】

1. 5 分钟小组解读文本

2. 10 分钟综合文本信息

【教学流程】

1. 以 e-Book 的形式呈现四类文本形式，并分别对应四种自然因素：

① 影音类文本——水源

② 地图类文本——地形

③ 文字图表类文本——气候

④ 图片类文本——地貌

e-Book 首页：

亲爱的同学，请你带着以下思考开始今天的文本阅读：

① 我在文本中捕捉到的几个关键词是……

② 这些关键词连通了我的思维,我将这段文本用2—3句话概括为……

e-Book尾页:

亲爱的同学,文本阅读结束了,回到我们一开始的问题:

① 我提炼的关键词是……

② 这段文本主要说明了……

(请将iPad页面停留在你认为最能表达你得出的结论的文本部分,为大家投屏展示并作简要讲解。)

2. 小组交流讨论:全班分为8个组,每2个小组解读一类文本(文本内容不同)。

3. 反馈展示:

① 白板左屏:展示丝绸之路线路图

② 白板右屏:教师板书(思维导图形式)——自然地理原因(水源、地形、地貌、气候)

③ 后屏:学生文本讲解

④ 侧屏:小组分组讲解内容(后屏可同步)

驼铃声声(二)

历史部分:

通过史料引导学生认识古代中国对于对外交往的真实态度:

使用的不是战马和长矛,而是驼队和善意——丝路精神:和平合作

"丝绸茶叶陶瓷萃,商贾僧人行旅偕",古丝绸之路不仅是一条通商易货之道,更是一条交流互鉴之路。——丝路精神:互学互鉴

跨越不同国度和肤色人民的聚居地。不同文明、宗教、种族求同存异、开发包容、共同发展。——丝路精神:开放包容

陆上"使者相望于道,商旅不绝于途"——丝路精神:互利共赢

可以说:古丝绸之路创造了地区大发展大繁荣。

思考如今国家重新提出丝绸之路等相关历史有何深意。由此引入思品内容。

思品部分:

【教学目标】

1. 学生通过读图、资料包的学习,了解"一带一路"实施的具体内容;

2. 学生从国际、国内、经济支持、取得的初步成就等层面,绘制思维导图。

【教学方法】

小组合作、任务驱动

【教学安排】

1. 教师介绍一带一路的主要内容,5 分钟

2. 学生学习资料包,了解"一带一路"的相关内容,10 分钟

3. 学生分组材料,就相关部分的内容寻找原因,得出结论,15 分钟

4. 学生反馈交流

【教学流程】

1. 教师介绍一带一路提出、主要路线等的主要内容

2. 分组学习,全班分为 6 个组,每组一个主题,探寻一带一路

（1） 国内发展因素

（2） 国际原因(国际社会、中国外交政策)

（3） 经济支持

（4） 取得的初步成就(国内、国际)

2. 小组读图、阅读文本,提炼关键信息,绘制思维导图

3. 反馈展示:

将本组寻找的原因、得出的结论向全班解读,拼出有关"一带一路"相关内容的思维导图。

就是在"一带一路"主题派对式跨界教研中,老师们发现很多学科的知识,诸如历史、地理、思品学科有着交集。往往就是在交叉地带,会有新事物的产生,因而学科交叉点往往与创新、与新事物有着必然联系。在研讨的过程中,老师从各自的学科知识出发,寻找学科知识点之间的连接点与整合点。三门学科的老师认识到要在课堂上通过启发思维,使课程要素更利于学生去思考、发现和解决实际的问题,让学生借助"树木"认识"森林"。

话题二:教师如何上好无边界课程?

有时候,我们会发现,语文课上设计到物理、化学的知识,由语文老师来讲总显得有些底气不足;物理综合题中涉及地理的知识时,物理老师会感到有些力不从心。传统的课堂只有一个教师,而我们的"无边界课堂"却可以是"串门式教学"。多位教师同上一节课,有作为主讲的,也有作为助教的。生物课上涉及物理、化学、地理的内容由专业老师讲解,数学课上涉及音乐、地理、物理等方面的内容由各学科老师当助教……在共生互补的串门式教学模式中,不仅可以将各科知识弥合得更加完整而立体,而且更有利于学生批判性思维和综合思维的培养,以及人格结构的完善。

这样一来,学科之间相互联动,学科知识不再单一呈现。学生们学会了用全面的整体的眼光认识和理解事物,学会了用综合的思维方式解决生活中的实际问题。

（吴媚:艺术相通　学科相融）

说起我开设的那一堂无边界课《走进京剧艺术》,我觉得可以归纳为八个字,那就是"艺术相通学科相融"。

卢湾中学无边界课堂的实施,催生了不同学科老师之间思维的碰撞,也呈现出许多精彩的课程。我是一名音乐老师,作为学校无边界思维坊的成员,在每次思维坊的跨界教研活动中,与各学科老师的交流都给了我许多新的构想,开拓了教学思路,打破固有的教学思维模式,在传授知识的同时让学生更好地认识到世界是相融相通的。非常有幸,卢湾中学无边界课程的实施源于我和美术老师的一节《走近京剧艺术》的艺术课。艺术是相通的,音乐与美术的渊源由来已久,所以这节课只是学科之间小小的无边界的结合。不过音乐老师和美术老师一同走进课堂,发挥各自的专业特长,却能更有效地让学生综合了解和体验京剧博大精深的艺术魅力。

前期备课

说到怎么会有这么一堂两位不同学科老师组合而成的课,缘起于美术老师开设的一节《京剧脸谱》的公开课。这节课主要让学生了解京剧脸谱的作用和脸谱绘画知识,而在一节课上学生只学会画京剧脸谱,那么对感受京剧艺术,真正体会京剧的魅力还远远不够。

京剧舞台艺术在文学、表演、音乐、唱腔、锣鼓、化妆、脸谱等各个方面,通过无数艺人的长期舞台实践,构成了一套互相制约、相得益彰的格律化和规范化的程式。它作为创造舞台形象的艺术手段是十分丰富的,而用法又是十分严格的。

既然京剧是综合性的舞台艺术,那么我们在课堂中传递给学生的也应该是融合的知识。这节课引发了我们艺术组的讨论,通过集体的探讨构思备课,我们认为一节课不能面面俱到,那么就依据中学音乐、艺术课程标准,选取初中阶段学生需掌握的京剧重要艺术特点展开,由音乐老师介绍京剧的表演手法、行当分类,美术老师介绍京剧脸谱。课程中,不仅让学生学会画京剧脸谱,还让学生在欣赏、模仿和富有创造性的音乐活动中体验京剧艺术,由此形成了之后的这节音乐老师和美术老师同堂讲授的《走近京剧艺术》的课。

课堂实施

这节课前半部分由音乐老师讲授,一曲京剧大师梅兰芳的《霸王别姬》唱段视频,将学生带入美轮美奂的梨园,学生对国粹京剧都不陌生,但追溯京剧悠久的历史还得通过师生互动交流。

这节课主要学习内容之一是京剧的表演手法——"唱、念、做、打"。课前我搜集了四段视频,这几段视频也是京剧经典的剧目片段,分别是《贵妃醉酒》《红娘》《三岔口》《长坂坡》,截取的片段分别侧重于一种表演手法,让学生欣赏后判断演员主要表现了哪种表演手法。说出表演手法只是第一步,接下来由老师介绍各表演手法的特点,本环节重点是"念、做"的模仿体验学习,由于一堂课的时间非常有限,"唱、打"的实践体验更难有效完成。学生是第一次接触京剧表演手法,京剧的念白模仿。选择最简单的词,目的是让学生准确把握念白的韵味。"做"是舞蹈化的形体动作,京剧中对种种生活情景,如开门、关门、上下楼梯、饮酒、跪拜等等情景,在表演时都有一定的程式。老师示范表演几个动作,学生跟随模仿体验,最后的一组旦角水袖动作模仿更调动了学生的学习热情和兴趣。

教学内容之二是京剧行当分类的学习,主要采用图片欣赏,师生互动交流的教学法。本环节除让学生知道京剧四大行当"生、旦、净、丑"之外,也是为下一环节美术老师讲授京剧脸谱知识作铺垫,音乐老师非常自然地请出美术老师继续讲解京剧脸谱知识和脸谱绘画教学。

《走近京剧艺术》可以称为卢湾中学"无边界课程"的开山之作。

授课教师之一的吴娟老师说:"虽说艺术相通,但作为一名音乐教师没有经历过正规美术专业学习,提笔作画或讲解美学,总感底气不足,更怕误人子弟。倘若在以前,关于京剧脸谱的知识,我可能采用图片、实物赏析的教学法,但这样学生实践体验少了。总觉得不全面。由此我想到将美术老师请进课堂,学生能在绘画实践中感悟艺术,更直观有效。"

教学相长,教师教学方式的转变会在潜移默化中带动学生学习思维模式的转变。

课堂上,学生被分为了四组,有的学习京剧唱腔、有的在画京剧脸谱、有的在学习京剧的表演……在这节课的实践过程中,教师们的思维模式在逐渐转变。教师们将学生的实践体验活动作为重点,准确把握了教学的主次。在课堂上,音乐老师和美术老师发挥各自专业所长音乐老师的形体表演和美术老师的绘画技能,相得益彰。学生比较综合地认识京剧,体验到京剧艺术的魅力,体会到听觉艺术与视觉艺术密不可分,京剧是美学艺术的综合体。学生在共生互补的串门式教学模式中,不仅可以将各科知识弥合得更加完整而立体,而且更利于学生综合思维的培养乃至人格结构的完善。

（徐静：心无边　课无界）

经过近两年的系统学习,初中科学课程进入最后的复习阶段。如何有效从原先以探究活动为主,好玩有趣的新课学习转向相对平淡的复习是所有任课教师需要面对的一大挑战。"炒冷饭"、"以试卷为中心"显然无法调动学生的积极性,甚至还会破坏学生对科学学科的兴趣,不利于后续的分科的学习。在这样的背景下,需要教师对复习内容进行有机整合,将原先孤立的知识点巧妙串联起来,以点带面、讲练结合,帮助学生构建起知识和方法的框架。

基于这样一种认识,我想到了自己进入学校无边界思维坊 2 年的时间里观摩、学习和参与的多节无边界课程,从最早董丹阳老师与吴媚老师共同开设的音乐美术无边界课程《脸谱的艺术》、陈思新老师与众位老师共同打造的语文无边界课程《古诗中的奇妙科学》、叶敏老师与谈新娟老师的物化无边界课程《瓶吞鸡蛋》,到最近陈昌杰老师与吴怡老师的《漂浮的结构》,真是获益匪浅。在多次充当"绿叶"以后,我也决定运用自己的学科优势,做一次"红花",提出了《围绕一个鸡蛋展开的复习》的构想。但是考虑到这样的一节复习课适用面比较局限,所以通过活动的增加和检测习题的删减使得课程转变为能满足多个年级学生参与的无边界课程《一个鸡蛋引起的学科海啸》。

当我把这个想法提交到思维坊以后,得到了学校领导和各位同事的支持和相应,大家都非常积极的帮助她出谋划策,为帮助我设计的课程顺利开设进行了一次又一次的碰头探讨活动,让我在无边界课程的设计中找到了更多结合点,也为课程的设计增添了更多趣味和新意。

课程设计

引入:

2 分钟视频播放"哥伦布竖鸡蛋"的故事,引出本课的主角——鸡蛋。故事中哥伦布是把鸡蛋敲碎了竖立起来的,我们能否不敲碎鸡蛋就竖立起来呢? PPT 出示如下事先拍摄的照片,但把竖立的方法和原理作为悬念放到课的最后揭晓。

当我们把鸡蛋按照长度放大 2 亿倍得到了地球,那要是把它缩小 1 万倍,又像什么呢? 细胞。胞是生物体结构与功能的基本单位,所有细胞都有的三层结构:细胞膜、细胞质和细胞核。植物细胞还有细胞壁。通过对鸡蛋(即羊膜卵)的结构介绍让学生了解从爬行类动物开始出现的适应陆地生活的机构特点,从最基本的受精卵开始如何适应陆地缺水环境,同时抛出思考的问题,如何将这样的羊膜卵在不破坏外壳的前提下竖立在桌面上。

讨论与分析之后，可以让学生先进行一次探究实验，即竖蛋。（预估的结果为实验的失败比率比较大，此预估经过教师团队的课前实验也得到了证实。）

学科教师的跨界

活动1：地球的形状及圈层结构

哥伦布要去东方的印度，他却向西航行，这不是南辕北辙吗？请学生分析他这样做的依据，从而得出地球的形状是个球体。进一步追问，地球是单一的结构吗？出示鸡蛋和地球的类比图，学生能够很快回忆起地球的内部圈层由外往里分别是地壳、地幔和地核。此环节可与地理学科中地球的圈层结构互相结合，可以请地理老师进行相关拓展，为最终找到科学可行的方法竖蛋提供理论基础。

活动2：物理老师提供摩擦力、两力平衡、重心等物理相关知识的介绍作为引导，再次激发学而生开展探究活动的积极性。

探究成果

给学生一定的时间结合教师提供的知识参考开展竖蛋活动的探究，无论结果成败，最后揭晓把生鸡蛋竖立起来的方法和原理是：蛋黄和蛋清的密度不同，平时鸡蛋一般是平放的，所以蛋黄会略向下沉。当竖立起来

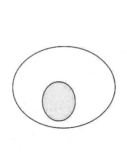 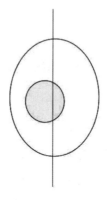 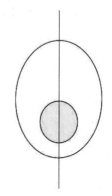

时,蛋黄会偏向一侧,重心不稳容易倒下来。可以事先把鸡蛋用支撑物如瓶盖竖立一段时间,让蛋黄沉降到中轴线上,这样就能把鸡蛋竖立起来了。当然,应当选择一端较钝的鸡蛋,而桌面的光滑程度也会有一定的影响。

由一个鸡蛋引发的学科海啸还在持续着,老师们在每一次讨论会上都会有更多的火花和亮点迸发,诸如:生熟鸡蛋哪种更容易竖立?竖蛋与中国节气春分之间有没有必然联系?与地球与赤道的交角和平面有否内在关联?蛋壳表面的气孔是否能增加与接触面之间的摩擦力?这些气孔的排列是否涉及三角形的稳定性?是不是可以根据计算最大蛋周长来设计最稳固的竖蛋方案……以上这些问题还只是无边界思维坊教师团队小范围的讨论结果。"弟子不必不如师,师不必贤于弟子,闻道有先后,术业有专攻",可以想象,具有科学探索精神的学生们一定还会提出更多奇思妙想,而这些,不是某一位学科教师可以独立地进行全部解答的。

无边界课程的开展,让教师们更加意识到作为一般的学科教师,在专攻自己的专业知识的同时,还需要更多的学习其他学科的知识内容,努力提高自身的科学素养,这样才能在与学生一起开展的探究学习活动中有所发现、收获和进步。只有心无边,能吸纳,才能真正做到课无界,包容众多。

第三章　课堂教学的增值度

本章以课堂教学为研究视角,共分三节。第一节,回答了什么是增值度以及增值度的作用及其表现;第二节,重点叙述了来自于学校的课堂教学经验,即现代教学管理制度、精准务实课堂教学、创造一间增值教室;第三节,为让读者清晰地了解学校课堂教学的实施细节,呈现了教师的所思所想:FM 我调频,开启重构课堂大门的若干案例。

第一节　增值度的诠释

课堂一般泛指进行各种教学活动的场所。教学是指教师有目的、有计划地引导学生积极主动地理解文化知识,发展智力、能力、体力,并形成一定思想品德的过程。教学具有双边性,包括教师教的过程和学生学的过程。目前,对课堂教学通俗意义上的解释是将学生按年龄和知识水平分成教学班,教师根据课程、教学进度和时间表,用一定方法进行教与学的活动。什么是有效的课堂教学? 如何实施有效的课堂教学? 如何评估课堂教学的有效? 对这些类似问题的反复追问,促进人们对课堂教学的本真价值认识也在不断深入。而随着绿色指标的推出,为我们深化课堂教学的评价研究拓宽了新的视野。全面分析绿色指标 1.0，以及即将实施的绿色指标 2.0，其昭示、引领深化课堂教学改革的意义有：

一种导向——要坚持全面的、可持续的学业发展观；

一个依据——学科的教学要落实"课程标准"要求；

一种要求——始终要实施高效轻负的课堂教学活动；

一个改进——学校（教师）要持续不断的改进教学。

如何结合学校现有的办学水平、文化基础、师资力量等，将上述四个方面扎扎实实落地生根于学校的土壤，是我们始终坚持研究的方向。2012 年起，学校提出了"六度教学：助推绿色指标落地，全面实现学校发展"的行动要领，在经过长达五年的时间，历经了反复酝酿、科学论证、课题立项、行动研究、成果表达等研究过程，"课堂教学的增值度"这一提法被正式确立。

一、增值度的释义

何为"增值度"？"增"有增加之意，"值"有数量、价值之意，"度"有程度、境界之意。"增值度"可以理解为在某个领域内的投入与产出的增减值情况。在本书中，"增值度"主要是指课堂教学的总效益在原有基础上的变化程度。具体而言，从课堂教学的出发点来看，"增值度"是指课堂教学能够促进学生的发展，是全面且对终身产生影响的发展；从课堂教学的过程来看，"增值度"是指教师工作要体现价值及其工作效能；从课堂教学的结果来看，增值度的表现有效果、有效益、有效率。

二、增值度的作用

"增值度"的作用之一：有助于学校在课堂教学领域落实绿色指标。"增值度"是学校课堂教学的增值，其表现与绿色指标的导向、依据、要求、改进呈现一致性,是绿色指标昭示、引领意义的具体化,因此它成为学校落实绿色指标的一个重要抓手。与此同时,课堂教学的"增值度"有绿色发展的理念支撑,有绿色指标的保驾护航,所以,学校的课堂教学成效也更有可参照性的坐标。

"增值度"的作用之二:有助于学校加强课堂教学的过程管理。"增值度"是课堂教学的增值程度的反映,是来自于学校自身对课堂教学成效的评估,以及日复一日、年复一年的持续推动和螺旋式的上升过程,所以,"增值度"关注的是学校课堂教学的过程质量,即课堂教学的工作水平或进行中的状态,这有助于学校动态的把握课堂教学的成效,加强课堂教学的过程管理。

"增值度"的作用之三:有助于学校形成量化课堂教学的评估研究。"增值度"的证据既可以是量化的,也可以是质性的。可以用某些数值的变化来表示,也可用质性材料的比对来呈现,这为学校后续的量化课堂教学评估研究埋下了伏笔。

三、增值度的表现

"增值度"的表现之一。2014 年 3 月,教育部印发了《教育部关于全面深化课程改革,落实立德树人根本任务的意见》,提出要研究制定学生发展核心素养体系,并作为落实"立德树人"的基本措施。随后,教育部组织专家研究并编制了学生发展核心素养,编制了各学科核心素养,明确学生应具备的适应终身发展和社会发展需要的必备品格和关键能力。由此,我们认为坚持全面的、可持续的学业发展观就是要在课堂教学落实立德树人,就是要把学生核心素养、学科核心素养贯穿于教学的每个环节,从而着力"培养学生高尚的道德情操,扎实的科学文化素养,健康的身心,良好的审美情趣,努力使学生具有中华文化底蕴、社会主义共同理想和国际视野"的一代拥有中国梦的新人。如此,就实现了课堂教学理念的增值。

"增值度"的表现之二。绿色指标的学业成绩评价是以课程标准为准绳,因此提升课堂教学的增值度就是要不折不扣地落实课程标准。落实的路径有:课标的解读,对其内涵的深刻理解;细化分解课标,使教学目标、教学过程、教学评价各环节保持一致性。所以,"增值度"的表现有:教学过程要建立全面科学的质量意识,不仅要关注学生学到了什么? 更要关注学生能用所学做到了什么,从而能帮助学生实现高层次认知能力的提升。

"增值度"的表现之三。绿色指标不仅关注学生当下的学业水平,还关注取得成效的过程,如教师教学方式,更关注学业成绩背后的深层次问题,如学习动力、学业负担等,这对我们的教学挑战是不能仅以分数作为衡量课堂教学成效,更应该改变教与学的方式,所以,"增值度"体现在教师在课堂教学中能实施有效的教学,让学生学习动力增值,表现为更愿意学习;学习方法增值,表现为更会学习;知识能力增值,表现为学到更多;学习价值认识增值,表现为学习更有意义。

"增值度"的表现之四。绿色指标的监测结果,不仅为学校提升办学质量提供了重要依据,也为学科改进教学提供了有力指导。所以,课堂教学的增值度要建立基于绿色指标的教学改进路径、措施,围绕"教"与"学"两个支点,同步实现两个提升,即"教学效能的提升"和"学生学业成就感的提升"。具体的操作方法是要以监测的结果为依据,了解学科教学真正的痛点,并在研究中寻找改进方向、诊断教学缺陷、破解疑难问题、促进学科达成质量目标。在这样一个过程中,"增值度"表现在教师要能不断深刻剖析教学问题,反省教学行为,进而持续不断地改进课堂教学等。

四、课堂教学——增值度

课堂教学及其增值度研究的主要过程,含研读指标、解读指标、内涵

诠释、实践应用、成果表达如下(见图 3-1):

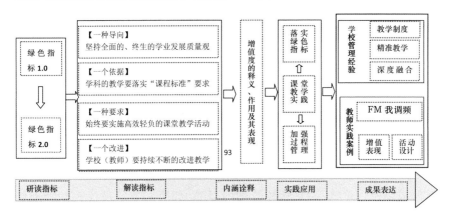

图 3-1 "课堂教学的增值度"的研究过程

1. 研读指标。绿色指标 1.0 中,与课堂教学对标的有:学生学业水平指数(学生学业成绩的标准达成度、学生高层次思维能力指数以及学生学业成绩均衡度),学生学业负担指数(学业负担综合指数),学业负担分项指数(睡眠时间、作业时间、补课时间),身心健康指数(学生体质健康等),品德行为指数(理想信念、公民素质和健全人格),教师教学方式指数(教师对教学方式的自评、学生对教师教学方式的评价),进步指数。绿色指标 2.0 中,与课堂教学对标的有:学生学业水平(学业水平的标准达成度、学生高层次思维能力、学生艺术素养),学业负担与压力(学业负担、学业压力),学生身心健康(学生体质健康),学生品德与社会行为(行为规范、亲社会行为、国家认同、国际视野),教师课程领导力(教学理念、教学方式、学业评价),跨时间发展。

2. 解读指标。分析绿色指标,昭示、引领深化课堂教学改革的意义有:坚持全面的、终生的学业发展质量观,学科的教学要落实"课程标准"要求,始终要实施高效轻负的课堂教学活动,学校(教师)要持续不断的改进教学。

3. 内涵诠释。以绿色指标的导向、依据、要求、改进为基石，确立课堂教学的重心在于"增值度"。界定本章的核心概念"增值度"，分析其主要作用及其在课堂教学中的具体表现。

4. 实践应用。形成"标准—评价—教学"的研究循环，在行动研究中促进课堂教学向内涵式发展，探索学校可持续发展的模式。

5. 成果表达。历经五年的基于绿色指标的行动研究，学校逐步积累了一些成功经验及其案例。为此，从两个视角选取有代表性的课堂教学实践成果作一总结：一是学校管理的经验，如第二节的现代教学管理制度、精准务实课堂教学、创造一间增值教室等；二是学校教师的实践，以案例的形式呈现，如第三节的"FM 我调频，开启重构课堂大门"。

第二节　学校管理经验：教学制度、精准教学、深度融合

一、现代教学管理制度：一种意识、两个转变、三支队伍、四个子系统

多年来，我校坚定课改决心，明确课改的主攻方向，以超前的意识、先进的理念、务实的作风，主动担当攻坚任务，创新机制、优化队伍、深化课改、破解难题与瓶颈、谋求新发展、整体提升了教学质量。学校引入现代课程与教学管理制度，以"教学质量保障体系的构建"为抓手，通过分层试点、滚动推进，建立课程与教学管理的标准体系，加强课程实施的过程管理，对所有课程进行计划、协调、开发、实施、评价和监控等，以提高课程实施的有效性。

1. 强化一种意识——质量意识

学校大力宣传"质量意识"，强化全体人员的质量战略意识、质量竞争意识和质量参与意识，使全体员工了解教育工作的使命和人才培养目

标的主流价值,树立全新的师生观念,进而优化学校的质量行为模式,营造一种无形的质量文化。

2. 实现两个转变

一是教学管理重心下移,以强化年级组的教学管理职能;

二是教学管理关口前移,以强化教研组的教学研究功能。

学校改变了以往年级组单一的德育管理功能,年级组是教学质量管理的重要层面,年级组长则是年级教育教学质量的第一责任人。我们要求年级组长深入各班听课,各年级组严格执行年级组学生学习质量分析制度,关注学生学习水平层次及学科成绩差异状况。

教研组是教学质量管理的核心组织,教研组长是学科教学质量的第一责任人,是学科教学研究与管理的领头雁。明确教研组长在引领全组教师认真解读课程标准、分析教材内容、研究学科本质、梳理学科体系等方面的职责。建立和完善了备课组教学管理规范,比如:备课三问(教学内容难度、学生学习程度、教学方法设计);听课三评(教师讲解准确、学生思维活跃、教学过程科学);质量三比(全体学生达成率、后进学生提高率、学科学习优秀率)。

3. 优化三支队伍

学校教学质量的提高需要依靠三支队伍:以校长为首的各级管理机构的教学管理人员队伍、以优秀教师为核心的专业化教师队伍、全体班主任队伍。而作为专业化教育教学人员的教师,则应当具有三重身份:教育教学人员、教育管理人员(课前、课堂、课后管理)、教学研究人员。

4. 完善四个子系统

第一、教学管理制度系统——学校建立健全严格、科学、规范的教学规章制度:如行政巡视制度、随机听课调查制度、学生问卷与座谈制度、作业检查制度、寒暑假作业备案调控制度、考试命题审题管理制度、学生学习质量档案制度等。

第二、教学管理组织系统——分宏观层面、中观层面、微观层面三个层面,将每一位教职员工都纳入到质量管理体系,实现全员管理、全方位的管理。这个组织系统又可以分为三个子系统构成:教学质量保障决策系统、教学质量保障实施系统和教学质量保障信息系统。

第三、教学质量评估系统——基于学校现状,我们在评估的过程中尽量趋利避害,淡化评估的鉴定性和评比性功能,强化过程性和反馈性功能,努力使"他监控"内化为"自监控",运用项目评价与综合评价相结合的方式对教师的教学工作进行过程性评估,还聘请上海市著名学科专家组成专家评估委员会对教师进行指导,通过评估引导教师改进教学工作。

第四、教学信息的反馈系统。一般由四部分组成:一是听课反馈,二是常规教学检查,三是学生课堂教学信息员队伍问卷,四是教学督导反馈。学校通过教学过程中的信息反馈实施动态管理。

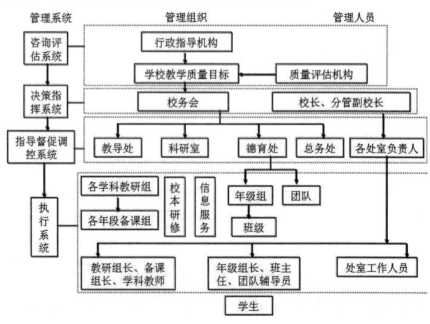

图 3-2

二、精准务实课堂教学:坐标策略、四三工程

1. 坐标策略,实现课堂教学的精准务实

课堂教学质量的最终落脚点是每天常态化的课堂,"清晰的目标、有效的反馈、及时的评价"是最关键的三个环节。我校各个学科组的全体老师有序地探索基础型课程的校本化实施途径,根据《学科课程标准》和学校课程计划的总体要求,制定了学科课程计划。在课程计划的框架范围内,仔细研读教材和课标,细化课程目标,制定学科教学双向细目表,确立各章节各单元的教学重点、教学难点,并合理地编制相应的课堂检测习题和课后巩固练习。如今,各个教研组所有学科均已完成初中四年教材各个章节(单元)的双向细目表和用于课内检测、课外练习的训练体系,运用"坐标策略",明确了每堂课教学过程中各个环节的质量标准和达成方式,通过教师自身的教学行为让学生花最少的时间和精力投入而获得最大的收获,有力保障了课堂"学什么、学到何种程度、怎么学、学得如何",实现了课堂教学的精准、务实、到位。

案例 3-1 把握课堂靶向,推动教学实现"轻负高质"

为加强数学教研组建设,提高教师的实际教学能力,在学校的安排下聘请了数学专家亲临指导,带教青年教师。通过组织公开教学展示及听课评课活动,让教师能在实战教学中,提升教师的专业素养,并有效地利用学校数字化校园网络,为组员创造良好的交流平台。大家可以根据自己的时间安排,在网上听课评课,互相交流心得体会,达到共同学习,一起进步。此外,教研组通过对学生作业检查表、教师命题评价表的设计讨论、组内商议定稿、具体实施检查工作以及检查后及时反馈结果,从各个角度对整体教学质量进行监控。

在各项质量监控的措施中,教学双向细目表的制定和教学训练体系

的设置，又是比较重要的环节。数学组在认真研究了专家的理论后，为制定出符合我校学生特点的、具有针对性的双向细目表和训练体系，数学组具体从三个方面着手：

一、钻研教材、细化课程目标

教师钻研教材，有利于更准确地把握教学目标的准确度、教学方法的适切度以及教学效果的达成度。为此，我们根据教材、课程标准以及考纲，分解教学目标，制定教学双向细目表，力求将教学目标分解到最细，为学生设立更多的台阶，便于学生更有效地完成教学目标。

制定教学双向细目表是质量保障体系构建的核心内容。因此，我们首先对如何制定双向细目标，作了讨论。通过将任务分解到各备课组里的每位教师，目前我们已经完成了初中四个年级教学内容的总体双向细目表，并通过教学目标的进一步细化，完成各个章节的双向细目表。通过双向细目表的制定，使教学的目标更细化，教学要求更明确，也使教师的备课工作更有针对性和目的性，更合理地选择教学策略、设计教学方法，从而在教学中更有效地提高教学效率，减少教学的盲目性和随意性，从课堂教学中减轻学生的学习负担，也更有利于"轻负高质"目标的实现。

二、结合学生，编写教学建议

教学建议是对教材的分析与再处理，是教师根据教学目标和教学内容，对教材进行分析与处理，结合学生的实际情况编写教学设计的建议。针对教学工作所提出的适当的教学建议，可以用作其他老师上课时的参考。作为教学第一线的教师，我们主要做的是结合教学内容和对学情的分析，根据所教学的对象的实际情况，提出适合于当前学生的教学方法和策略。因此，这样的教学建议，未必具备通用性。

三、及时反馈、设计训练体系

在做好教学双向细目表和教学建议的前提下，为进一步检验教学的效果,做好及时反馈工作,教师还要根据教学目标和教学内容,设计教学效果的检测方法,设计课内的检测,以及课后巩固、拓展、提高训练。

课内检测题主要是针对目标达成度设计的,题目的量比较少,难度也很低,基本都是单一知识点或单一技能的考察。因此,我们设计了课课练和5分钟小练习。而课后练习题主要侧重于对教学内容的巩固、拓展和提高。所以,在设计课后练习题时,可相应地设计一些针对全体学生的基础巩固题目,以及针对部分基础较好学生的拓展题和提高题。这些训练体系,主要是一些单元练习和一些综合练习题,我们设计了周周练和单元练习卷。我们现在已经完成的是各学年段的第一学期各章中各个小节的训练体系及阶段训练的习题设计。

(张瑾)

案例3-2　上海市九年义务教育课本

六年级第一学期数学第二章教学建议

一、实施要点

1. 单元目标

通过本阶段的学习,使学生对数的认识得到发展,运算得到扩充。通过探索分数的基本性质和比较大小等,将整除的内容用于分数,能够掌握分数运算这一基本知识和基本技能,并能运用分数及其运算解决简单的应用问题,体会数学源于生活,用于生活,并为今后进一步的学习奠定基础。

2. 单元内容

分数与除法的关系

分数的基本性质

分数的约分、最简分数、通分、比较大小

分数的运算

分数与小数的互化

分数运算的应用

3. 具体要求

① 通过实例理解分数及其与除法的关系。

② 从操作观察中,探求并掌握分数的基本性质,并能熟练地进行约分、通分。

③ 初步体会数形结合思想,能用数轴上的点表示分数,会比较分数的大小。

④ 经历、探索分数加、减、乘、除的运算法则、运算律的过程;能灵活运用运算法则、运算律进行分数的加、减、乘、除及混合运算的计算。

⑤ 探索并掌握分数与小数的互化规律能运用分数及其运算解决简单的应用问题。

☆比较大小的多种方法(拓展内容)

探究分数比较大小的多种方法,体会方法的多样性,激发学习兴趣及进一步探究的愿望。

☆埃及分数(拓展内容)

认识埃及分数,能利用已有的知识解决与埃及分数相关的一些问题;通过埃及分数与我们所学分数的互相转换,发展双向思维能力及问题解决的能力。

☆无限循环小数与分数的互化(拓展内容)

知道一种无限循环小数与分数的互化的方法,体会问题的转化。

4. 教学建议

注重学生分数概念的形成过程,不可随意把概念绝对化,防止对后阶段分数概念概括的再次扩展形成干扰。通过分数在数轴上的直观表示让学生初步体会数形结合的思想。

对比除法的商不变性质引导学生掌握分数的基本性质,让学生体会知识的迁移和延续性。关注学生计算方法的培养和书写习惯的形成,注重学生对算法选择的体验,避免出项过于繁琐的计算和技巧训练,在学好笔算的基础上引导学生运用计算器,进一步理解和探索算法和算理。

在分数运算与应用中,应选取含有现实生活背景的、符合学生认知水平的实例。

5. 评价建议

关注学生对分数有关概念的理解;关注学生对分数运算法则的掌握,淡化计算技巧的要求。重视考察学生的分析、概括、交流等能力。

附:单元整体教学目标双向细目表(六年级上册第二章《分数》)

分数学习内容 分数		学习 水平	具体要求及活动建议
基本内容	分数与除法	B	1. 理解分数与正整数除法的关系,学会用分数表示一些生活中的具体问题,初步接触数形结合的数学思想。 2. 理解和初步掌握分数的基本性质,理解最简分数、约分、最大公约数的概念,会将分数约分化成最简分数,初步将最简分数运用到实际生活中。 3. 懂得比较分数的大小,理解通分,能运用知识迁移体会通分的应用。 4. 经历、探索分数加、减、乘、除的运算法则、运算律的过程;能灵活运用运算法则、运算律进行分数的加、减、乘、除及混合运算的计算。 5. 初步学会分数与小数的互化;了解能化成有限小数的分数的特征,初步研究转化思想。 6. 能运用分数及其运算解决简单的应用问题,体会数学源于生活,用于生活。
	分数的基本性质	C	
	分数的大小比较	C	
	分数的加减法	C	
	分数的乘法	C	
	分数的除法	C	
	分数与小数的互化	C	
	分数、小数的四则混合运算	C	
	分数运算的应用	D	

（续表）

分数学习内容		学习水平	具体要求及活动建议
分数			
拓展内容	比较大小的多种方法		了解分数比较大小的多种方法,体会方法的多样性,激发学习兴趣及进一步探究的愿望。
	埃及分数(裂项求和)		认识埃及分数,能利用已有的知识解决与埃及分数相关的一些问题,发展双向思维能力及问题解决的能力。
	计算器验证分数有关运算率		利用计算器验证分数有关运算率,加深理解和印象,体会知识的迁移。
	无限循环小数与分数的互化		知道一种无限循环小数与分数的互化的方法,体会问题的转化。
	中国古代的分数运算		知道中国古代的分数运算方法,了解数学是一门古老的科学,是前人智慧的结晶,是一门不断发展的学科。

案例 3 – 3　课时教学目标双向细目表(七年级上册第十章《分式》)

上海市九年义务教育数学学科

七年级上册　第十章 分式　第1节 分式

教学目标双向细目表

教学内容			学习水平				检测方法
教学内容		知识要点	识记	理解	掌握	应用	
分式	分式的意义	1.分式的概念;	✓	✓	✓	✓	填空题
		2. 通过类比分数探究分式有意义的条件	✓	✓	✓	✓	填空题
		3. 掌握分式值为零的条件,	✓	✓	✓	✓	填空题
		4. 初步形成运用类比转化的思想方法解决问题的能力。	✓	✓	✓	✓	简答题
	分式的基本性质	5.分式的基本性质	✓	✓	✓	✓	填空题
		6.约分的方法和最简分式的化简方法。	✓	✓	✓	✓	简答题
		7. 运用分式的基本性质, 正确进行分式变形。	✓	✓	✓	✓	简答题

课内检测

1、两个整式 A、B 相除，如果 B 中_____，那么 $\dfrac{A}{B}$ 叫做分式。（知识点 1）

2、如果一个分式_____，那么这个分式无意义。（知识点 2）

3、当 $a=3, b=-2$ 时，计算下列分式的值：$\dfrac{a}{b}=$___；$\dfrac{3a-2b}{b+4a}=$_____。（知识点 1）

4、已知：分式 $\dfrac{2x-y}{x+2y}$（知识点 3）

案例 3−4　化学学科中考复习模块双向细目表

（化学用语、实验仪器和操作）

化学用语

二级主题	知识点	说　明	学习水平		
			I	II	III
化学用语	元素符号和名称	熟练书写常见的 21 种元素的符号和名称：H、He、C、N、O、Na、Mg、Al、Si、P、S、Cl、K、Ca、Mn、Fe、Cu、Zn、Ag、Ba、Hg。	A	A	A
	原子团的符号和名称	识记常见的原子团的符号和名称：铵根、硝酸根、氢氧根、硫酸根、碳酸根。	A		
	元素和常见原子团的化合价	熟记常见的元素和常见原子团的化合价（只要求掌握 C 和 Fe 的可变化合价）。	A		
	运用化合价写化学式；	能熟练运用元素的化合价，写出化合物的化学式；能应用元素的化合价判断化学式的正误。	B		
	符号的意义				
	计算化合价	能根据物质的化学式求所含元素的化合价。	B		
	化学方程式的读法和意义	知道化学方程式的意义和读法	A		
	化学方程式的书写	能根据化学反应正确书写化学方程式	C		
	配平化学反应方程式	并能配平化学反应方程式。	C		

119

第三章　课堂教学的增值度

常用仪器的使用

二级主题	知识点	说　明	学习水平		
			I	II	III
常用仪器的使用	仪器的识别	试管、烧杯、烧瓶、锥形瓶、胶头滴管、量筒、漏斗、长颈漏斗、集气瓶、玻璃片、玻璃棒、水槽、表面皿、蒸发皿、酒精灯、试剂瓶、铁架台(附铁圈或铁夹)、石棉网、药匙、试管夹、试管架、试管刷、燃烧匙、托盘天平(附砝码)/电子天平	A	A	A
	常用仪器的使用	试管、胶头滴管、玻璃棒、试剂瓶、药匙、酒精灯、铁架台、石棉网、蒸发皿、烧杯、量筒、水槽、漏斗、托盘天平/电子天平	B		
	常用的仪器的绘图	常用的仪器的绘图			

化学实验的基本操作

二级主题	知识点	说　明	学习水平		
			I	II	III
化学实验的基本操作	固体药品的取用	取用固体药品:会取用粉末状或块状固体。	B		
	液体药品的取用	取用液体药品:会用细口瓶把液体药品倾倒入容器;会用胶头滴管把液体滴入容器。	B		
	物质的称量	会使用托盘天平/电子天平称量物质。	B		
	液体的量取	会使用量筒量取液体。	B		
	使用酒精灯	了解酒精灯火焰构造与温度的关系:外焰温度最高,内焰温度较低,焰心温度最低,加热时应使用外焰。	B	A	A
	给物质加热	会给物质加热,能区分直接在火焰上加热或必须垫上石棉网才能加热的情况。	B		
	溶解物质	会溶解固体溶质。	B		
	溶液的配制	会配置一定质量分数的溶液。	C		
	液体的过滤	会用滤纸和漏斗制作过滤器。会过滤液体。	B		
	液体的蒸发	初步学会蒸发溶液中的溶剂。	B		
	仪器的装配	会连接常用仪器装配实验装置。	B		

二级主题	知识点	说　明	学习水平		
			I	II	III
化学实验的基本操作	检查装置的气密性	初步学会检查装置的气密性。	B		
	仪器的洗涤	会使用试管刷洗涤试管、烧杯等仪器。	B	A	A
	化学实验室的其他注意事项				

此外,学校还组织各个学科教研组开展"学科知识树"的编制工作,通过学科知识树进行学科知识梳理,将知识点直观性地呈现给初中阶段的学生,让学生清晰地知道学习的主线和脉络,同时促进教师对各学科性质、教育价值和学科知识结构的梳理和思考,减少教学的盲目性和无效环节,增强教学的实效性。

案例 3 – 5　七年级第一学期地理学科知识树

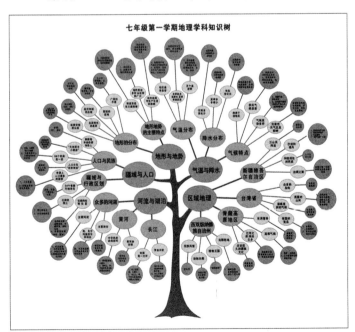

2."四三工程",绿色指标的校本化主旨

长期以来,社会对学校的评价、学校对学生或教师的评价往往都依赖一次中考或高考成绩。渐渐地,考试在很多时候,已成为课堂教学的主宰。2011年,市教委向社会发布了称之为学业质量的"绿色指标",让我们感受到了一种前所未有的学生学业评价的大改变。公布之初,我们曾有些疑问和顾虑:绿色指标学业测试与中考究竟什么关系? 中考的成绩直观地衡量了学校办学质量,是社会家长认可学校的一个重要砝码。而绿色指标测试被很多人称之为学生、教师、学校三者最没有压力的考试,其结果又是那么隐性间接。两者的结果究竟哪个更重要? 一味地看中绿色指标测试结果会不会对中考结果有影响? 在绿色指标上学校能否有作为、应该有什么作为、怎样作为?

当拿到厚厚的一本《2011年学校学业质量测试报告》,其中四科测试结果、十项指标汇总结果、学生答卷和问卷反馈等各项数据一一呈现。我们感受到这样的测试有着与中考检测不一样的功能,它更像是一次大体检,给学校的教育教学做了一次详细的"全身体检"。因此,正确地解读报告有助于我们发现"真问题",找准突破口。

关注数据间可比性,通过比较发现问题。报告中,呈现了一张问卷汇总后各项指标的雷达图,将本校各数据和全区平均数据作比较,即可发现在"内部学习动机指数""作业指数""教师教学方式指数"上比较欠缺,是亟须改变的环节。报告中,在学科成绩达标上呈现了良好的态势,但我们仍通过数据比较,细细寻找各项知识、技能和能力素养上的短板。在语文报告中,我们发现学生写作方面的"语言表达""内容选择""书写标点"等方面,均略低于全区平均值。这凸显了语文学科中写作教学的落实存在着比较突出的问题。

寻找数据间的关联度,进行正确归因。指标雷达图中,我校学生的学习压力指数与全区持平,尽管这个指数问题不凸显,但仍引发了我们的思考:学生的压力究竟来自哪里? 报告中的另一些数据帮我们来正确归因。在调查问卷中,看出学生的压力一部分来自作业,另一部分集中表现在"每次考试总担心自己考不好",与此相关联的数据又关联到学生自信心问卷"我相信自己能在考试中取得好成绩"、"我总能实现自己设定的学习目标"这几点上。一份份的问卷结果中,提供的数据之间的相关性结论具有很高的研究价值,也帮助学校克服单纯依靠经验进行研究的弊病。透过绿色指标数据,我们思考着背后所蕴含的问题。学生自信心、学习动机、学习方法有待系统培养;作业量和教学方式等指向了教师教学效能需要进一步提升。问题的突破点在哪里? 我们将目光聚焦在探索解决问题的策略上。

"推行适才教育,倡导乐学教育,关注每一个学生的学业成就"成为我校践行绿色指标的校本化主旨。三类课、三类生、三类题、三养成——"四三工程",成为落实"绿色指标"的核心任务。教研组、年级组成为两大实践团队。

规范上好"三类课"——新授课、复习课、讲评课。不同类型的课,要凸显不同的功能。学校对各类课型提出了总的定位:以学定教,不求最高,但求最适,适合学生学情、适合学科特点。为了准确定位每节课,学校组织教师以备课组、教研组为单位,重新研究课标,梳理学科核心内容,编制"学科知识树"和"教学目标与检测双向细目表"。在新授课的研究中,数学教研组在专家杨安澜校长的带领下,引入了"导学稿",将教案和学案合二为一,尝试了"学案导学法"。以学生的学为本,促进学生主动的知识构建,变"要我学"为"我要学",变"学会"为"会学"。目前,六、七、八年级都已经完成每一节新授课的导学稿。面对"知识似曾相识"的复习课,为了避免学生产生疲倦感,综合理科教研组在实践中归纳总结了

"知识卡片＋知识点应用＋能力应用"的复习课模式,指出平时教学像"栽活一棵树",总复习似"育好一片林"。栽活一棵树容易,育好一片林要花工夫,因此要认真对待每一节的复习课。面对具有诊断功能的讲评课,为改变"报答案、讲正解"这样的流程化的教学,语文教研组在专家郑桂华教授的带领下,进行了改革创新。针对学业质量报告中学生整体作文水平不高,老师又有着"作为教学到底应该怎样教"的困惑和现状,整整两年,语文组对作文讲评课进行研究。每一次作文讲评课之前,梳理汇总所有学生的作文,并进行问题的归类,一年来就"作文如何开好头""如何审题""如何进行片段描写""观点的表述"等各小专题进行讲评课的实践,并着手梳理各年段校本化的作文教学内容和要求。

精编精选"三类题"——例题、习题、试题。新课教授中需要例题;知识巩固、能力提升需要习题;检测评价需要试题;这"三类题"是教学中的核心,尤其是在理科教学中。而改变作业量和习题量的核心环节必须是对题目进行精编精选。中考学科的备课组根据校情、学情,对原有的训练体系进行梳理、删选、改变,编制"三题"。八年级数学备课组在实践中总结出例题——"通、透、趣"、习题——"精、准、活"、试题——"稳、跳、联",九个字来实现精讲精练。实现章节练习突出基础,单元练习突出重点,全面练习突出综合,强调考试评估不仅重视对学生数学知识和能力的考核,更要注重将单纯的评估转变成激发学习兴趣的过程。

因材施教"三类生"——学困生、中等生、资优生。学生分化是初中阶段一个比较突出的问题,如何既让优质学生在高起点上更上一层楼,又让弱势学生在原有基础上获得更好更健康的发展,真正做到"不让一个孩子掉队",还有很多路要走。适合学生的才是最好的。要针对不同起点的孩子,尤其是三类生(学困生、中等生、资优生)的差异,采取有力的措施,把学生之间的差异看成了一种有待开发的教育教学资源,通过不同的教育方式,使他们在学习上收获成功。学校推行适才教育,将三类生细化培养目标定位:学困生——培养兴趣,树立自信;中等生——夯实基础,稳步发展;资优生——拓展视野,提升能力。预备年级英语组对学困生采取拾遗补缺,重复练习,加深记忆的方法,鼓励他们重拾英语学习的信心。对资优生增加高质量的学生英文报刊以及《新概念英语》、《百科英语》等材料的学习,扩大这类学生的英语词汇量,拓展他们的阅读知识面。对于不同学生的个性特长的培养,学校则通过大量的丰富的校本课程来满足。生命科学和科学学科将教材内已有的实验进行了梳理拓展,将实验教学分为基础实验→拓展实验→探究性实验三个层次,通过三类课程整合落实,目前初步形成基础实验 34 个、拓展实验 16 个、探究实验 15 个,用拓展实验和探究实验来满足有兴趣爱好的学生需求。

关注学生"三养成"——学习习惯、学习方法、学习品质。从长远来看,我们的教育不仅仅停留在中高考的分数上,我们教给学生还有终生受益的习惯、方法和品质,这也就是今天我们所说的学业成就的范畴。它有过程和结果的统一。在习惯、方法、品质的养成上,我们提出"学科间横向一致——抓合力","年级间纵向一贯——抓衔接"。例如,七年级语文备课组在教学过程中注重学习品质的培养,使学生心理上想学、能力上能学、技巧上善学,意志上坚持学。各个教研组根据学科特点和要求,围绕预习、上课、作业、复习四个学习环节制定了《卢湾中学学生学习习惯与学习方法的基本要求》。使学生明确具体的学习要求,形成规范的学习习惯,具备科学的学习方法。学校开展了"我的学习我做主"系列活动,通过学生优秀作业展评、学生优秀学习方法介绍引导学生养成良好的学习习惯,掌握科学的学习方法,促使学生成为知识的主动构建者。学校倡导乐学教育,先让学生喜欢学习,使学习成为一种习惯。然后要让学生善于学习,用有效的方式收获丰厚的学习成果。最后,学生才能享受学习,感受"学而时习之,不亦乐乎"的幸福。

"四三工程"实施后,2015 年我校再一次参加了上海市学业质量绿色指标测试,当再次拿到厚厚的一本《2015 年学业质量绿色指标学校报告》,我们将本次 2015 年度绿色指标学校报告与之前的 2011 年度学校报告作了指标对比后发觉,总体各项指标都呈现了提升的趋势。

学校与全区水平对比显示:2011 年度报告中显示的指标指数基本持平与全区平均水平,其中内部学习动机、作业、教师教学方式指数还低于区平均水平。本次 2015 年度报告,极大部分指标指数均高于全区平均水平。

2015 年度与 2011 年度对比显示:大部分的指标指数呈现了正向进步的状态,尤其是师生关系、教师教学方式、学习压力、学习动机、自信心、作业等六项指标指数呈现了较大幅度的提升。(见图 3 - 3:卢湾中学 2015 年、2011 年绿色指标测试指标对比)

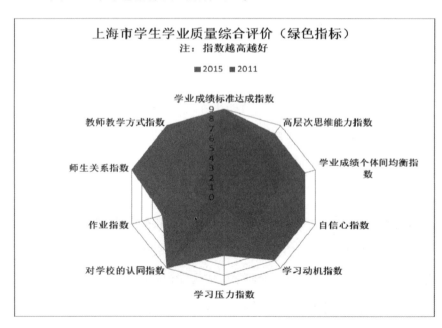

图 3 - 3　卢湾中学 2015 年、2011 年绿色指标测试指标对比

2015 年度和 2011 年度四门学科成绩达标指数均显示 9 级,学生学习成绩均衡指数得到提升,但是对于每个学科来说,还需要细细解读学科报告中的各能力维度的表现情况。对比 2015 年度与 2011 年度情况,我们发现语文学科和英语学科进步明显。2011 年度报告,语文学科中的"积累与运用"、"阅读"、"写作"三大能力全部低于全区平均水平,而本次 2015 年度报告显示"阅读"、"写作"两项维度已经超过全区,尤其是阅读维度,83% 学生达到 A 档,比 2011 年度提升了 50%。作文维度也从原来 29% A 档提高到 60% A 档。可见,自 2011 年以来语文教研组在郑桂华教授的指导下坚持开展作文教学讲评课序列化研究和阅读教学新授课专题化研修还是取得了很大的实效的。英语学科在"听力""阅读""写作""综合运用"四大项能力维度上均从 2011 年度 A 档持平全区水平提升到目前明显高于全区,听力、阅读和综合运用三项 A 档学生比例均超过 90%,写作 A 档学生也达到 85%,比 2011 年度提高了 20%—30%。

"四三工程"看似是平常无比的点,但却成为了我校践行绿色指标的一个有效载体。它着力在绿色指标的"教师教学方式""学生学习动力""师生关系""学业水平"等评价要素上下了工夫,切实提升了学校课堂教学的有效性。

三、创造一间增值教室:深度融合

将现代教育技术注入六度教学改革,创建混合式互动教学,是课堂教学增值度的重要内容之一,是六度教学之课堂教学增值度的重要增值维度,是卢湾中学以现代信息技术为支持对课堂教学进行的深度变革与创新。混合式互动教学将现代教育技术与卢湾中学的教学活动深度融合,使六度教学改革构建于强大的现代教育技术支撑之上,为六度教学改革发展拓展了巨大的空间。

所谓混合式是指在互联网＋时代背景下，利用网络、设备、技术、媒体的支撑，将传统教学和现代信息技术深度融合，进行课堂教学设计，组织学生学习，以达到教学目标。教学设计与实施中既发挥教师引导、启发、监控教学过程的主导作用，又充分体现学生作为学习过程主体的主动性、积极性与创造性。

所谓互动是指在信息技术的支持下，学习过程中以学习者对学习内容产生正确意义建构为目的，学习者与学习环境之间的相互交流与相互作用。

卢湾中学的混合式教学互动模式的主要特征和内容，可以概括为三个平台和五个深度融合。

（一）深度融合之五个层面机制构建

在混合式教学互动模式中，我们加强构建现代教育技术与教学活动的全面渗透和深度融合的机制，使现代教育技术不仅仅作为一种手段而局部地嵌入教学活动的某个环节或方面，更是同教学活动全面深度地融合为一体，使教学活动发生深刻的质的变革。在深度融合中，实现教师的教、学生的学和教学互动的全面更新，实现教学方式、教学环境、教学内容、教学时空等的全面更新，实现课堂教学增值度的深度增值。

在混合式教学互动模式中，学校着力构建现代教育技术同教学过程的深度融合，强化了五个层面的深度融合。

1. 教学内容与生活世界的深度融合

教学内容于生活世界的融合一直是教育教学的基本要求之一，是直接关乎学生核心素养发展的重要问题，同时也一直是教学实践中的一大难点。混合式教学为解决这一难题提供了较为有效的技术基础。

混合式教学在课堂教学中引入了网络在线学习,同时引入了不同于传统教材形态的教学内容。传统教材内容是由静态的树状结构的成体系知识构成。网络载体中的知识是多媒体、动态、网状结构的、碎片化知识,是更接近于生活世界的知识。因此,混合式互动模式通过将教材知识同网络形态的知识的互相联系和融合,帮助学生学会将这两种不同结构形态知识互相联系和互相转化,突破了传统教材内容的局限,进一步实现和强化了教材内容和生活世界的深度融合,帮助学生从教材内容走向生活世界,促进了学生核心素养的形成发展,成为卢湾中学课堂教学的一大重要增值点。

2. 课堂教学时空的深度融合

混合式教学在课堂教学中引入网络在线学习,突破了传统教学的狭小的课堂时间和空间的局限,为学生拓展了课堂之外的广阔的教学时间和空间,将课堂教学拓展延伸到网络和课外的广阔时空。同时,混合式教学互动模式强调网络世界并不是对课堂和教材的简单拼加和拓宽,而是通过混合式教学将两者进行深度融合,为学生提供无所不在的学习时空和最充分的学习条件,使学生能在这一无边界的学习时空中自由而充分地成长发展。

3. 教师、学生与教学媒体的深度融合

教师、学生、教学媒体是教学系统的最重要要素,三者之间积极有效的互动,是有效和活跃的教学活动的基本条件。混合式互动教学模式引入了基于交互式智能平板的互动平台,使三者的互动达到深度融为一体的境界。教师充分发挥现代教学媒体的优势进行相应的教学设计,积极开发丰富多样的教学资源,创设种种贴近生活丰富多彩的教学情境,吸引学生的积极参与,激发学生的学习兴趣,让学生积极地与教师交互,展示个人学习成果,深入参与到教学活动中来,从而实现"教师、教学媒体、学生"之间全方位的互动,达成三者的深度融合。

4. 学生多元学习方式的深度融合

混合式互动教学在学生的课堂学习中引入了在线学习,使学生的学习方式发生了根本变化。在混合式学习中,网络学习和各种传统学习方式深度融合,催生了一批基于网络的新的学习方式,如基于网络环境的信息加工学习,基于网络的探究创新学习,基于网络的自主学习,基于网络的合作学习等等,逐步融入课堂学习的主流。在混合学习环境下,学生不仅有效实现了学习方式的现代转变,而且形成了多元的学习方式的深度融合。学生的学习积极性主动性大大提高,学习效率和学习能力大幅提升。学生多元学习方式的深度融合为学生的未来发展奠定了坚实的基础。

5. 大教学系统变革的深度融合

在大教学系统层面,混合式教学互动模式追求教学资源开发、教研专业支持、教学实施和教学诊断评价等的深度融合。在当今网络和大数据背景下的教育技术环境中,广泛的教学资源开发,多元的教研专业支持,个性化的深度教学诊断和评价都不难实现。卢湾中学的混合式互动教学模式致力于在大教学系统层面的上述各要素进行深度融合。如在课前,教师将教学所需的内容存储在学生学习终端中,以便学生在课前利用学习终端中的资源进行自主学习、探究学习、小组协作学习等。同时,教师要对学生予以引导,并观察学生的反应以及学习情况,及时给予指导。

混合式教学互动模式力求通过以上五个层面的深度融合,实现现代教育信息技术通课堂教学融为一体,实现现代技术基础上的教学模式的根本变革。只有在现代教育技术基础上,卢湾中学的课堂教学才有可能充分有效地增值。

（二）深度融合之技术平台系统创建

混合式互动数据平台系统的建设,是学校希冀能借助大数据的力量,优化学校无边界学习的效能,通过构建校本化的微视频互动教学平台、平板课堂互动教学平台、无线多媒体教学系统、数字化教学应用资源、大数据学生作业与考试评价系统和数字化应用校本培训课程,完成教与学真实的、全程的数据信息采集,实现教与学真实准确的反馈跟踪,让学生学得更好,并且关注每一个不同于他人的个体学习过程,实现教育公平。（见表3－4:卢湾中学混合式互动数据平台系统及功能）

表3－4　卢湾中学混合式互动数据平台系统及功能

子系统名称	主要功能
微视频互动教学平台	通过教学视频制作发布、课程导学布置、作业反馈统计测评、师生课堂教学互动等各个教学应用业务功能模块,为师生构建起一个个性化、协作式、高效率的课程学习环境。
平板课堂互动教学平台	教师在课堂上可以随时获取分布在后台系统的各种教学资源,并通过手中的交互式智能平板即时将教学信息传达给学生。同时,学生使用交互式智能平板可以随时随地地学习。
无线多媒体教学系统	将交互式智能平板的屏幕无线传输到投影设备。老师可以让任意一个学生将手中的交互式智能平板内容通过无线传输到投影设备,展示每个学生的学习成果。
课件制作系统	教师在课件制作平台中可以制作相关的课程内容。也可结合学校原有的校本资源内容制作相关的教学内容。
数字化教学应用教学资源	资源主要包含:适合初中课堂教学工作的小型应用工具、各个学科的丰富的课件辅助软件包、正版交互式电子书制作平台、正版交互式电子书阅读平台等,使得教师的课堂更加生动有趣与高效。
大数据学生作业与考试评价系统	采用手阅和网阅相结合的数据采集方式,将日常的作业、练习、考试等过程性和结果性数据进行伴随式的采集形成学生个体学业数据,并通过多模块、动态行为数据分析实现发展性、常态化教学评价。
数字化应用校本培训课程	在课堂教学变革过程中需要对教师进行信息化能力提升的新颖的数字化教学培训课程,使之成为校本培训课程资源。

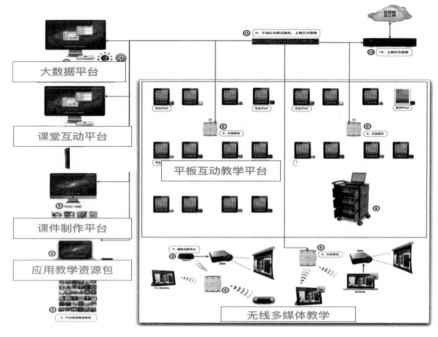

（三）深度融合之"酷课·创学"改革实践

在这一教学技术大系统的支持下,学校形成了以无边界学习和混合式学习为基本特征的新的教学模式、教学环境和教学生态,教学方式、教学设计和教学互动等都焕然一新。

学校以"酷课·创学"为信息技术深度融合课堂改革总目标。

酷课:打破时空的范畴,改变教室的"温度",实现"e教易学"。

创学:无处不在的学习场,使师生一起发生更自由、有意义的学习经历。

"酷课·创学"是卢湾中学对时代变化及移动浪潮的回应。它在学习媒介(电子教科书和数字化学习资源)发生改变的当下,以着眼于学生终身发展的"未来教育"为宗旨,迈入课堂教学与课程改革的"深水区",推进课堂转型的试点研究,大胆探索未来教育改革,转变学生的学习方式,不断加深教师和学生对学校数字化个性化教学理念和方式的理解和应用。

2013 年起,学校开启微视频互动教学和 iPad 互动教学模式,探索实践着课堂教学结构的深度变革,构建支持学生学习的新型资源——微视频互动教学平台,有效促进了学生的有意义的学习、自主学习和高层次学习,成为六度教学之课堂教学维度的重要增值点。

在"酷课·创学"的理念目标之下,卢湾中学对课堂内外的教学活动进行了深度变革,包括 1. 学习资源之变:构建微视频互动教学平台及学习资源包等;2. 教学设计流程之变:先学后教、以学定教、教中评学;3. 教师备课方式之变:知识点碎片化 + 二度备课;4. 学生学习的选择权之变:个性化、需求性课程。

由此可见,具备如上显著特征的混合式互动环境下信息技术教学模式把传统教学和数字化教学的优势结合在一起,既发挥教师引导、启发、监控教学过程的主导作用,又充分体现了学生作为学习过程主体的主动性、积极性与创造性,优化了学生的学习。

案例 3 - 6 浅析七年级数学中适合微视频教学的课程

在信息技术发展全球化的今天,教育领域遭受到了巨大的冲击,这种冲击力来源于教学媒介的落后。许多行业都已普遍使用各种信息技术,而教育行业在信息技术这部分有所欠缺,不同地方之间的落差不可小觑,因此,教育技术的改革成为了教育领域的头等大事。而在 2007 年,一种名叫翻转课堂的新型教学模式逐渐延伸开来。这种教学模式是老师制作视频,学生可以随时随地上网观看,对于有疑惑的地方可以到学校之后进行询问讲解。这种模式完全打破传统的教学模式,上课不仅仅是讲授新课,而是将课堂更多地还给学生,让学生有更多的时间进行思考讨论,拓展自己的思维。

对于沪教版七年级的数学,教学内容含有代数和几何,为了使得学生更好地掌握这些知识点,教师需要对这些知识点进行梳理,分析适合微视频教学的内容,并将微视频教学与传统教学这两种教学模式相结合,从而提高学生的自主学习能力,提升学习效果。

一、七年级数学教学的背景分析

（一）基于学情

上海的初中是四年,学生在开始七年级的学习生活之时,已经经历过六年级这一年的过渡阶段,对于初中生活已经适应,对于中学的教学模式有了一定的了解,此时的他们对于学习也开始认真努力,更希望得到老师和同学的认可。这个阶段的他们对于新鲜事物充满好奇心,也有一定的自主学习能力,一些学习习惯更易改变及养成。因此,他们对于微视频教学这样的新型模式有很大的兴趣,也可以较好地适应两种教学模式的结合。

（二）基于教材

沪教版的七年级数学,第一学期的内容有整式、分式及图形的运动,第二学期的内容是实数、相交线与平行线、三角形及平面直角坐标系。两个学期的分界还是比较明显的,第一学期主要以代数为主,包括整式及分式的认识理解,并适当地让学生感受一下图形的魅力,第二学期主要以几何为主,包括相交线与平行线、三角形的相关概念及性质,初步认识平面直角坐标系,同时也让学生了解了数域的扩展。

由《新课标》的要求可以看出,整式与分式部分,除了掌握基础概念外,最主要的是计算,而计算是数学的基础,也是学生易出错、易出问题的部分。现如今学生的计算能力总体不强,因而这部分的计算尤为重要。学生要掌握好这一部分,关键是多练,熟能生巧。几何部分主要在于学生掌握相关的几何概念,以及几何语言的描述与书写,能进行简单的几何证明,对几何有一些初步的了解,为之后的几何学习奠定基础。

二、七年级数学中适合微视频教学的相关内容

我们根据七年级的数学内容,主要分成代数和几何两个部分,对于微视频部分我们又分成新课预习和复习两个模块。

(一) 代数的预习模块

我们根据学生情况,对预习时间进行适当地调整,可以是回家自己预习,也可以是学生在学校集体预习。

在整式部分,利用微视频预习效果比较显著的内容主要在计算及部分因式分解上,包括整式加减、整式乘法、整式除法、提取公因式及公式法。整式加减是在同类项的内容结束之后学习的,学生已经有一定的基础,在课堂上讲解,时间过于富足,则这部分在课前进行微视频预习,效果比较好。整式乘法中的单项式乘以单项式、单项式乘以多项式、多项式乘以多项式是在学生已经知晓幂的乘法的相关法则之后学习的。这部分内容较为简单,在课前让学生观看视频,节省课堂的时间,效果也比较显著。而乘法公式在整章中占有比较重要的地位,我们利用传统教学与微视频教学相结合的模式,对学生的理解帮助更大。

整式除法的内容与整式乘法类似,可以对比整式乘法得到,这部分利用课前进行微视频预习,效果也不错,为课堂节省时间,可以将时间更多的还给学生,在学生简单计算过关的情况下,进行拓展升华,提高了课堂效率。

对于因式分解部分,提取公因式法的第一课时较为简单,公因式主要是单项式,学生观看视频理解基本概念及提取方法,对于第二课时公因式是多项式时,学生会更容易理解。因式分解中的公式法可以与整式乘法中的公式法进行对比,这部分的基础内容也比较容易理解,在课前观看微视频,学生接受知识的程度还是较高的,也为课堂提供更多的时间,探讨其他问题。

对于分式部分,分式的性质、运算法则等与分数的性质、整式部分的

相关内容联系比较紧密,对于一些基本知识,学生比较容易接受,但是也会产生各种各样的问题,一些综合题目,对学生的综合能力要求也比较高。这部分的内容利用微视频进行预习,效果还是不错的,学生的学习状态也比较好。

实数的内容主要是相关概念的理解掌握,实数的简单运算。对于实数部分的概念,利用微视频预习,让学生先了解无理数、平方根、立方根等新型的知识,也让学生直观地感受到数不再局限于有理数,它还有无理数这种数,对于实数的运算,相对比较简单,具体的稍微复杂的计算要在八年级的二次根式中学习,这部分的计算只是奠定基础。针对实数这部分的知识,利用微视频预习也比较适合。

（二）代数的复习模块

从《新课标》的要求中可以看出,七年级数学中代数部分不仅概念要深刻掌握,计算能力也要达到一定的高度。根据《新课标》的要求,我们也进行了代数部分的微视频复习模式,复习模式主要分成两个部分,一是基本知识点串联的复习;二是学生易错点分析。

我们主要对整式及实数部分制作了复习板块的微视频。在整式部分,分成整式概念的复习与整式运算的复习。在整式计算部分分成加减、乘法及相关公式、除法三个部分,在每一部分都分成运算的概念及易错点分析两个环节。

整式部分的内容较多,通过微视频复习,将所学知识点整合,形成一个体系,不再是单一的学习。对于概念部分,将所学内容串联在一起,利于学生寻找相互之间存在的联系,明白一些概念由什么知识点引出,两者之间的区别是什么,这对之后的分式学习有很大的帮助,整式部分的概念理解深刻后,分式的学习会相对容易。我们针对学生易错的知识点进行分类整理,让学生可以有选择地观看自己薄弱的知识点,对其进行查漏补缺,这样的复习,效果显著。

学生利用微视频复习,方便了学生学习,他们可以随时随地去观看视频,多次理解,这种事半功倍的效果在很大程度上提高了学生的学习质量与效果。

(三) 几何的预习模块

对于图形的相关运动,我们也进行了微视频预习。但由于图形的运动对一些几何感觉不是很好的学生而言,他不知道如何去旋转,如何去判断这个图形是否是中心对称等,在微视频的预习过程中,学生只是从视觉上看到图形的变化,不能亲身感受,所以在之后的课堂上,学生的学习效果有所"打折"。

第二学期先让学生了解相交线与平行线的相关知识点,再进行三角形的学习。三角形是极为重要的内容,为之后八九年级的几何学习奠定基础。在这部分,我们也制作了相关的微视频,这部分主要是对一些基本概念进行了微视频预习,这些概念的理解,对学生动手操作的要求较低,学生观看视频即可掌握。

对于之后的内容学习,要求学生会"说",会"写"。对一些几何语言的规范描述以及画图能力要求较高,也对学生的几何推理能力有一定的要求。这部分的知识主要以传统教学为主,利用几何画板,让学生动手画、写,会进行简单的推理说明,不适合利用微视频教学。

所以,在几何方面,针对那些动手操作要求较低的基本概念的理解,我们可以利用微视频进行预习,让学生提前对知识有所了解,也可以对一些内容进行复习,将所学知识形成一个体系,利于学生的学习。

三、微视频教学模式的教学效果

微视频教学在开展的过程中,有支持也有反对,我们也针对微视频的教学效果进行了评估,具体从学习兴趣、学习方式、学习效果三个方面来分析。

（一）学习兴趣

学生学习兴趣的产生与教学有密切的关系。微视频教学将老师在学生面前讲解的内容转化到视频中，通过PPT演示文稿，动画等使得视频更加生动有趣。学生不再是只能听到老师的一次讲解，如果开小差，漏掉知识点，那么学生还可以返回，将之前漏掉的知识点再看一遍，对于不懂的问题，也可以反复学习。这种教学对于学生来说，他们很喜欢，也使得他们的学习热情被激发。

微视频教学实施之后，大部分学生学习热情高涨，再结合课上的小组活动，学生更加积极主动，这在无形之中提高了学生的自主学习能力、合作交流能力以及学生对数学的兴趣。

（二）学习方式

在传统教学的课堂上，经常会出现这样一种情况，一些程度较好的学生上课并不是特别认真，容易开小差，而一些程度不太好的学生，在知识点讲了一两遍之后仍是用迷茫的眼神望着你。那么如何打破这种僵局，也是许多老师一直在不断试验，不断探索的一个问题。而微视频教学在这一部分就体现出它的优势了。

通过微视频教学，我们可以进行分层练习，程度好一点的学生可以观看微视频中的拓展部分，进行学习；程度弱一点的学生可以继续基础知识的学习。这种分层模式使得程度较好的人不再觉得"饥饿"，他们的思维也能得到升华，而对于那些程度一般的学生，则可以将基础知识夯实，而且微视频可以多次观看，多次学习，所以他们可以在有能力，有一定基础后再去尝试拓展内容。长此以往，学生的逻辑思维能力慢慢加强，学习兴趣也逐步提升，对于以后的学习有所帮助。

（三）学习效果

微视频教学主要是以教学应用、学习为目的，通过短小精悍的一种在线视频方式讲解知识点。这种教学模式凸显了学生的主体地位。老师可以在后台看到学生在家观看视频的情况,从而了解每个学生知识点的掌握程度。观看视频之后,我们有相应的作业,老师也可以根据网上作业的情况了解学生对于新知识的理解情况。通过这样的方式,老师可以了解每个学生的学习状态,也可以有针对性地进行辅导。

通过微视频教学,学生的各方面能力有所提高,学习兴趣渐浓,他们有更多的时间用来交流讨论。如果单单只是微视频教学,学生的训练程度不够,那么他们的成绩随着时间推移,跟别人的差距会增大,因而,两种教学模式的结合,为数学教学注入了新鲜血液,也让学生对数学有了新的观感,为大家带来了一定的帮助。

随着我国科技飞速发展和数字校园的普及,新的教学模式会逐步出现。对于微视频教学,它有优势也有不足。是否所有的学科都适合这种新型模式,是否所有的数学课程都可以通过微视频教学来学习,这是个需要思考的问题,也是我们探索的方向。

(李佼)

案例 3-7　物理教学中使用微视频的一些初步思考

一、设计原则——体现微视频价值

(1) 教育性:解决实际的教学问题

微视频的选材是围绕学习考察的知识点进行的,它强调学生在有限的时间内学习相对短小的、独立的却又自成体系的知识内容或模块,为他们提供一种全新的、自主的学习方式,旨在提高整体的学习效果。

(2) 目的性:解决教学中的难点、重点

例如《光的折射》这节课,难点和重点就是光的折射规律。微视频提供了一种全新的教学方式,直接地、清晰地把《光的折射》这节课的基本

139

概念和规律是什么告诉学生,动画和语音讲解的配合帮助学生理解。

(3) 重用性:能重复使用

微视频非常重要的价值是能重复观看。每个人对知识的接受能力是有区别的,有的人学习一遍就能基本掌握,而有的人学习一遍是完全不够的。微视频可以重复播放、可以暂停、可以分享,这对于接受能力相对弱一些的学生是很有帮助的。

我一直认为,一个人的学习能力在很大程度上取决于记忆能力。根据艾宾浩斯遗忘曲线显示,在学习 8 个小时之后,学习者只能记住35.8%的内容。因此要更好地掌握学习内容,就需要及时复习。微视频的重用性,在这里就体现了极大的价值。

二、选题遵循"三原则"

① 学生的知识基础

选题不是随意的,需要考虑学生已有的知识基础,进行选择。就好像一个没有学习过数学计算——加减乘除的人,怎么能解出数学函数题甚至几何题呢? 学习光的折射这个知识点,就需要学生已有光的反射的知识基础,才能较好地理解微视频中的内容。

② 知识点切割

选题不能太大,不能包含多个知识点和内容。有研究表明,学习者容易受外界干扰,90～120 秒是一个有效的注意力周期。微视频应该做到少而精,突出针对性。光的折射这节课中的微视频,针对光的折射基本概念和规律展开,知识点明确。如果后续学生想重复学习光的折射规律,可以很准确地选择收看这个微视频。

③ 在教学设计中体现价值

在课堂教学中使用微视频,需要充分考虑到微视频在整节课中的作用。在《光的折射》这节课中,只有学生充分观看了微视频,才有进一步实验和探究的知识基础。

三、我的一些小技巧：

在我制作微视频的过程中，有几个方面是我特别关注的：

◇一个微课程只说一个知识点

◇学习时间在5分钟左右

◇给学生提供提示性信息

◇与其他教学环节相配合

◇结束时有简短的总结

◇字幕补充关键词句

（吴怡）

案例3-8　巧用动漫定格　成就精彩课堂

英语戏剧课程《森林里的故事》之教学设计流程：

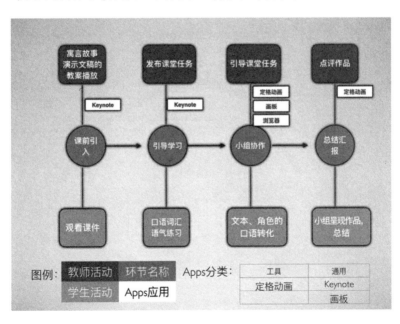

教学过程中，教师巧用无边界课程的理念，在英语课中融入IPAD定

第三章　课堂教学的增值度

格动画及戏剧元素,让学生在短剧创作和动画制作、配音的过程中,体验到了英语学习的乐趣,使原本简单枯燥的听说训练变得生动有趣。一个吸引人的故事是定格动画片制作的基础。老师讲述了《森林里的故事》的开头,让学生自主选择狐狸、猎人、魔法树等角色,加入想象和联想,创作故事的高潮和结尾,归纳故事的寓意,使学生的创作能力得到极大的激发。剧本完成后,学生利用剪纸、绘画,拍摄分脚本镜头,完成定格动画的音画合成。当狂妄自大的小狮王、胆小怯懦的小兔子、神秘的魔法树……在大屏幕上演绎时,角色一下子都鲜活了起来,课堂因此而灵动起来。

动画微视频的使用突破了传统的英语教学局限,实现了信息技术和科学的深度融合,课堂让每个学生都能展示自己的才华,使他们感受到成功的喜悦。

(程建周)

案例3-9　八年级物理《惯性》

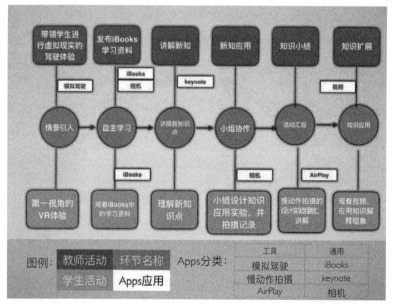

设计思路：

以学生体验式的类 VR 环节导入，引发思考，再由一个简单的小实验引入课堂主题，学生通过 iBooks 上的四个小视频，分析现象回答 iTeach 题目，总结出惯性概念。教师引导学生设计实验，加深对惯性概念的理解。教师再次通过实验引出影响惯性大小因素的猜想，并通过反证法及实验去验证。

教学环节设计	课堂互动效果	课堂活动设计	信息技术与教学内容融合度
亮点：导入环节通过新颖的类 VR 形式	亮点： 1. 学生通过 iBooks 观看小视频 2. 通过 iTeach 分析总结实验现象 3. 学生通过慢镜头拍摄实验过程能放慢较快的实验现象	合理：课堂活动的设计主要为学生的动手设计实验，实验过程中的 iPad 作为学习任务单的显示和实验现象过程的记录及回放。	App、资源、技术的创新之处： 1. Reflector 2 2. Keynote 3. iBooks 4. iTeach 5. 慢镜头

（叶敏）

第三节　教师实践案例：FM 我调频，
开启重构课堂大门

话题一：FM 我调频，是如何让课堂教学实现了增值？

"FM 我调频"是我校课堂改革的试点项目，它通过课堂 5 分钟留白的模式，实现师生互换角色，让学生走上讲台，成为课堂的主人。学校各个学科结合学科特点，对"FM"做了创意描述和深度阐释。独有的理解是老师们教学智慧的体现，也是学校课堂教学中流露出的一种独有文化。转型路上，老师小小的放手，成全学生大大地改变，极大提高了课堂教学

143

的增值度。

（李莹莹：让学生更富有领导力）

我所任教的八（2）班有幸成为"FM 我调频"的试点班级。在试点过程中我们学习了这几年流行的 TED 演讲，鼓励学生对知识、生活进行深度思考并发表演说。班级涌现出一批能说会思考的学生。在 FM 我调频展示会上，学生小叶展示的《孔孟论学之我见》大胆说出了他自己对经典的看法，有他自己独特的思考。以下我将结合小叶在展示前的准备工作来谈谈我对培养学生领导力的方法与思考。

一、培养决策力：启发思考，提供帮助

决策（Decision-making）的意思就是作出决定或选择。处在瞬息万变的现代社会，每天要下多少个决策？无论是必须独立判断，还是经众人讨论之后决定，"培养决策力"已经是现代人必须具备的基本能力。

在培养决策力上，我是这样做的。

镜头一：接到展示通知时，只剩一个多星期的时间准备了。时间紧迫。我马上找到小叶商量他想展示什么。

他想了想说："这学期我们模仿 TED 演讲比较多，我还是去演讲吧。"

"好啊！"我支持他。

在关键时刻，他还是选择了一个他擅长的项目，这当然值得肯定，他清晰地定位自己，选择了最保险的方式，是一个明智之举。

"那你准备讲什么呢？"我接着问。

"最好能讲出点有深度的东西吧……"经过一学期的"5 分钟留白"实践，他已经在往深度思考方面发展了，不错。

"能具体一点么，确定一下哪方面的深度探讨？"我继续追问。

"我是学生嘛，很多知识都是书本上学来的，那就讲讲我对一些知识的体会略!"在我的不断追问下,他能下意识地得出这些结论,我还是比较满意的,说明他对自己要演讲的内容比较清晰了。而他在较快的时间内做出这些决策也是符合常理的,是长期累积下来的结果。

"那么问题来了,你决定讲对书本哪些知识的体会呢?"

小叶挠了挠头,最后弱弱地说了句:"脑子里比较乱,没法决定。"

的确,前面的决策都好做,但一碰到关键问题就棘手了。看他毫无头绪的样子,我也为他心急。不过我还是帮他想了一个好点子,我说:"我这里正好有六本语文课本,是六到八年级的,你回去翻翻目录,回忆一下对哪些学过的知识最有感觉吧。明天早上给我答案哦。"

"对哦,真是一个好主意! 有方向了!"看着他离开时充满信心的步伐,我相信他第二天肯定能给我一个满意的答案。

果然,第二天一早,他就告诉我,他经过一晚上地翻阅、回忆、比较、思考,他最终确定了要谈谈对八年级下学期的《孔孟论学》的看法。

"太棒了! 你做了一个很好的决定!"我拍拍他的肩,毫不客气地表扬了他。

从这件事情来看,小叶前期做的选择都是朝着自己有利的方向去决定,这是非常明智的一种做法。但是当碰到决策困难,没法做决定的时候,这时就需要静下心来搜集资料,阅读比较,分析思考,这样最佳决策就浮出水面了。可以想见,经过一环扣一环的选择,小叶的决策力应该是得到了培养。

二、培养执行力、自控力:制定详细计划、克服薄弱意志

"做决策"是基础是前提,做好决策后怎么执行是关键。所谓"执行力",就是按时按质地完成工作任务的能力。个人执行力的强弱取决于两个要素——个人能力和工作态度。能力是基础,态度是关键。所以,我们要提升个人执行力,不仅要通过加强学习和实践锻炼来增强自身素质,更

重要的是要端正态度。

镜头二：小叶在做完决策后松了一口气，可是接下来的执行力让我倒吸一口凉气。在定下来谈《孔孟论学》后，我让小叶第二天给我一份演讲初稿。然而第二天得到的回复是昨天晚上游泳锻炼后写完作业就没时间写了。我又给了他一天时间。但是还是得到同样的回复。我心里清楚，小叶执行力的欠缺与他的态度不端正以及自控力不足有关。他的态度不端正是因为他还没意识到这次代表全班出场的责任感。他的自控力不足是因为他还没能克服并约束自己懒散的行事作风。毕竟教了他一年时间，我对他的秉性还是掌握得比较清楚的。我想正好借着这次机会让他改掉那些坏毛病，提高执行力与自控力。

于是，我跟他做了一次长谈。我先肯定他的能力，肯定他做了很好的决策。"做完决定是第一步，执行才是关键，否则决定落不下来，不就成了空中楼阁了吗？"小叶听了以后若有所思地点点头。接下来我从责任心的角度帮助他树立责任意识。的确，责任心强弱，决定执行力度的大小；进取心强弱，决定执行效果的好坏。因此，要提高执行力，就必须树立起强烈的责任意识和进取精神，克服懒散、得过且过的心态。在自控力方面，我则和他一起制定了一张详尽的计划表，包括训练时间、休息时间、做作业时间、写初稿时间、睡觉时间。这样一对比，小叶发现自己迟迟交不出初稿是因为时间观念薄弱、在克服懒惰方面意志力不坚定的缺点。此外，我又制定了一张详细的准备阶段进程的时间表，包括完成初稿时间、修改时间、做 PPT 时间、排练时间……一式两份。有了这两份表格，以及小叶自控力和执行力的提升，我们的进度开始了快了起来。后来我才知道，小叶把我那天送给他的心理学家利兰写的一段话抄在了日记本上："一个有心修炼和提升自己意志力的人，将获得无比巨大的力量，这种力量不仅能够完全控制一个人的精神世界，而且能够让人的心智达到前所未有的高度——此时,一个人从未设想能拥有的智能、天赋或能力都变成了现实。"

三、培养创造力:营造支持创造性的环境

创造力通常被定义为一种用独创的和意想不到的方式解决问题的能力。营造一种支持创造性思维的环境是非常重要的。胆怯无助于创造力的发展,害怕被认为是学生不愿表达自己观点的一个主要原因。害怕失败、害怕暴露自己的缺点、害怕受到嘲笑是对创造性思维的极大威慑,因此营造支持创造性思维的环境是非常重要的。

在培养创造力上,我是围绕着营造支持创造性思维的环境这一方面来做的。

镜头三:有一天,小叶跑过来神秘兮兮地问我:"李老师,我想在展示的 PPT 中添加字幕视频,但是时间紧迫担心做不好。"我知道小叶是个微电影制作爱好者,经常捣鼓一些制作软件,他想把平时的爱好加在幻灯片制作中,当然是一件好事。而他顾虑做出来的效果也是人之常情。但是,我可不想这样一个培养他创造力的好机会白白流失。我马上对他说:"我上次看过你拍的微电影,很有技术含量的嘛。大多数学生可是做不出来这种效果的哦。如果在 PPT 里加字幕视频,肯定会让大家眼前一亮的。先去试着做,如果中间遇到什么问题,老师帮着你一起修改!"虽然我知道离展示的时间已经很近,这个时间点还要去修改 PPT 是一件耗时间的事,也不知道做出来的效果到底会怎样,但我还是积极鼓励小叶去做。因为当一个人在做自己喜欢做的事时,灵感才会不断涌现出来。

果然,在我的鼓励与支持下,小叶信心大增。挑战使用 After Effect 制作视频。在制作的过程中,他不断有新的想法冒出来,然后着手去尝试、去解决。最后呈现出来的效果果然比一般的 PPT 更加生动。我大大地赞赏了他的创造力,他还不好意思地挠挠头说:"这次时间比较紧张,我认为以后可以放弃 PPT,采用视频演示辅助演讲,通过单个或多个视频能演示得更生动……"只要老师能带着欣赏的眼光去鼓励学生、欣赏学生,营造出支持创造性思维的环境,就一定能激发出学生非凡的创造力。

经过近十天的紧张准备,小叶充满信心地走上了展示的舞台。很难想象,在不少老师口中缺点无数的他能够完美地完成这样一个艰巨的任务。回想当初决定让他这样一名算不上"好"学生的学生去登台展示,我也有过犹豫。但看到台上的他侃侃而谈,我忽然发现,这十天所准备的一切都是有意义的,这必将在他的成长过程中留下不可磨灭的痕迹。此时他身上的决策力、执行力、自控力、创造力可能还是一颗小小的种子刚生根发芽,但我想,假以时日,他身上所具备的领导力必将枝繁叶茂。

(马韵:促进学生的感召力及创造力发展)

一、名称设定

本学期"FM 我调频"的名称设定为"Focus on Me"。对于六年级的学生而言,这个年纪正是人生观、世界观逐步形成的阶段。在这个阶段中,他们不断认识自我、发现自我、表现自我。中国中学生相较于国外学生而言,更加内敛,不善于表达自己的想法。因此,我把"FM 我调频"的名称设定为"Focus on Me",给学生们一个机会去表现最真实的自我。

二、聚焦点

"FM 我调频"的聚焦点集中在学生身上。对于每一个英语演讲主题或辩题,学生们通过收集资料,整理并撰写出一篇篇完整的演讲稿;或者对于辩题,进行正反两方论点论据收集,最后在全班同学面前大声自信地表达观点。在所有的步骤中,学生都是绝对的主角。完全需要发挥学生的主观能动性,让学生自行进行资源分配、问题解决,以及互相练习。

三、实施方式

"FM 我调频"的实施过程如下:首先,教师提前布置任务,这份任务可以是一个辩题,也可以是一个演讲主题。如果是一个辩题,则需要将班级同学分成正方与反方两大类。如果是一个演讲主题,则可以给学生提供一定的关键词来开阔他们的思路。为了让学生对问题进行深入思考,教师事先准备一些相关视频或者选择与课文相关的主题作为引入。接着,在下一节课上,利用课前5~10分钟时间,让学生成为课堂的小主人,这段时间完全由学生主宰。最后一步,也是非常重要的一个步骤,老师针对同学们的演讲或者辩论进行提问,这不仅可以启发"看客"学生的思考,同时也检验他们是否能大致理解这场演讲或辩论,并进一步发表自己的意见。

四、实施过程中经典案例分享

六年级的学生对社会、对生活有了自己的感知,但英语表达能力相对而言还比较薄弱。因此在"FM我调频"的实施过程中,我也曾遇到过很多难题,目前还在不断地反省和提高中。在六年级下的英语课本中,有一个主题关于火,介绍了火的作用、火灾以及在火灾中的应对措施。在给学生们布置辩论主题的过程中,我布置的第一个论题是"如果在一场火灾的逃亡中,你正好看见一个无助的小朋友,你会不会去救他/她"。我对于所教班级学生情况较为了解,他们都是一群非常有想法,有主意的孩子。对于这个辩题,他们非常喜欢,都把自己融入到角色中,进行深入的思考。但是在进行正反辩论的过程中,我才发现自己布置的这个辩题有很多欠缺。首先,即使给到学生们足够的关键词,由于语言上的匮乏,他们仍然不能连词成句,这个主题对他们来说,语言上的难度过大。其次,学生们本身都是孩子,在教育的过程中,他们对于这样一个场景,也都是手足无措的,他们并不具备处理此情况的能力。因此,这个辩题本身不适合学生。于是,在下一节课中,我给学生制定了一个新话题,谈谈火的优点和缺点。这个话题更贴近生活,同时也让学生有发挥的余地。

五、该项目对学生领导力培养的具体作用。

"五力"可以具化为以下五种能力—自控力、决策力、执行力、感召力、创造力。"FM我调频"的实施过程中，学生们需要对话题或论题进行思考，动用自己身边的资源进行分析，将自己的观点用清晰，逻辑的语言表达出来。在学生们的演讲和辩论中，我往往能感受到学生超乎寻常的创意和想象，感觉到他们的感召力和创造力都有一定的提高。

（吴怡：我是小牛顿）

为了培养学生的领导能力，学校开展了"FM我调频"的这个活动。

"FM"即为 FIVE MINUTES，是为 5 分钟的意思。这个活动让我们每位教师在每节课的前 5 分钟，给予学生们一个展示自我的舞台。让每一位学生结合所学的知识，用他自己的方式给我们讲述这些知识的重点及含义。

物理以"我是小牛顿"来进行这个活动。在每节课的前 5 分钟，请一位同学上讲台，由他来首先为各位同学讲课，讲课的内容可以是昨天所学的知识；也可以是提前预习，将今天将要新学习的知识的要点提前与同学分享；还可以进行一些小的实验，来让大家加强对物理课的兴趣。这些活动，我们不需要学生讲述的知识多正确，我们需要的是锻炼学生的胆量，然后加强学生的叙述能力，表达能力，从而提升学生的领导力，让学生更勇于展现自己，能够在今后无论是学习中还是生活中，都能够勇于表达自己的观点，加强自己的自信。

在实际操作中，我发现确实与我预期的很相像。举例说明：

在某一节课的前 5 分钟，一位同学来到讲台上，为所有的其他学生讲述经过他总结后的昨天所学到的重点知识。他先叙述自己的观点，再与同学互动，看其他同学是否有不同的观点，是否能够互补，起到更好的学习效果。而我则在一旁适时地进行补充,指出错误的地方。就这样,在今天正式上课前,学生们的学习热情已经被激发起来,在之后的课堂上,学生都纷纷踊跃发言,回答问题,让整个课堂充满学习的氛围。

在经过了一学期的活动实施后,大部分学生的领导力有显著提高,他们会更容易地提出自己的想法,然后引导他人去认同自己的想法,不断提高自己。而另外极小一部分学生可能还是有些紧张,不太愿意上台发表自己的想法及看法。于是,我就在思考,其实也可以几人一起上台,用合作的方式展现自己。我会积极与每一位学生沟通,询问他们的意见,来调整整个活动的开展方式,让每一个学生都能适应它,并且参与其中。

相信随着"FM我调频"这个活动的长期开展,学生们一定会变得更优秀。

话题二:FM我调频,如何设计活动让课堂教学实现增值?

下面,是我们学校7个教研组对"FM我调频"独到的理解。

语文组:"FangMan(放慢),今天我来做老师"。"放"眼但不放任;"放"开但不放松。"慢"学不急于求成;"慢"教不急功近利。"放"是改变教学形式;"慢"是关注学习经历。"放"是放眼、放开、放还的意思。放眼未来学生知识学习的自我建构,放开知识教学的被动接受型学习形式,把课堂放还给学生。"慢"是"慢学","慢教"的意思。"慢学"是指学习不求速成,不囫囵吞枣。"慢教"是说老师从关注教的贪多求全转向关注学的循序渐进。

数学组:"Follow Me,我是解题小能手"。数学组选择了"Follow Me",项目名称是"我是解题小能手"。只有学生自己真正理解透彻,并把思路梳理缜密之后才能算真正意义上的解题成功。

英语组:"Focus on Me"。让学生走上讲台,成为全班聚焦点。利用好课堂留白5分钟,推动学生用英语表达自我。

综合文科组:"fresh、free、message、mind"。"F""M"有两层涵义,浅层为"Fresh"、"Message",深层为"Free"、"Mind",即让学生在这五分钟留白中互相交流新鲜的资讯,鼓励学生放飞他们的思想,培养学生开阔的眼界、严谨的思维。

综合理科组:"fly moment,free model,future myself"。根据老师授课的需要,在课上给学生5分钟的自我表现时间,可以是让学生讲解习题,也可以是总结知识点,或是示范一个小实验……给学生"free moment"畅想"future myself"。

音美劳:"faith(信心),maker(制造者)"。让学生站上讲台,站上自己的舞台,展现自己,成就自己的信心,展翅翱翔。

体育组:"fun(乐趣),Master(掌控)"。Fun是乐趣:兴趣是最好的老师。活动中学生发挥主动性,自己设计某一教学环节,善用体育器械,使课堂充满乐趣。Master是掌控、主持:学生在活动中能够控制好自己,学会独立自主地主持课堂5分钟的展示。

当你看完上述的内容,是否能真切感受到我们的教师创意无限呢?正是这种无限的创意,让教师以发现的眼光设计各种教学活动,让课堂教学实现了增值,请看下面的两个案例。

(刘梦图:"聆听历史的声音"的由来)

本学期我有幸成为学校"FM我调频"的综合文科组试点老师,作为培养学生领导力的"先头部队",在实践的过程中,自然遇到了不少问题与挑战。当然,更有不少收获。

最初我确定的历史学科的"FM我调频"活动是"历史上的今天"。试图引导学生自己搜集感兴趣的历史上那一天发生的事件,然后放在当时的整个历史环境里,介绍该事件并审视该事件的影响。但在经过半个学期的实践之后,发现效果比预期的差很多。首先学生准备不充分,无法做到上台脱稿而是照读PPT,导致该环节流于形式。其次,学生没有从历史的大环境中去解读该历史事件对整个历史发展进程产生的影响,导致该环节没有深度。

于是我思考着如何设计一个全新的"FM我调频"活动。恰逢区团委正在开展"纪念长征胜利70周年"的一系列大型活动,其中我参加了长征影视配音比赛项目。我从中忽然受到了启发。一方面学生愿意表演,另一方面学生更喜欢体验新形式的活动。在跟组内老师商量后,决定用历史题材影视配音的形式来开展"FM我调频",取名为"聆听历史的声音"。之所以选择这样的名称,一是因为配音本身的形式特点所决定,二是因为通过所配音片段让学生了解其背后的历史背景,和事件发生的深层次的原因。换言之,就是配音是形式,对象是伟人(历史人物),核心是历史的选择。

我选取了七年级4班的5位学生,为遵义会议电视剧中的片段进行配音。这几位学生本身的积极性就很高,而且模仿能力很强,还有一定的表现欲望。经过我的指点和几次尝试之后,他们的表现明显上了一个台阶,伟人们的声音通过他们的演绎重新回响在银幕上。

这次尝试让我感觉到,"FM我调频"的活动设计需要让学生贴近历史,甚至让学生"参与"当时的历史。只有这种"浸润式"的学习形式才能真正调动学生的积极性,让学生发自内心地投入参与,从而让活动顺利开展,最终实现对学生领导力的培养。

配音看似简单,但这却是一门专业的技术活。首先,学生们要将片段看熟,还要掌握节奏。接着要背出台词,同步配音,最后做到无声配音。这些学生通过对历史伟人的口音、语音语调的模仿,抓住了伟人的外在特点。通过反复对台词，掌握伟人们的说法方式，不经意间，他们在那一刻无限接近历史伟人，体会到了伟人们身上散发出的不寻常的东西。这些学生的排练也吸引了很多同班同学的围观，甚至在其中一位同学受伤可能无法继续出演的情况下，许多同学跃跃欲试。显然，在他们身上出现了某种感召力，对周围同学产生了一定的辐射。每一次排练结束后，总有许多同学追问，你们配的那一段是什么会议啊？朱德是哪里人？这可是在平时教学过程中不常见的现象。而这些问题的答案对于参与其中的学生来说都了如指掌，因为他们要"入戏"，自然就要比其他同学更深入地了解当时的历史背景，并理解基于历史环境和历史人物做出相应选择的原因和意义。

每个孩子都渴望拥有能鼓舞他人、吸引他人的领袖气质。学生们通过配音，感受并吸收了历史伟人的领袖气质，自身的感召力得到提升，自己也有了学习历史的动力与方向，同时还提高了同班其他同学学习历史的兴趣。可以说，这个活动真是一举多得啊。

此番活动的实施只是在个别班中的部分同学中展开，下学期则计划在每个班级定期开展。不过由于年级、教材内容和学生反馈等不确定因素的影响，届时的开展进度和方案可能还会做出相应调整。

（施惠民："鲁班工匠精神"的由来）

我们知道，2000 年前的中国，出现了一位大师级的匠人，那就是鲁班。他用毕生的成就诠释了"工匠精神"。传说中，鲁班创造发明了"锯子"、"曲尺"、"刨子"、"墨斗"、"云梯"、"石磨"、"滑轮"、"锁钥"、"木鸢"、"雕刻"……回溯千年历史长河，像鲁班那样独具匠心的匠人层出不穷，他们都继承了这种"工匠精神"，演绎着中华民族的制造传奇直至今日。如今的中国正进行着大规模的经济建设，要把我国从制造大国建设成制造强国,绝对少不了这代代传承下来的"工匠精神"。

那什么是"工匠精神"呢? 我们说,"工匠精神"就是指工匠(或者说我们每一个人)在做自己的产品或做一件事情的时候都要细心严谨地去学,坚持不懈地去做;恒心执著地去学,精益求精地去做,精雕细琢、孜孜不倦地改善工艺和追求完美的一种精神理念。匠心在"学"与"做"中得到升华。目前,社会各行各业都在推广和发扬"工匠精神",而我们教育战线上培养教育下一代人才的标准又与"工匠精神"如此接近,尤其是最近我校提出的关于学生领导力(感召力、自控力、规划力、执行力、创造力)的培养,它与"工匠精神"的核心正是不谋而合。

这次学校要求我们劳技学科要开展"FM 我调频"活动,在教学中有 5分钟的留白。我觉得正好可以借此机会用课堂教学去渗透和展示鲁班的"工匠精神"及其内容,借此培养学生的领导力。

首先,在培养感召力方面,我在选择学生操作内容时想到了石膏板雕刻,它既是我国中华民族的文化遗产,又是鲁班创造发明的内容之一。它本身在生活中随处可见,学生们也喜欢并跃跃欲试,这就为学生们积极的学习操作提供了基础。其次,在培养规划力、创造力方面,我考虑把"石膏板雕刻"这一学生操作内容分成两个单元来上。在第一单元石膏板雕刻的基础操作知识教授完成后,为了体现学生的主人翁精神和发挥学生潜能,预留 5 分钟,让学生代表自主来进行石膏板雕刻基础操作知识的归纳小结,再通过学生之间的讲解对话,使学生之间有思维碰撞,为下一轮单元作品的操作提升知识水平、开拓创作思路和提供技术支持。同时,老师在简短总结的基础上提出下一轮单元作品操作的总思路:第一"与众不同"、第二"出类拔萃"、第三"别具一格"。再次,在培养执行力、自控力方面,将国内外的雕刻优秀作品作为标杆,激发学生学习雕刻技术的热情。以石膏板雕刻为载体,让六年级学生运用磨、印、刻、铲、雕等小技术进行

155

作品制作,不仅使他们体验了作品如何制作完成的全过程,更使他们领悟到了我们中华民族文化遗产的博大精深。

以上这些教学片段只是尝试,我会在以后的教学中更多地去渗透"工匠精神",让学生们在学习中不断提高"工匠精神"意识,同时培养自己的领导力。

第四章　学习指导的贴心度

本章以学习指导为研究视角,共分三节。第一节,回答了什么是贴心度以及贴心度的作用及其表现;第二节,重点叙述了来自于学校的学习指导经验,即了解学段差异、熟知学生特质、实施学案导学;第三节,为让读者清晰地了解学校的学习指导实施细节,呈现了教师的所思所想:数学教研组的学习指导探索之路的若干案例。

第一节　贴心度的诠释

所谓学习指导,是指教师按照一定的教育教学理论指导为前提,结合学生身心发展特点和学习规律,提高他们的学习兴趣、学习效率、学习效果等,进而使学生能够主动进行学习。目前,中学生在学习中所遇到的问题渐趋复杂化。如部分学生由于基础较弱,学习上遇到困难,自信心受到打击,进而产生厌学情绪;个别学生因自制力较差,加上学习方法不当,造成严重学业问题,甚至演化为心理问题。现代教学论的研究表明,教学过程是教师和学生的双边活动过程,学生的"学"是教师"教"的出发点和前提,教师的"教"必须依据学习规律,是学生"学"的重要条件。因此,对中学生进行有效的学习指导，不仅仅是学生身心发展的客观需求，也是学校遵循教学规律的必然要求。

绿色指标的推出，为我们深化学习指导的研究拓宽了新的视野。全面分析绿色指标1.0，以及即将实施的绿色指标2.0，其昭示、引领深化学习指导的意义有：

一种导向：绿色成效的取得要挖掘深层次的问题；

一个依据：要将学习指导与育人为本有机地结合；

一种要求：要持续探索学习指导的有效实施途径；

一个改进：学习指导要关注学生学习动力等因素。

如何结合学校现有的办学水平、文化基础、师资力量等，将上述四个方面扎扎实实落地生根于学校的土壤，是我们始终坚持研究的方向。2012年起，学校提出了"六度教学：助推绿色指标落地，全面实现学校发展"的行动要领，经过长达五年的时间，历经了反复酝酿、科学论证、课题立项、行动研究、成果表述等研究过程，"学习指导的贴心度"这一提法被正式确立。

一、贴心度的释义

何为"贴心度"？"贴"有最亲近，最知心之意，"心"指心脏，"度"有程度、境界之意。"贴心度"是指生活中贴近人的某种需求或心理需要的程度。在本书中，"贴心度"主要是指学习指导贴近学生学习需求或心理需要的程度。具体而言，从学习指导的前提来看，"贴心度"是指充分了解学生学习的状况、程度、水平、能力、动力、习惯等，准确分析其成因并能制定相应的措施；从学习指导的过程来看，"贴心度"是指教师不仅能为学生答疑解惑，还应为学生创造各种宜学的环境或条件，选择最佳的学习时间或学习方式，学习最适用的、最恰当的内容等；从学习指导的效果来看,"贴心度"是指教师能因人而异,及时调整学习指导的方式与方法。

二、贴心度的作用

"贴心度"的作用之一:有助于学校在学习指导领域落实绿色指标。"贴心度"是学习指导贴近学生学习需求或心理需要,其表现与绿色指标的导向、依据、要求、改进呈现一致性,是绿色指标昭示、引领意义的具体化,因此它成为学校落实绿色指标的一个重要抓手。与此同时,学习指导的"贴心度"有绿色发展的理念支撑,有绿色指标的保驾护航,所以,学校的学习指导成效也更有可参照性的坐标。

"贴心度"的作用之二:有助于学校加强学习指导的过程管理。"贴心度"是学习指导的贴心程度的反映,是来自于学校自身对学习指导成效的评估,以及日复一日、年复一年的持续推动和螺旋式的上升过程,所以,"贴心度"关注的是学校学习指导的过程质量,即学习指导的工作水平或进行中的状态,这有助于学校动态地把握学习指导的成效,加强学习指导的过程管理。

"贴心度"的作用之三:有助于学校形成量化学习指导的评估研究。"贴心度"的证据既可以是量化的,也可以是质性的。可以用某些数值的变化来表示,也可用质性材料的比对来呈现,这为我们后续的量化学习指导评估研究埋下了伏笔。

三、贴心度的表现

"贴心度"的表现之一。绿色指标在关注学业质量的同时,更关注学业质量背后的深层次问题,如学生的学习动机、学习方法、人际交往方式、思维方式、学业负担等,这对教师的学习指导能力提出了一定的挑战,所以,"贴心度"在于:教师要关注学生学习动机、学习方法、思维方式,逐步培养学生的自主学习能力。

"贴心度"的表现之二。目前,关于学习指导的主流观点认为,学习指导是个系统工程,是对学生学习过程中的学习道德、学习自理、学习内容、学习方法、学习环节等方面全方位的指导,从而使其有效地掌握知识,发展智力,形成品德的活动。这也是本文所倡导的"要将学习指导与育人为本有机整合"的最好诠释。所以,学习指导贴心度的具体表现如下:学习指导要与学生的生理、心理指导相结合,实现学生生理及心理素质整体优化。

"贴心度"的表现之三。教师要探索拓宽学习指导的有效方式,如开设学习指导课程、新生入学准备课程、举办学习指导讲座、组织学习专题研讨、建立导师制、创建学习指导网站、学习指导服务热线,以及在学科教学中渗透学习指导等,使不同的学习指导方式相互补充、相得益彰,综合发挥整体的最佳效能。所以,学习指导贴心度的具体表现是要能在不同情境中,运用各种不同的学习指导的方式,综合发挥整体的最佳效能。

"贴心度"的表现之四。学生的学习是一个由认知能力、学习情趣、思维方法、学习方法、学习习惯等多种因素构成的动态系统。学习指导不能孤立地进行、必须在研究人的素质的完善性和教育的系统性的前提下去完成。所以,"贴心度"的表现有:教师要为学生创造各种学习环境或条件,选择最恰当的学习内容,因人而异的指导。

四、学习指导——贴心度

学习指导及其贴心度研究的主要过程,含研读指标、解读指标、内涵诠释、实践应用、成果表达如下(见图4-1):

1. 研读指标。绿色指标1.0中,与学习指导对标的有:学生学习动

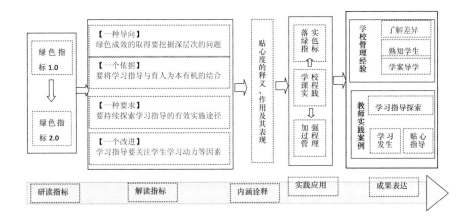

图 4 - 1 "学习指导的贴心度"的研究过程

力指数(学自信心、学习动机、学习压力和学生对学校的认同度),品德行
为指数(理想信念、公民素质和健全人格),学生学业负担指数(学业负担
综合指数),学业负担分项指数(睡眠时间、作业时间、补课时间),进步指
数。绿色指标 2.0 中,与课堂教学对标的有:学生学习动力(学习自信心、
学习动机),学生品德与社会行为(行为规范、亲社会行为),学业负担与
压力(学业负担、学业压力),跨时间发展。

2. 解读指标。分析绿色指标,其昭示、引领深化学习指导的意义有:
绿色成效的取得要挖掘深层次的问题,要将学习指导与育人为本有机的
结合,要持续探索学习指导的有效实施途径,学习指导要关注学生学习动
力等因素。

3. 内涵诠释。以绿色指标的导向、依据、要求、改进为基石,确立学
习指导的重心在于"贴心度"。界定本章核心概念"贴心度",分析其主要
作用及其在课堂教学中的具体表现。

4. 实践应用。形成"标准—评价—教学"的研究循环,在行动研究中
促进学校教育教学质量的提升。

5. 成果表达。历经五年的基于绿色指标的实践探索,学校累积一些

成功经验及其案例。为此,从两个视角选取有代表性的学习指导实践成果进行总结。一是来自于学校的管理经验,如第二节的了解学段差异、熟知学生特质、实施学案导学等;二是来自于学校的教师实践,以案例的方式呈现,如第三节的"数学教研组的学习指导探索之路"。

第二节 学校管理经验:了解差异、熟知学生、学案导学

一、了解学段差异:内容、教法及其学法

在初中教育里,有两个现象值得思考:一是学生从一个学段进入另一个学段,经常会因为学习内容、学习环境、学习方式发生改变而出现诸多的不适应;二是学段差异的客观存在,造成初中教师往往对小学和高中学段在学习内容、教法及其学法上的差异并没有充分的了解,这种阻隔直接带来的影响就是教师在学习指导方面不得力、不得法。为此,我们开展了"顾后瞻前"的学段衔接活动,让教师能在实践体验中,感悟不同学段在内容、教法及其学法上的差异,为学习指导的得力、得法夯实前行的基础。

1. "顾后":熟悉初中和小学在教与学上的差异

我们会定期把小学老师"请进来"观摩我们六年级教学。一方面,是让小学老师感受初中的课堂教学方式和学生学习方式,另一方面也是为了让小学老师为我们的有效衔接支招。通过他们,我们可以了解到他们所教过的特殊学生的学习背景和学习基础;可以了解到学科教学的小学知识背景,类似知识点在小学强调的深浅程度等。

有时,我们的研修地点会选择在小学。小学老师会热情地向我们开放课堂。例如,我们观摩过的一节小学五年级数学课《表面积的变化》。授课老师从游戏入手,初步感知,然后再通过"看一看"、"折一折"等直观的方式,让学生感受表面积变化的原因。这样的课堂让我们的老师切实

感受到小学生的年龄特征所决定的学习方式。我们的数学教研组长在研讨中说道:"小学阶段的数学教学体现了认知和发现,而初中阶段的数学则一般体现较为严谨的推理和认证,初中和小学对于图形教学有着不同的要求,听小学的数学课让我们对图形教学有了'起点',更让我们充分了解了小学生适合的教与学的方式,明确了在起始年级过渡阶段应该如何开展教学。"

与小学的课堂教学联动活动,让我们起始年级老师深刻感受到了两个学段的差异。虽然只相差了一个年级,但是却有质的不同。于是,我们的老师们打开"过渡"视角,以备课组为单位,对小初衔接的重点和衔接点展开深度思考。并在此基础上进行了一系列贴近学生的探索与努力。

案例 4-1　浅谈中小学数学教学的衔接问题

小学与初中是每个孩子必须经历的学习阶段,数学学科应该也是他们最早接触到的课目之一。小学数学是初中数学的基础,初中数学又可以作为小学数学的进步与发展。2005 年 5 月 25 日,上海市教委宣布推行二期课改新课程方案、新教材,至今已经过去了三年。从课改理念来看,新一轮课程改革的核心理念是"以学生发展为本",强调重要的数学内容和重要的数学思想方法要螺旋上升,所以我们今天要站在一个新的角度重新来认识中小学衔接问题。但是无论是从哪个角度来考虑中小学衔接问题,或者是内容,或者是教法,或者是学法,都有一点是共同的,也是最根本的,那就是我们的思考和研究是从学生的发展出发,教学出发点是学生,教学的最终归宿也是学生,其宗旨就是为了促进学生学习的可持续发展。作为一名初中数学教师,在使用新教材之后,我认为加强中小学数学教学衔接的研究与实践是非常必要的,同时也是非常急需的。

一、内容上的衔接

1. 数的扩展

小学数学教学中已经将数作了两次扩展，一是引入了"0"；二是引入了正分数。在进入中学之后，首先引入了负数的概念，将数扩展到了有理数，然后又引入无理数，构成了实数。

随着数的定义不断扩大，以前的定义就有可能不十分准确，例如在小学生的眼里，整数就是自然数，减数是不能大于被减数的，但随着负数的引入，这两点就都发生了改变。可是学生们肯定会产生为什么要有负数这一问题，我们可以从冰箱冷冻室的温度引入，在产生零度以下的温度时，我们该怎样表示，这样就可以使学生能够发现数为什么要扩展——这是由于我们常常觉得数不够用了，那么在又一次发现了无限不循环小数时，无理数就出现了。所以在小学里给学生讲有些概念时，不能讲得过死，在引入新概念时，可将原有的知识进行梳理，为知识的再一次扩充做好准备。

2. 从数到式

人们常把小学数学课称为算术课，而进入初中之后，学生要经历由算术到代数的过渡，主要标志就是由数过渡到字母表示数。这是在小学的数的概念的基础上更高一个层次的抽象概念。用字母代表数正是刚刚踏入初中的学生学习的困难所在。因此在进行"字母表示数"这节课的讲授时，利用小学数学里出现的公式，让学生回忆一下，这些加法交换率、结合率等已经使用字母表示数了。通过讨论与思考让学生认识到用字母表示数简洁明了，含义广泛。进而再讲述如何列代数式，以及代数式的一些应用知识，在这个过程中，始终以小学所接触过的数学知识为基础，从一般到特殊，减少学生对新知识的陌生感。

3. 算术解法与代数解法

教六年级的老师常会发现，有的学生在解应用题时会延续小学里的习惯用算术解法,对中学里需用代数解法(列方程)不适应。由于算术解法是把未知量放在特殊地位,设法通过已知量求出未知,而代数解法是把所求的量与已知量放在平等的地位,找出各量之间的等量关系,建立方程而求出未知量。在比较简单的题目里,算术解法和代数解法是差不多的,但以后遇到比较复杂的问题,算术列式往往比较困难,需要较强的分析思维能力,而代数方法列方程就比较直截了当。因此,在教学中必须做好这方面的衔接。例如在讲授一元一次方程的应用时,为了显示代数解法的优越性,补充了这样一道例题:"有一个班级的学生去看电影,买了价格为 8 元和 12 元的两种座票共 40 张,总共花了 416 元,问 8 元票和 12 元票各几张?"这一题的代数解法比较容易:设 12 元票 x 张,则 8 元票为 $(40-x)$ 张,得方程 $8x+12(40-x)=416$,解得 $x=24,40-x=16$。如果用算术方法求解,其思考途径为:先当 40 张票都是 8 元票,则总价应为 (8×40) 元;现在实际总价为 416 元,相差数为 $416-8\times40$ 元。为什么相差呢? 因为有 12 元票,第一张 12 元票比 8 票多花 $(12-8)$ 元,因此,12 元票张数应为 $(416-8\times40)\div(12-8)$ 张。从这题中就能发现代数解法要比算术解法方便,因为它只要找出等量关系,就能列出方程,求出未知数后问题也就迎刃而解了,我们可以以不变应万变。所以在用两种方法解题后,再做一个比较,使学生有个更清晰的认识,从而逐渐摒弃用算术解法做应用题的思维习惯。

4. 从直观体验到论证几何

小学数学教材中,简单几何图形的知识占了很大篇幅,这些知识基本上都是属于实验几何,让学生量一量、画一画、拼一拼、折一折,去学到一些几何知识。中学几何教学则着重培养学生的推理论证能力。例如角的定义:在小学的教学中,它是一个直观图形,但在中学教学中给出的定义是:"角是由一条射线绕着它的端点旋转到另一个位置所成的图形。"

它是一个动态定义。又例如画轴对称图形,小学生会直观地画出图形,但在初一的课程中再次出现轴对称时,学生必须按照轴对称的性质画出图形。处理好小学数学教学和中学的衔接,关键是根据学生的接受能力和小学数学内容实际,设法同相关的中学学习内容建立联系,相应地渗透,尤其要把握好衔接的"度",过早过深反而"欲速则不达"。

二、教法上的衔接

刚进入六年级的学生在开始阶段常常会觉得一节课的内容与知识点很多,学起来有些难度。这是由于小学数学教学一节课的知识点少,教师可以讲得细,练得多,直观性强。但到了初中,相对来说教师讲得精,练得少,有些知识也具有一定的抽象性。在这背景下,我们从学生的实际出发,改进教法,做好教学方法上的衔接可从以下几方面出发:

1. 以旧带新

在学习数学的过程中,有很多知识点是可以类比的,像整数与整式、因数分解与因式分解等等。在传授新知识时,必须注意抓住新、旧知识的联系,指导学生进行类比、对照,并区别新旧异同,从而揭示新知的本质。例如在进行"因式分解"的授课时,这个课题与两个旧知识有关,一是因数分解,二是乘法运算。那么可以先从整数的乘法运算与因数分解的关系入手,从而引入在整式的乘法运算学习后我们将进行因式分解的学习,同时也明白了这两者之间的联系与差异,让学生有一个系统的梳理与认识过程,了解知识的结构体系构成。

2. 强化概念

有时中学教师常会发现学生对概念混淆不清,教师讲解的定义学生不能清晰地反馈。对比小学的概念学习之后,我们得到这样一个答案:小学的概念不多,而且形象,容易掌握与理解,即使学生死记硬背也可达到同样的效果。但进入初中后,对数学概念的要求高了,对一些概念如果仍采用小学里的方法就不可行了。例如相反数的定义,学生直观的印象就是一正一负,但是把它与定义一比,就差之千里了。我们必须强调"只有符号不同的两个数是相反数"。所以就要通过对概念的变式与比较,各种例证等方法,使学生弄清概念的含义与实质,这样才能够让学生能用这些概念来解决实际的问题。

3. 认识规律

从小学到中学,就是一个学生逐步从形象思维到抽象思维的发展过程。在这一过程中,必须遵循学生的发展规律。小学生的思维是直观形象的,他们对看到的,听到的东西特别印象深刻,那么老师就会借助于实物,图片等来进行教学,启发学生的思维。在进入初中后,学生已经对一些特殊的具体事物有所认识,这时就要适时地对数学知识进行概括与抽象,引导学生加深从特殊到一般,从现象到本质的理解。

4. 同课异构

世界上没有两片一样的叶子,同样,世界上也不存在完全一样的学生,每个学生都有他自己的特点与弱点,这就要求教师必须能够因材施教,由"重教"转为"重学",由"让学生适合数学教学"转为"创设适合学生的数学教学"。例如,《小数、分数的混合运算》这节课,对于基础较好的学生来讲,可以通过一系列有针对性的题目,让他们在做题中自己摸索出最佳解题方法,并进行归纳总结,培养学生的思维能力。但是对基础一般或薄弱的学生来讲,这样上课他们会一头雾水,老师应设置一步步的台阶,有一个循序渐进的过程,引导学生找出各种题目的特点以及对应的解题方法。所以,我想找到合适的教学方法对教师来说可以做到事半功倍的效果,这个教学方法也许不一定是最好的,但一定是最合适的。

三、学法上的衔接

有些家长时常会说:我家小孩在小学里数学还不错,怎么一上初中成绩就直线下降了呢？其实这个问题的产生是由于小学和中学的学习方法存在差异。

1. 心理准备期

在小学里，由于学生的年龄小，学习的积极性一般由老师督促着去完成，这样就形成了被动的局面。到了中学，老师更多的是引导学生去完成，管理也不及小学那样具体，有的学生就认为没有了束缚，变得不认真学习而掉队。针对这一情况，作为教师应在学生已有的生活经验和数学知识的基础上进行教学，这样才能让学生保持住学数学的兴趣，由兴趣再转变为他们快乐学习数学的潜在动力，从而顺利地渡过从小学到初中的这段时期。

2. 养成好习惯

进入初中后，随着学习内容不断地增多与加深以及教学方法与管理方法的改变，学生如果没有好的学习习惯，那就会产生学习成绩下滑、厌学等现象。因此我们就应从学生的特点出发，循序渐进地采取一些措施，让学生能养成好的学习习惯。例如，着重预习，指导自学；专心听讲，乐于思考；规范作业，强化训练；及时小结，温故知新等等，让学生的学习进入一个有序的状态，减少学习的随意性，学习态度从被动的学转为主动地学，养成自主学习的习惯，培养独立学习的能力。

数学被称为自然科学的皇后。从古至今，中国又有那么多为数学研究作出巨大贡献的科学家。我想，每一名中国的孩子，都有学好数学的良好愿望，但是在小学进入初中的这个过程中会存在很多问题，也会有这样或那样的不适应。如何让学生能过好这一关，是我们每一个教师的课题。如果我们采用了不适合的方法，学生的积极性会丧失，成绩会一落千丈，所以中小学的教学衔接在这里就显得尤为重要，值得我们探索与深思。

（陈怡）

案例 4 - 2　对小学、初中语文作文教学衔接的思考

中小学教育中,语文学科是重要的基础学科之一,"语文学习的外延与生活的外延相等",这已是广大语文教师十分熟悉的判断。在语文教学中,小学、初中又可谓基础中的入门,彼此之间的教学既有其延续性,又有其跳跃性。小学教学贴近学生生动活泼的生活,而初中教学则注重引导学生走向绚丽多彩的社会。要解决其中的衔接问题,转变各自为政的教育观念是非常必要的。要尽量减少小学与初中教学的脱节,使学生在熟悉的环境中轻松地度过从小学到初中的断乳期。小学、初中的语文教育教学本来就是一脉相传的。如衔接得好,可减轻学生繁重的课业负担;可极好地对学生的心理负担进行疏导;可以让学生快乐地无负担地学习语文。作文是中小学语文教学中必不可少的重要环节,以中小学写作教育为例,如何才能以点带面,抓好中小学的语文教学衔接呢?

钱群理先生曾在《关于中小学写作教育的断想》中提出了深刻地看法:儿童、青少年,具有天生的写作(交流,对话)欲望,但这是一种潜在的欲望,需要经过教师的诱导与激发,才能变成自觉意识到的欲望,并转化为主动的写作行为。

他在文中讲到:儿童趣味写作,少年率性写作,公民自由写作。学生从"童年—少年—青年"以及相应的"初小—高小—初中—高中"的写作与人类从"原始—现代"的写作的发展程序是有着相同或相似之处的。人类的原初表达有三个特点:一是口头的,二是群体性的,三是将音乐、绘画、舞蹈与文学(诗歌,戏剧)混融为一休,是游戏性的。随着人类文明的发展,才逐渐产生书面的表达,个体性的表达,以及文学(从诗歌、戏剧开始,发展为各种文类)的独立表达,这是一个逐渐分离(书面从口头中分离,个体从群体中分离,文学从音乐、舞蹈、绘画中分离,意义从游戏中分离),而又保留千丝万缕的联系的过程。中小学写作教育正是应该循着这样的发展程序来安排,以形成一个科学的体系。

钱先生认为,在小学阶段,特别是初小阶段的写作教育必须强调三个原则:一是写作先于阅读,口头写作先于书面写作,即先说再写,在说的基础上写。二是群体性,要把教学群体放在特别重要的地位,让写作教育在学生之间的七嘴八舌中进行,在集体的活动中进行。三是将写作教育与艺术教育结合,恢复类似原始人的音乐、舞蹈、绘画、诗歌的混融状态,即引导学生边唱,边画,边跳,边说,边写,在游戏中学习写作。在整个教学活动中,要突出趣味性,以及对学生视觉、听觉、味觉、触觉、感觉力的开发,想象力的开发。要鼓励学生荒诞的、怪异的、虚幻的、非现实的想象,即所谓"小孩之诳语",发展儿童思维与原始思维。

而初中阶段无论是学生生长发育、精神发展,还是学生的写作能力的提高,都是一个关键时期。初中阶段的写作,应该是以书面的学生个体的独立写作为主的写作。当然,这不是意味着要放弃口语表达的训练,以及完全忽视学生群体的作用,这两个方面是要贯穿整个学校写作教育的全过程的。但与小学教育相比,这样地向书面表达与个体表达的倾斜是必要的。这里最关键的是要唤起学生自觉的自我表达意识,具体地说,应包括三个方面的要求。

首先是真实、真诚、自然地表达自己。要逐步引导学生树立两个基本的写作观念,即"是自己要写,而不是他人要自己写","是为自己写,而不是为他人写"。其次,还要强调"正确,准确地表达自己"。写作的第三个方面的要求,即"有创意地表达自己"。通俗的说,就是不但要真实、真诚、自然地表达自己,还要表达得好,表达得有力量,有创造性。这就需要引导学生学习与运用"叙述,描写,抒情,议论,说明"这样一些基本的表现手段,以及必要的写作技巧,不断提高自己的语言文字的表现力。初中阶段要特别重视学生语言的积累、感悟和运用,注意阅读教育与写作教育的结合,这都是打基础的工作。

钱先生的看法对中小学教师进行作文教育有很大的启发,抓好学生的作文教学是搞好中小学语文教学衔接的关键。因为"作文的训练,从本质上说,就是对人的训练"。九年义务教育阶段的语文教育是语文普及教育,因而初中小学语文教育教学,应以促进学生的发展为中心,全面提高学生的语文素养。初中小学的语文教学有着内在的联系,教学内容有着连贯性,学习过程有着连续性,学习习惯有着一致性,因而中小学校加强交流,彼此沟通,互相学习,取长补短,一定能够提高教育教学的实效。

2. "瞻前":初、高联动知其循序渐进的教学原理

为了不以中考为终极目标,也为了让我们的老师了解一些必要的高中学科课程教学内容和高中教学方式,一方面可以提升教师整体课程观,另一方面也可以不让学生的知识和学习能力断档。带着这样的初衷,我们与高中也牵手联动。

上下垂直流动。2013 学年开始,我们和高中协商,实现了两校骨干教师柔性流动机制。高三年级组长,语文骨干教师李老师到我校任教,我校语文教研组长王老师到高中担任高一语文教学。上下垂直流动给我校骨干教师提供了高中教学经历,以此来丰富教师的知识储备。两位骨干教师的对换,不仅仅是两个个体的交流,更重要的是带动了两校教研组的对接。语文教研组为此开展了校际研修活动。两校开展了写作教学《怎样写好作文中的对话》专题研修,语文名师郑老师在我校示范教学《陋室铭》,我们也请来高中语文组一起观摩研讨。此后,这样的学科研讨活动逐渐频繁起来。

知识前后贯通。这是一次我们与卢湾高中化学组的课例研修活动。

我们的 1 位化学老师与卢高的 2 位化学老师，分别带来了初三、高一、高二三节不同年级的化学课。看起来关联不大的三个年级化学课，但本质上确是一脉相承的三节课。三节化学课找到了契合点——同一知识点"氧化还原反应"。那么三节课教学目标的衔接点又是什么呢？初三教学是学生第一次碰到"氧化还原反应"，仅仅是从"得氧"、"失氧"角度作初步认识，但是这样的认识到了高中是片面的，如果仅仅运用这样的认识去学习，学生会碰到很多障碍。这就要求初三的这节课既要落实初三的教学要求，同时又要为高中的学习打下伏笔，留有余地。所以初三老师要教得有"分寸"，高中老师也要知道初三内容，不要造成内容脱节，知识断层。而高中的两位老师，一位是站在高一基础上，对氧化还原理论体系作了全面地分析，另外一节高二的课则是侧重强调了氧化还原规律的运用。三节化学课，对于同一知识点有着不同的要求，在三个年级有着不断发展的观念。从一个点，展开初高中研讨活动，既能让初高中的老师们都能全面了解学生在不同学段中的方法和能力主线，更能让老师们有个整体课程观，站在整体课程的立场上去看所教的每节课。

课堂教学立体联动，逐渐打通了初中、小学与卢高之间的教学壁垒。作为处于中间段的初中校，或许我们是联动中的最大受益者。曾经的困惑和瓶颈，正在逐一消失。开放互动的研修活动，促进了教师个体与教研组、年级组的自主发展。

将六年级的"起点"逐渐提前至小学五年级，不将学生的培养终点停留在"中考"，而是期待它在高中甚至大学有更为持久的后续发展能力；把初中教师专业发展的"终点"往后挪，不仅仅是完成中考任务，更重要的是建立学科教学的整体课程观、积聚教师专业发展的内部造血功能。这样的"顾后"与"瞻前"，我们并未画上句号，也任重而道远。

二、 熟知学生特质：十六个知晓、制定学习基本要求

1. 熟知学生特质：十六个知晓

"学习指导贴心度"讲究的是贴心，如何才能贴心？这就需要教师对学生有足够的了解，并且这种了解越深入，才能够做到越贴心。为此，卢湾中学制定了《学情调研十六个知晓规范》，它是学校对学生学情进行调查分析的框架和规范要求，具体内容如下。

知晓学生的姓名含义：之所以要知晓学生的姓名含义，关键是从这名字里能看得出这个学生的家庭对这个学生的期望值。透过名字，从某一个方面去了解学生的家庭，从而能更好地与家长沟通。知道学生姓名的含义，可以进一步拉近教师与学生之间的距离。

知晓学生的生活习惯：所谓生活习惯，是指一个学生生存和发展过程中进行各种活动，长期逐渐养成的、一时不容易改变的行为、倾向。知晓学生的生活习惯，就可以针对他的不足给出有针对性的意见，实施教育行为时就能做到有的放矢。了解学生的生活习惯，也可以避免许多不必要的师生间的冲突，使沟通更顺利。

知晓学生的性格特点：每个学生都有各自不同的经历和家庭环境，这些会使他们形成各不相同的比较固定的特性。现实生活中，我们对学生的个性特征把握往往比较模糊，也很少真正地了解一个学生的个性，这一点，我们可以从教师的对话中得知：这个学生的个性太强了，不好管。其实个性不同是有其显性特征的。我们了解学生的个性，分析显性特征，就可以对学生的个性进行引导。

知晓学生的行为方式：行为方式，指受思想支配而表现在外的说话做事所采取的方法和形式。同一问题提出后，我们会发现不同的学生会有不同的行为表现，而这些行为都会受到思维的支配，这种思维有时是显性的有意为之，有时是一种潜意识的直接反映。了解学生的行为方式，就会

避免一些误解，从而使师生相处与交流更为融洽。比如说：有些学生表达亲近的方式是把手搭在你的背上，而有些学生的方式是挽着你的胳膊走一段路，还有的学生的表达方式则是跟你聊天……

知晓学生的思维方法：思维是人类特有的一种精神活动，学生的思维在其生活、学习过程中，逐渐形成解决说话、行动等问题的门路、程序。比如说考试成绩不理想，学生的思维方法就会呈现出不同：有些是采取改变分数来骗家长，有些是打算把真相告诉家长，并准备接受惩罚等不一而足。知晓学生的思维方法，可以让我们更好地把握学生的行为动向，尽可能地避免不必要的损失和冲突。

知晓学生的兴趣爱好：兴趣爱好是对某种事物具有浓厚的喜好的情绪，了解学生的爱好兴趣，可以拉近师生之间的感情，并对学生正确的爱好给予鼓励，对学生不正确的爱好进行引导。而且"金无足赤，人无完人"，再好的学生难免也有不足之处，再差的学生身上也有自己的优点，可以在学生的兴趣爱好中捕捉学生的闪光点和特长进行因势利导，使他们产生积极的情感，从而以点带面促使学生全面进步。

知晓学生的困难疑惑：中学时期是人生成长的重要阶段，是心理健康发展的关键时期。然而，面对现代社会竞争的加剧，教学的局限，家庭教育的弱化，许多中学生在学习上，生活上，以及在与同学，老师，朋友交往中，都可能存在着很多自己无法解决，却又不想告诉别人的烦恼，影响其健康发展。因此，在学生困难疑惑处给予他正确的指导和帮助，那才是真正的教育。

知晓学生的情感渴盼：情感是指对外界刺激肯定或否定的心理反应，如喜欢、厌恶等，学生在接受外界刺激的时候，其情感很多时候是受感性支配的，教师在这一过程中，了解学生的情感渴盼，就可对其情感进行正确的引导，比如说，学生在进入青春期之后，厌恶大人包括家长和教师打听他们的一切事情,这是一种不正确的情感渴盼。诚然,学生在成长过程中应该有自己的隐私,但由于经验不足,往往会走许多弯路吃许多亏,而大人把握了学生的情感渴盼则可以在这一过程中给予恰当的引导,让他意识到这种情感渴盼可能产生的后果,久而久之则会达到一种心理的认同。

知晓学生的心路历程:相对于知识而言,智慧不具有可教性,人生智慧不是教出来的,而是学生在他们过去的人生经历中悟出来的。其实每个学生都有自己的人生感悟,并在这些感悟的支配下生活,只不过这其中的许多是迷误。如"自私才能自利"、"成功在于运气"等,这些感悟使学生的主观愿望与行为的实际效果大相径庭。现在的教师对知识教学的方法比较熟悉,而对人生辅导的方法就相对陌生。过去没有学过,也没有认真琢磨过。没有相应方法的支撑,班主任人生导师的角色必定只会徒有虚名。人生智慧不具有可教性,但人生智慧的生长需要教育者的因势利导。因势利导,首先要弄清楚学生"误"在哪里,为什么会有这样的"误"。"误"源自于学生过去的消极经历和体验,教师在了解学生的心路历程后,帮助他优化行为方式,获得积极体验,就能产生正确的"悟"。

知晓学生的知音伙伴:初中学生与同伴的交往对其自身的个性发展有重要意义,通过交往,他们对待自己,对待他人的观念在发生变化。教师要了解学生的伙伴群体,这样可以指导学生相互间的交往,引导学生通过交往形成热爱和关心他人、助人为乐、团结互助等良好的品质,防范他们在交往中形成不良的小团体,既要尊重学生的独立性,又要及时给予正确引导,不能任其自由发展。

知晓学生的成长规律:育人是复杂的,但尊重学生的成长规律和个性需求,采用适合的方式和有效的策略,把握最佳教育期和最佳发展期,就能实现每个学生的健康发展。初中阶段是一个人从儿童时期向青春期过渡的重要时期,这一时期的初中学生从认知能力、情感、意志、人生观、世界观、道德品质方面都有了和儿童时期不同的变化,生活、学习中会产生较多的心理矛盾。他们心理尚未发育成熟,感情丰富又极不稳定。这一阶段的思维处在从具体形象思维向抽象逻辑思维发展的过渡时期。在整个初中阶段,初中生的抽象逻辑思维相对占优势,可以逐渐地离开具体事物,根据抽象的命题进行逻辑推理和论证。因此,我们必须掌握这一年龄阶段的初中学生的成长规律,才做到"有的放矢",选择最有效的教育教学方法。

知晓学生的家庭情况:家庭是学生最重要的影响者,每一个学生身上都会深深地印着家庭的烙印。了解学生的家庭就会找到许多学生思维、行为产生的原因。了解学生的家庭情况会进一步拉近家长、学生、教师之间的距离,让教师做出正确的反应去构架一座沟通的桥梁。

知晓学生的上学路径:每个孩子上学的路径不一样,回家的时间也不一样,在路上可能遇到的诱惑、危险也不一样。老师了解了孩子上学的路径,就能够理解孩子偶尔的迟到,能够与家长携手引导孩子远离不良的诱惑,引导孩子远离危险,安然回家。

知晓学生的社区环境:社区是青少年除学校之外接触最多的社会场所,他们的知识更新、娱乐休闲、社交学习、健康锻炼等活动很大一部分是在社区中完成的。我们提出"知晓学生的社区环境",是为了理解孩子种种行为和思考方式的背景,更加了解"人之初,性本善。性相近,习相远"的教育规则,从而给予孩子更加容易接受的帮助。

知晓学生家长的思想:这里所说的"思想",指的是"教育思想"和"教育理念"。了解学生家长的教育思想有利于学校全面了解孩子的成长背景,有利于老师们切实做到因材施教。因材施教是学校教育的一条基本原则,其所因之"材"除了孩子身体、智力、性格、气质等显性因素之外,还应该包括孩子的家庭环境及家长的教育思想。老师教学生一时,要考虑学生一生。工作中如果发现家长家庭教育观念和思想不正确,要及时沟通,及早去转变。这样做不仅是对孩子健康成长负责,也是提高学校工作效率的有效途径。

知晓学生家长的愿望:这里所说的"愿望"是指家长对孩子的"期望"。孩子是祖国的未来,父母的希望。在家庭中,家长无一例外地对自己的孩子将来有所考虑和期望。期望孩子成绩出众,将来上大学、有成就的有之;期望孩子有经营头脑,将来可以挣大钱的有之;期望孩子体格健壮,将来可以破纪录、拿世界冠军的有之;期望孩子只要快乐、平安地度过一生的也有之……很多情况下,父母的殷殷期望化作了孩子向上奋进的动力。然而,万事总有个度,并不是说父母对子女的期望水平越高,则子女对自己的成就愿望就越强烈,其学业成绩、品德水平就越高,其他方面的发展也越好的。期望值必须在适合自己子女的合理的范围内,而且还必须根据孩子的潜在水平和现有水平不断变化。教师了解了家长的愿望之后就可以通过互相的沟通交流去帮助家长调整对孩子的期望,帮助孩子更好地成长。

2. 熟知学生特质:制定学习基本要求

为了形成卢湾中学特色的科学学习方法,各学科以教研组为单位,利用组内教研活动的契机,组织开展讨论,依据学科特点和要求,围绕预习、上课、作业、复习四个学习环节,制定了《卢湾中学学生学习习惯与学习方法的基本要求》。基本要求为学生掌握学习方法、养成规范的学习习惯、形成科学的学习方法夯实了基础。与此同时,也形成了学校的规范管理,为教师全面、有效的学习指导活动埋下了伏笔。

案例 4－3　起始年级语文、数学、英语学科学习要求

卢湾中学语文学科的起始年级学习基本要求

注重学生学习习惯的养成。

1. 对暑期故事背诵情况进行反馈测试

2. 备课组统一上课要求，作业要求，以及预习要求。

3. 针对初小衔接阶段，学生没有文言文基础，统一利用早读时间做好文言文练习。

4. 根据以往教学经验，认真踏实练好钢笔字。期中考试后预备展示。

5. 结合当前热点，组织学生观看《汉字听写大会》，帮助学生积累词语。期中考试后预备开展听写比赛。

6. 能借助词典阅读，理解词语在语言环境中的恰当意义，辨别词语的感情色彩。

7. 循序渐进，鼓励学生作文至少写满 500 字，加强片段练习。

8. 用图书馆、网络等信息渠道尝试进行探究性阅读。扩展自己的阅读面，课外阅读总量不少于 100 万字。

卢湾中学数学学科的起始年级学习基本要求

1. 查缺补漏，搭好阶梯

六年级与小学数学有很多衔接知识点，如有理数、一元一次方程、分式、角、三角形、平行四边形等，到了中学，它们有的知识加深了，有的知识研究的范围扩大了。由于曾经学过，学生比较熟悉，因此，在传授新知识时，必须注意抓住新、旧知识的联系，指导学生逐步的用已有的知识和新知识进行类比、对照，并区别新旧知识的异同，从而揭示新知识的本质。如学习有理数乘法法则时，与小学数学的乘法法则对照，不同点仅在于需要确定积的符号，所以讲

解的重点就应放在符号法则上。这样,把学生熟悉的知识作为准备题,为新知识作铺垫,教师只需要引导学生揭示新的矛盾,让学生利用所学知识来解决面临的新问题。学生学起来也轻松主动,可以起到事半功倍的作用。

再从概念教学看,小学对概念的掌握要求并不高,仅侧重于计算,而中学数学对数学概念的要求则强化了。六年级教材一开始就出现了整数、整除、素数、合数等概念,如果学生对这些概念仅采用机械记忆的方法是远远行不通的。中学的数学课堂对概念要努力通过变式与比较、肯定例证与否定例证等方式,让学生弄清概念的含义、实质,并通过所掌握的概念解决实际问题。

2. 从具体到抽象,特殊到一般,因材施教,改进教法

(1) 循序渐进。学生进入中学后,需逐步发展抽象思维能力. 但六年级新生在小学听惯了详尽、细致、形象的讲解,如果刚一进入中学就遇到急转弯往往很不适应。因此,教学过程中,不能一下子讲得过多、过快、过于抽象、过于概括,而仍要尽量地采用一些实物教具,让学生看得清楚,听得明白,逐步向图形的直观、语言的直观和文字的直观过渡,最后向抽象思维过渡。

(2) 前后对比。在六年级数学的教学过程中,恰当地运用对比,能使学生加快理解和掌握新知识。例如,在学习一元一次不等式和一元一次不等式组时,由于六年级的不等式知识体系的安排大体与方程知识体系的安排相同,因此,在教学中,可把不等式与方程的意义、性质,不等式的解集与方程的解以及解一元一次不等式与解一元一次方程等对比着进行讲授。既说明它们的相同点,更要指出它们的不同点,揭示各自的特殊性。这样,有助于学生尽快掌握不等式的有关知识,同时避免与方程的有关知识混淆。

3. 继续保持学生良好的学习方法和习惯。刚从小学升入六年级的学生,小学里的许多良好的学习方法和学习习惯应该继续保持,如:上课坐姿端正、答题踊跃、声音响亮、积极举手发言、认真计算、积极完成作业等学习习惯不但要继续保留,而且还要发扬下去。

179

4. 加强中学生的学习数学方法的培养和良好学习习惯的养成。六年级学生在小学的学习习惯和学习方法的基础上,认为学数学就是做作业,多做练习,讨论时就是对答案,课本成了习题集,而且五年级毕业班后半学期的学习大多数是依赖教师的强化。因此,在教学过程中,须逐步培养学生独立思考、自主学习、合作探究、小组讨论等综合能力,指导学生课前预习、课后复习、小组交流和小结的学习方法,培养学生互相帮助、互相讲解的习惯,适当选读课外与数学有关的读物,培养学生学习数学的兴趣,拓展学生解题的思路,开阔视野为以后的数学学习打下良好的基础。

最后,因为小学阶段学科少、内容浅,而到了六年级,学习科目倍增,内容不断加深。故此,在六年级的数学教学中必须做好中小学数学教学的衔接,引导学生顺利地从小学数学的学习过渡到中学数学的学习中,为学生数学知识和能力的延续打下良好的基础,同时使学生的数学成绩得以提高。

卢湾中学英语学科的起始年级学习基本要求

培养目标	培养内容	具　体　措　施
学习习惯	预习习惯	1. 课前读、记生词:将生词拼读后尽量记忆读音、拼写,汉语意思及词性。
		2. 预习课文:快读课文后,自己找出课文中的语言点及重点句型。
	复习习惯	1. 课后复习:归纳、总结当天所学内容及重点知识。
		2. 阶段复习:将每个单元的单词、所学知识及重点进行疏理、归纳、总结、记忆。
	朗读习惯	1. 朗读单词课文时,把书拿起,人身体坐直,大声地朗读。
		2. 每天在家大声朗读15—30分钟。
	作业习惯	1. 按时完成作业,书写规范、不潦草。
		2. 及时改正作业中的错误,找出错误原因。
	记忆习惯	1. 所学单词及短语经常反复读写、记忆。
		2. 课文、对话及语法句型理解记忆。

培养目标	培养内容	具 体 措 施
学习方法	听课方法	认真听讲,重点用法应及时记笔记,未听懂的内容及时问老师。
	小组操练法	根据老师要求及示范,在小组内人人参与操练,及时进行语言实践。
	情景学习法	根据教学情景进行任务型活动或交际操练,或对话表演。
	归纳记忆法	1. 将所学单词归类记忆。
		2. 将所学语法归纳、总结、记忆。
学习能力	听说能力	1. 课堂上,老师尽量用英语组织教学。
		2. 指导学生多听英语听力录音。
		3. 根据课文情景,指导学生加强情景操练,多说英语。
	读写能力	1. 短文教学,指导学生多朗读课文,培养阅读技艺。如:快速阅读,带着问题阅读等。
		2. 加强课文阅读指导,培养英语阅读能力和自学能力。
		3. 课外阅读每周应达到2~3篇短文。
		4. 加强写作训练,指导学生掌握写作技巧。
		5. 写作训练每周1篇,题材根据课文内容,适当地加以拓展。

三、渗透式学习指导:实施学案导学

学案导学是一种渗透式学习指导模式,它同一般所谓课程式或专题式学习指导不同。它不是以专门的"学习指导课"或"学习指导讲座"等形式指导学习,而是在各科课堂教学过程中"渗透性"地进行学习指导,因此它是更广泛更深入的学习指导模式。

一般而言,学案是学生在教师的精心指导下进行自主学习、自主探究、自主创新的学习过程的设计方案。它主要包括学习目标、学习重点与难点、自学疑难信息反馈、学习探索过程的学习指导、学能尝试测试、自我

矫正反馈等环节,由师生共同完善。学案则体现着对学生的学习思路的指导。导学是指在教师及学案的指导下,学生自主学习,自主构建知识结构的过程。通常学案又称导学案即为此意。

学案是在教师广泛调研学生的学习状况,研究学生建构自主学习诸种因素及可能性的前提下,集思广益,精心编写的指导学生自主学习的教学辅助材料。学案导学是引导先学—课堂交流研讨—课内训练巩固—课后拓展延伸—课后反思。学案导学教学模式简单地说就是运用学案,由教师指导下的学生先学,教师再教,然后师生共同完成教学任务几个环节所构成的一种教学模式。它也是一种能引发学生自主学习以促使学生进行主动的知识建构的教学模式。其主要优势在于,有利于激发了学生学习的主动性,有利于促进民主、平等、和谐的师生关系,有利于挖掘每个学生的潜能,有利于提高课堂教学的实效性等。

卢湾中学的六度教学之学习指导维度,构建了学案导学模块,旨在让学案导学成为提升课堂教学有效性的操作载体,成为师生互动的连接点,也让学习指导更"贴心",同学科目标和内容更紧密更深度地衔接和融合。"学案导学"根据新课程标准在充分了解学生实际(如知识基础、能力水平、学法特点和心理特征等)的基础上,以学案为载体,以导学为方法,以学生的自主学习为主体,即为"先学",以教师的指导为主导即为"后导"。"学案导学"注重学法指导,突出学生自学,培养学生的学习能力,有效地发展学生个体素质结构,提高课堂教学效益,是师生共同合作完成教学任务的一种教学模式和教学体系。(详细内容见本书第三章第三节,教师实践案例:数学教研组的学习指导探索之路)

第三节　教师实践案例：
数学教研组的学习指导探索之路

话题一：探索"学习"如何发生？

在课堂教学增值度的提升过程中，我们发现需要承载一定的教学理念和教学信息的操作载体，来促使教与学的有效作用。这种操作载体可以负载特定的教学理念，传递教学信息，连接教与学两个主体，促使主体之间发生有效互动。

基于这样的需求，学校引导教研组走上了一条"导学稿"编写之路，让"学案导学"成为提升课堂教学有效性的操作载体，成为师生互动的连接点。在学案导学的过程中，学生为"信源"，教师为"信宿"，导学稿为"信道"。师生之间以"导学稿"为媒介，学生基于自身的经验主动建构并赋予经验意义的过程，就是"学习"发生的过程。

（鲁波乐：学习单——帮助学生理清知识脉络，引导学生探索新知）

对于六年级的教材，我是个完完全全的新手，初入教师行业，如何备好课成了我教学工作中一件非常重要的事情。

每个班级总有一些上课时注意力不够集中的学生，他们听课积极性不高，特别是在教师叙述概念的时候，经常仅仅是看着教师板书听过便罢，基本参与不到对新知识的探索当中。对于习题的掌握仅限于上课时在老师带领下尚能完成，回家做作业再遇到时就一筹莫展了。这样的学生，一度让我的备课陷入了瓶颈，如何有效地帮助这些学生更好地融入课堂，梳理知识结构呢？

对于学习单的使用，我一开始仅仅把它当作一张随堂练习，当作学生熟悉教材习题的一个工具而已，并未想到会有什么"奇妙效用"。我把我在课堂上的困惑告诉了朱峥和陈静两位带教老师，她们笑着告诉我"要好好利用学习单"。在她们的指导下，在区教研员的几次评课并且反思后，我才渐渐意识到学习单对我这个数学教育的"菜鸟"来说是一份宝贵的财富。

对于学习单的运用，我会自己先完整细致地将学习单学习一遍，这大大加快了我进入教学角色的速度，使教材对于我而言使用起来更得心应手。而学习单上，从引入到尝试新知识到巩固复习的详细安排，对学生来说更是一个宝贵的学习过程，知识脉络理清了，探索新知的欲望与能力又被激发。在学习单的帮助下，很多上课时非常被动的学生能够在老师的带领下动一动笔，或多或少地融入到教师上课的节奏当中，而非仅仅做出划一下书上重点这样一个简单步骤。可以说，每个学生都是受益的，而这部分注意力不集中的学生则是学习单的最大获益者。学生们通过完成学习单上的一个个填空，一段段文字阅读，往往自己就能顺利地完成对新知识的学习，再配上教师的详细讲解和引导，很多学生因此增加了学习数学的自信心，提高对数学学习的兴趣。

我注意到，当我更好地利用学习单后，班级里那几个让我操心的孩子交上来的作业变了许多，我能从他们的字里行间看到他们对这一数学概念的理解和思考，从他们的解题过程中看到他们对于数学知识的探索，这真的使我欢呼雀跃。而这都要归功于学习单。

我在学习单中看到了几位带教老师十多年教学经验下对教材知识的理解和再整理；看到了前辈教师对于本章节知识之于整个初中学习过程中前后呼应的安排；看到了教参中看不见的一些必须讲明的难点和侧重点；最重要的是，看到了如何去循序渐进地带领学生自己探究书本中的各个新知识点。可以说，这是一种智慧的转移和激发，是用经验丰富的教师的智慧去启发学生探索学习的过程。

（陈静：关键在于教师的指导与学生的学习相结合）

我最早接触到导学稿或者说学习单完全是受到杨安澜老师的影响。2009 年开始，校领导给我们请了带教老师杨安澜。杨老师鼓励我们在教学中使用导学稿，不仅让我们去听使用导学稿的教学示范课，还带领我们去参加了第一届全国导学稿工作会议。

刚开始，我们只是在公开课中使用，当时我自己执教初三，在后期的某些课中我们也选择使用学习单，觉得学习单对提高教学的有效性还是比较明显的。去年刚好开始教六年级，我和朱峥老师就商量着每节课都使用学习单。至今，已经坚持一年了。

我们对学习单的使用经历了一个从排斥到赞叹的过程，并不是一开始就觉得很好的。最初使用学习单完全是受到杨老师的督促，我们自身对学习单的理解是不全的。记得刚开始编写学习单，觉得这个东西教案不是，补充练习也不是，而且一个直接的想法就是自己已经做了 PPT，学生看着不是挺方便吗，何必多此一举呢。由于学习单是从学生角度来设计的，自己编写起来非常不习惯，花很多时间，这样平白无故地增加了好多工作量，心里面是有点抱怨的。而且在教学中我还发现，虽然自己很用心地编写了一份学习单，但是当真的在课上使用的时候，觉得并不好用，使上课过程像按稿子照本宣科一样。

这个时候，杨老师和组内的其他老师给了我们帮助。他们提出了很多的建议，帮助我们认识到出现问题的原因不在于学习单这种形式，而是我们在制作学习单的时候没能够抓住核心问题，从而造成了教学效果不好。我们原来编写的学习单很像是习题卷，或者是把一部分教案放在学习单中，这样没能发挥好"导"的作用。认识到这个问题以后，我们开始调整学习单的编写思路，以学生视角来思考问题和设计学习单，边实践边摸索，让学习单对于教学的辅导作用逐步得到发挥。

在使用学习单的过程中，我最大的体会就是觉得学习单着重于"导"，教师要注意发挥学习单对于调动学习兴趣、鼓励学生思维的作用。我在设计学习单时慢慢摸索到了几个需要注意的地方。学习单的立足点是学生，也就是体现出"以学生为中心"的教学理念，因此单纯地把教案或练习卷搬到学习单中是不可取的。此外，"导"是为了更好地实现课堂中的互动。学习单的使用目的是为了更好地促进学生进行探究性学生和自主学习，打破传统的"满堂灌"、"填鸭式"的教学模式。"导"是引导，也就是学生在老师的引导下自主学习，这使得一堂课40分钟里，有老师讲授的时间，有学生口头表达的时间，更有学生练笔的时间，使每一节课的学习目的更明确，使每一节课都达到了一定的效果。在课后，学生还可以在学习单拓展练习这一环节的指导之中，做一点练习，巩固和提高所学到的知识。

我目前编制的学习单由课题、学习目标、学习的重点和难点、学习过程四部分构成，其中学习过程又分为五个部分：复习旧知，做好铺垫；创设情景，导入新知；合作交流，探究新知；应用检测，巩固新知；总结反思，拓展新知。

学习目标、学习重点和难点可以让学生清晰地了解这节课要掌握的内容，明确每节课的目标。大家会看到学习单中有很多空需要学生去填，这是因为我们觉得学生不能被动地听课，要让他们随时能够拿起笔记录所学的内容，尽可能地避免开小差。例题的讲解也不仅仅是老师板书或个别同学讲解，而是每个同学都参与其中，在学习单的提示下尝试自己独立解决。我们除了课本的练习，还增加了一部分课外的练习，因为练习册和教科书有些脱节。这些练习可以帮助学生更好地掌握所学知识，回家可以顺利完成作业。拓展练习是课堂知识的延伸，有一定难度，供学有余力的同学使用。以前学生回家复习也就是把教科书翻翻，现在，每节课都有这样一张学习单，可以为他们的复习指明方向。如果全部收集好，留到考试复习时用也是不错的选择。

如今每一节课都使用学习单，学生也已经习惯了这种教学互动的学习模式,逐渐实现了老师"导"与学生"学"相结合,体现了学习单在课堂教学中的价值。

（张瑾:以导促学　让数学课堂更有效）

数学学科的特点是,新知识的接受、数学能力的培养主要在"课堂"上进行,所以重视课内的学习效率,就更显重要了。

作为学生,想要学好数学,上课时就必须紧跟老师的思路,积极展开思维预测下面的步骤,比较自己的解题思路与老师所讲有哪些不同。特别要抓住基础知识和基本技能的学习,课后要及时复习不留疑点。在做各种习题之前,应将老师所讲的知识点回忆一遍,正确掌握各类公式的推理过程。在每个阶段的学习中都要进行整理和归纳总结,把知识的点、线、面结合起来交织成知识网络,纳入自己的知识体系。然而,我们的学生对上述这些要求的完成情况往往比较糟糕,这也正是他们在数学学习中产生困难的原因之一。

因此,作为老师,我们除了编制好上课的教案以外,是不是也应该站在学生的角度,从学生的实际需要出发,对我们的课堂教学进行一定的改革,在课堂上充分地发挥学生的主观能动性,真正把课堂还给学生呢?

关键时刻,学校为数学教研组聘请了特级教师杨安澜校长。杨老师深入课堂进行具体的带教指导,力促教师的"导"和学生的"学"和谐有机地结合。他向我们提出了以"学习单"为载体的新教学模式,这恰好为我们教师在课堂教学过程中,帮助学生解决在"学"中所遇的困难提供了有效的手段。

在杨老师的引领下,我们从起始年级开始试点,引入以"学习单"为载体的教与学的新模式。教师要"预习指导—加强备课—课堂教学—教后反思—辅导校正",这是教师的教案。而学生要"预习新课—认真参与教学活动—复习后完成作业",这就是学生的学案。"学习单"就是将教案和学案合二为一,教师的"教案"同时也是学生的"学案",这样就避免了教与学的分离。由此可见，"学习单"是一种理念，这种理念与新课程理念不谋而合。

引入了"学习单"这一新模式后，虽然教师是辛苦了，每天都要备、印好学习单，但对于提高学生的学习效率来说却是相当有效的。学生在课前预习要学内容，查找、整理相关的知识，都可以通过"学习单"自主解决基础性问题。在自学时发现的疑难困惑，可以在课堂上通过教师的引导，学生间的讨论、互动、合作来解决，由此节省下来的时间便可用作当堂训练巩固和及时达标反馈。

"学习单"在设计上充分体现了"导"的思想，注重知识的内涵和外延，从新知的发现和产生再到新知的总结和巩固，每一份"学习单"都是一个完整的探究过程。只要我们大胆放手，让学生有充足的时间自己去探索，那必将有利于培养学生自主探究的精神，也易于激发学生的内因，充分挖掘学生的潜力，真正掌握新知，最终将知识转化为自己的能力。此外，在放手把时间留给学生的同时，还应考虑到学生的自主学习能力以及基本知识体系还处在一个逐步形成的阶段，在一些关键问题的把握上以及新知的拓展上还是有所欠缺的。这时就需要教师适时、合理地点拨和引导，只有这样才能真正有利于学生顺利地探究知识，并能更好地掌握新知。这就是"学习单"使用的基本原则中最重要的一个原则——"导学性原则"。

数学课堂是一个教学互动、师生共同发展成长的地方。在新形势下加强数学课堂教学的有效性研究，必将成为每一位教师共同面临的课题。因此，我相信我们每位数学教师都会带着满腔的热情投入到新的教学模式的探索和实践中去，在统一的课程标准下，结合本校学生的特点，设计出符合我们学生发展的校本化课程，全面提高学生自主学习和自主探究能力，培养学生创新精神，从而更好地促进学生学业效能的提升。

话题二：教师是如何贴心指导的？

当我们已经建立了承载教学理念和教学信息的操作载体——学习单，延伸问题随之而来:如何给一张张没有温度的学习单注入温暖的指导?

为此,学校老师们不断地摸索和琢磨,力求把自己置于"学生"的位置去思考拟定学案导学的内容,根据学生的实际情况去调整学案导学的使用方法,进一步让学案导学成为提升课堂教学有效性的载体。

教师以"导学稿"为媒介,帮助学生开展适宜于自身的复习、预习、演练、探索活动,最终使学生愿学、乐学、主动学,会学、善学,独立学。这就是"贴心指导"的所在。

(朱峥:贴心,就是让每一份学习单都成为量身订造)

初中四个年级,每个年级1套学习单,应该有4套。但是在我的电脑里,同一个年级的学习单文件夹,自2009年我校数学组启用学习单开始,累积到现在大概有两到三个。也就是说,初中四个年级,我总共有10套学习单。

为什么会这样?因为我每教一届学生,都在为学生们"量身打造"适合他们的,独一无二的学习单。

第一份学习单,是我们数学组老师在杨安澜老师的指导与启发下,共同创造并共享的,它的出现有效提升了课堂效益,让学生更专注于课堂,更扎实地逐步掌握知识,更有的放矢的深入探究。我深知学习单的益处,所以当我教完一届学生,再一次任教六年级时,我自然而然地拿出了这珍贵的六年级学习单。

问题也就这样出现了,学习单变得"不那么好用"了。

究其原因,是因为使用学习单的人变了,也就是学生是有差异性的。老师们都会有这样的感受:四年轮一圈,前后两批学生之间差别很大。从入学时的基础到理解能力,从掌握新知识的接受度到思维的活跃度,甚至是课堂的参与度都大相径庭。学习单虽然内容是针对该年级学生的,但是每节课的进度、学习单条目的设计却不一定符合。

189

比如说学习单的进度问题,这个简单易懂。如果在一节课中有个知识点没有讲完,那么在下一节课中就需要继续讲解,学习单的内容自然也要做相应的调整。

再比如说学习单条目的设计,这个解释起来相对复杂一些。一张学习单通常由以下几个方面构成:知识点引入、概念展开、概念辨析、练习。如果是同一章节的内容,在最前面还会有一个知识点复习部分,方便这节课知识点学习更顺利地展开。假设这是函数单元,我在之前的教学当中已经感觉到学生学习有些力不从心,或函数并不是很擅长,那么我会在这部分新的学习单里根据学生程度做一些调整,如:增加知识复习的部分,增强学生知识连贯性;将概念辨析的填写条目罗列得更清晰一些;在练习部分中适当缩减难度,或增加难度推进的梯度。做这些调整,虽然作为老师会增加一些麻烦,就等于现成的材料变得"不现成"了,每次上课前要修改学习单,赶着打印出来,然后再分发给学生。但是学习单不就是为了让他们能学得更好吗? 学习单的出现本就是为了从学生本人的能力和基础出发,针对课堂有方向地学习指导。如果学生用了我为他们"量身订造"的学习单后,上课能更高效专注了,对知识点的辨析更清晰了,对知识的掌握更扎实了,再甚者,他们对学习数学有了循序渐进的方法了,对于学习数学有更开阔的思路了,那么我的这份用心,也就是值得的。

所谓"贴心指导",在我的理解和实际操作里,就是让学习单与学生的基础、学习条件、学习需求和学习素养的发展相贴近,只有"我的指导"与"学生情况"无缝衔接和完美匹配了,那才是最有益于学生的指导。

(虞文慧:"渗入式"的学习单指导)

在学习单的使用过程中,出现了一个棘手的问题。

每个班级的学生个体之间必定存在差异,我发现:学习单有效地集中了大部分同学在课堂上的注意力,帮助他们在动笔的同时保持精神的高度专注、思维的高速运转,但与此同时,也"分散"了一小部分同学的专注度。这一小部分同学往往就是班级里数学成绩最好的学生。

这些学生可以说很擅长数学,有很高的悟性,一看就懂,一学就会。所以当学习单发到他们手中时,他们也就开始了"游离在课堂之外"的自学——在老师们精心制成的学习单上,他们可以顺着复习、导入、辨析到练习,十几分钟便把本课的主要内容学得差不多了。当他们做完抬起头,发现老师正在讲解自己已经攻克的难点,就开始无所事事了。他们不再有兴趣参与课堂讨论活动,对于小组探究又觉得有些太简单。

这一情况乍一看,好像并不是什么大问题,但实际上却很不好。这些学生对于知识的辨析是有所欠缺的,因为缺乏了老师引导的思考过程,在答题时也会有些跳跃,一到测验他们反而没之前那么优秀突出了。为此,身为老师的我很担心,虽然我的出发点是好的,但这样的结果并不是我所希望的。

问题出现后,我就做了这样的调整:既然学生发现学习单上有教师要讲的全部内容,上课不会认真听讲了,那么我就不把课堂上要讲的全部教学内容放在学习单上。这样做的初衷是:这样就能迫使这些学生回归课堂听讲了。

试验了一段时间后,这个方法就被我否决了。因为除了这部分学生以外的大部分学生还是能从完整的学习单上有颇多获益的。条理清晰、罗列详细的学习单能帮助他们在课堂上始终保持专注,并且为他们的课后复习提供了便利。所以,此方法并不可行。

难道每次都印不一样的学习单给不同学生吗? 这太难操作了。

随后,我做了另一个尝试。学习单还是那份详细的清晰的学习单,但是发下去的时间做一些改变。我告诉班级里的同学们:"觉得自己有能力的,就来办公室找我拿第二天的学习单。"并与他们约定:提前把学习单发给他们的前提,是必须在家里率先完成整节课内容的梳理,如果不能做到,下次就失去提前拿学习单的资格。

这样做有几个好处,一是他们上课不会只顾着低头而不听讲了,二是上课的内容对于他们来说就好比是第二天的复习巩固,这对他们是绝对有益的,三是有了他们的基础,我在课堂上可适当设置一些难度较大的思考题,将这些同学分散在各个讨论小组,带领其余同学一起深入思考。

实践下来,颇有成效。不但达到了上述三点,还激发了学生们的挑战意识,全班呈现出积极的数学学习态势。那些在数学上比较有能力的同学都很喜欢这个方法,有时候还会来跟我探讨更深入的题目,这是之前的指导方式所不能达到的。

做到这一步,我并不满足,数学能力较强的同学高兴了,数学能力一般的学生也跟着学了,那么,那些数学能力较弱的学生,该怎么办呢?

于是,我又打起了学习单的主意。学习单下发后,教师是不再收回的,上课时作为学习资料,下课后作为复习资料,到期末老师再帮忙一块儿装订起来。但是我选择将这部分数学能力较弱学生的学习单再次收上来。上完课的第二天收,并把这些学生逐个叫到旁边,对于各个环节进行考问。如果有不扎实的部分,再次进行一对一的指导。

结果可想而知,这些学生比之前更喜欢数学了,测试中基础部分的题他们能答得更准确了,他们也更喜欢我这个数学老师了。我想,这应该是源自于我不单单使用了适合他们的学习单,更运用了适合他们的方式实施学习指导,即"渗透式"指导。有针对性地提前引导或事后辅导,让他们变得愿学、乐学、主动学,会学、善学、独立学。学习质量和学习效率提高了,从而促进学生的个性发展和全面发展。这样的学习可以说是与他们的未来发展相匹配的,是可持续的。

第五章　师生关系的温暖度

本章以师生关系为研究视角,共分三节。第一节,回答了什么是温暖度以及温暖度的作用及其表现;第二节,重点叙述了来自于学校的师生关系的经验,即师德修养,和谐相融,共创共乐;第三节,为让读者清晰地了解师生关系建设的实施细节,呈现了教师的所思所想:如严而有爱、温暖如春的若干案例。

第一节　温暖度的诠释

上个世纪 70 年代末,我国掀起了一场关于师生关系的大讨论,形成了师生关系的单主体论、双主体论、主导主体论等观点。90 年代中后期,人们以师生关系为研究对象,以社会学、心理学、现象学、伦理学等为研究视角,形成了师生关系的本质内涵、影响因素、价值取向、实践建构等方面的研究成果。而随着绿色指标的推出,为我们深化师生关系研究拓宽了新的视野。全面分析绿色指标 1.0,以及即将实施的绿色指标 2.0,其昭示、引领深化师生关系建设的意义有:

一种导向:学校要不断提升学生对学校的认同度;

一个依据：开展有针对性的心理健康教育和指导；

一种要求：人文关怀要渗透到教育教学每个细节；

一个改进：教师要公正、平等、尊重、信任学生。

如何结合学校现有的办学水平、文化基础、师资力量等，将上述四个方面扎扎实实落地生根于学校的土壤，是我们始终坚持研究的方向。2012 年起，学校提出了"六度教学：助推绿色指标落地，全面实现学校发展"的行动要领，在经过长达五年的时间，历经了反复酝酿、科学论证、课题立项、行动研究、成果表述等研究过程，"师生关系的温暖度"这一提法被正式确立。

一、温暖度的释义

何为"温暖度"？"温"有性情柔和之意，"度"有暖和、舒适之意，"度"有程度、境界之意。"温暖度"指一种人的感受，用来表示人与人之间的一种温暖、平静、祥和的体验和感受。在本书中，"温暖度"主要是指师生关系能满足师生合理需求，有利于健康人格发展的程度。具体而言，从师生关系的出发点来看，"温暖度"是指学校要不断提升学生对学校的认同度，追求的是民主、平等、对话的新型师生关系；从师生关系的过程来看，"温暖度"是指教师要不断提升关怀素养，能以"温暖"的方式积极主动关怀学生；从师生关系的结果来看，"温暖度"是指教师要充分尊重、公正、平等、信任学生，培养学生健康人格的发展。

二、温暖度的作用

"温暖度"的作用之一：有助于学校在师生关系领域落实绿色指标。"温暖度"是指师生关系能满足师生合理需求且有利于健康人格发展，其表现与绿色指标的导向、依据、要求、改进呈现一致性，是绿色指标昭示、引领意义的具体化,因此它成为学校落实绿色指标的一个重要抓手。与此同时,师生关系的"温暖度"有绿色发展的理念支撑,有绿色指标的保驾护航,所以,师生关系的建设成效也更有可参照性的坐标。

"温暖度"的作用之二:有助于学校加强师生关系的过程管理。"温暖度"是师生关系的温暖程度的反映,是来自于学校自身对师生关系成效的评估,以及日复一日、年复一年的持续推动和螺旋式的上升过程,所以,"温暖度"关注的是学校师生关系的过程质量,即师生关系的工作水平或进行中的状态,这有助于学校动态地把握师生关系的建设成效,加强师生关系的过程管理。

"温暖度"的作用之三:有助于学校形成量化师生关系的评估研究。"温暖度"的证据既可以是量化的,也可以是质性的。可以用某些数值的变化来表示,也可用质性材料的比对来呈现,这为我们后续的量化师生关系评估研究埋下了伏笔。

三、温暖度的表现

"温暖度"的表现之一。学生对学校的认同度有三个二级指标,即师生关系、同伴关系、学校归属感。研究师生关系(或同伴关系)、学校态度、学业行为之间的路径关系表明,良好的师生关系(或同伴关系)有助于学生喜欢学校,对学校有一个积极认知的态度,学生喜欢学校才可能对学习有兴趣、有信心。说明学生对学校的情感、态度、价值观是影响学生学习行为的一个关键变量。所以,师生关系的"温暖度"的体现就是学校要不断提升学生对学校的认同度,不断改善师生关系、同伴关系以及学校的其他环境,提高学生对学校的喜欢程度。

"温暖度"的表现之二。学生身心健康有两个二级指标,即学生体质健康和学生心理健康。学生心理健康是指个体能够适应发展变化的环境,具有完整的个性特征,其认知、情绪、意志行为处于积极状态,并能保持正常的调控能力。本书中所说的"温暖度"有两个考量,一是师生关系能满足师生之间的合理需求,二是要师生之间要共同营造有利于健康人格发展的关系。这与绿色指标的要求一致。这要求学校和教师要针对不同年龄层次的学生进行心理健康教育和指导,帮助学生提高心理素质,健全人格,增强承受挫折和适应环境的能力。所以,师生关系的"温暖度"表现在:帮助学生认识心理问题、认识自我、培养适应能力、培养情绪管理能力、学会与人交往等。

"温暖度"的表现之三。教育是一个充满爱与关怀的事业,倡导人文关怀渗透到教育教学的细节,身为教育者,更需要不断更新自身的教育观念,提升自身的关怀素养。关怀素养即教师具有的能敏锐体察学生的情感变化,知觉学生的需要,善于与学生对话沟通,同时具备关怀知识和关怀信念,并能以适当的方式积极主动关怀学生的素质和修养等。因此,师生关系的"温暖度"具体表现在:教师一句亲切的问候、一个表示肯定的示意、一次表示赞赏的掌声、一个客观、公正的评价、乃至一个鼓励的眼神等。

"温暖度"的表现之四。教学过程是一个师生之间、生生之间多边活动的互动过程。为此,教师必须要建立民主、平等、对话的新型师生关系。在现实教育教学中,经常会出现这样的现象:学生喜欢哪位老师,就会极其认真地听讲、学习这门功课,即使教师的教学一般。这表明,师生关系是学校教育中最基本也是最重要的人际关系,师生关系的和谐与否直接影响了教育教学的质量,学生的学习态度,教师工作的顺利程度及教育目标的实现程度。所以,师生关系的"温暖度"表现在:教师要热爱、尊重、理解、宽容、鼓励学生,努力创设民主、和谐、愉悦的课堂氛围,让学生感受到教师可亲、可敬、可信的人格魅力,从而积极思考,勇于质疑,感受教师殷切的希望,体验成功的愉悦。

四、师生关系——温暖度

师生关系及其温暖度研究的主要过程,含研读指标、解读指标、内涵诠释、实践应用、成果表达如下(见图5-1):

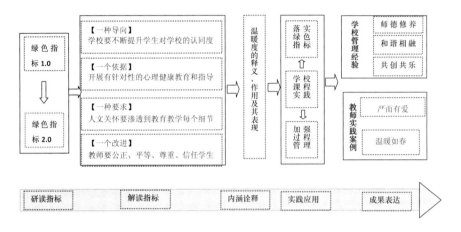

图5-1 "师生关系的温暖度"的研究过程

1. 研读指标。绿色指标1.0中,与师生关系对标的有:师生关系指数(尊重学生,公正、平等地对待学生,信任学生),身心健康指数(学生生理、心理和情感等),进步指数。绿色指标2.0中,与师生关系对标的有:学生对学校的认同度(师生关系、同伴关系、学校归属感),学生身心健康(学生心理健康),跨时间发展。

2. 解读指标。分析绿色指标,昭示、引领深化学校师生关系建设的意义有:学校要不断提升学生对学校的认同度,开展有针对性的心理健康教育和指导,人文关怀要渗透到教育教学每个细节,教师要公正、平等、尊重、信任学生。

3. 内涵诠释。以绿色指标的导向、依据、要求、改进为基石,确立师生关系的重心在于"温暖度"。界定本章核心概念"温暖度",分析其主要作用及其在师生关系中的具体表现。

4. 实践应用。形成"标准—评价—教学"的研究循环，在行动研究中促进学校教育教学质量的提升。

5. 成果表达。历经五年的基于绿色指标的实践探索，学校累积了一些成功经验及其案例。为此，从两个视角选取有代表性的师生关系实践成果进行总结。一是来自于学校的管理经验，如第二节的师德修养、和谐相融、共创共乐等；二是来自于学校的教师实践，以案例方式呈现，如第三节的"严而有爱、温暖如春"。

第二节 学校管理经验：师德修养、和谐相融、共创共乐

一、师德修养

师德是为师者的职业道德，修养则是指人的综合素质。师德修养是为师者要时刻培养高尚的职业品质和正确的职业态度，使自己的学识和品德不断充实和完美的一个过程，它的内涵和标准非常广泛，比如：给学生仁爱之心，激励学生，安贫乐教，宽广的胸怀，执著于事业，无私奉献，以身作则，热爱学习等等。子曰："其身正，不令而从；其身不正，虽令不从。"教师以身示范的人格力量更容易使学生"亲其师"、"信其道"。为人师者自身形象的塑造，高尚的思想品德，良好的职业道德，坦荡的胸怀，高尚的言行等对学生是"寓教于无形"的教育。

卢湾中学以学习为主导、以活动为抓手，拓展师德修养的建设途径，深化师德修养的建设内涵。开展了"欣赏他人，悦纳自我"、"卢湾中学教育十日谈"、"点燃教师激情，绽放世博精彩"、"敬业守纪铸师魂，滋兰树蕙垂德范"、"师德三字经"、"不朽的师魂"影视学习、"弘扬师德共创和谐"征文、"百师百字师德宣言"展示等系列活动，教师们承诺：在细微之

处付真情,在教育之中践诺言。

根据《中小学教师职业道德规范》的具体要求,我们制定了《卢湾中学师德规范细则》,规定了卢湾中学教师最基本的行为准则,是每一位卢中教师的道德底线标准。在严守底线的基础上,我们制定了一系列的分项细则(见表5-2):

表 5 - 2

基础守则	类别	条　目
《卢湾中学师德规范细则》	校园环境	《卢湾中学办公室管理规范》
	行为举止	《卢湾中学教师文明用语30条》、《卢湾中学教师着装规范》、《卢湾中学教师师德宣言》
	教育教学	《卢湾中学教师教学规范》《卢湾中学教师作业批改规范》《卢湾中学教师质量考评体系规范》

1. 心美至善,理想在奉献中永恒

对于行走在精神高地上的教师来说,要播撒阳光到别人心里,首先自己心中要有阳光。有幸福的老师,才有幸福的教育。学校的核心理念是生命和幸福,通过成就教师来成就学生。

"幸福来敲门"是由卢湾中学党支部、工会和教工团联合组织,以校园幸福生活为主题开展教师精彩校园创意生活的系列活动。活动整合校内外资源,捕捉最流行的生活时尚元素,结合发达的网络资讯,提升教师的职业幸福感,激发教师的活力与创造力,成为教师缓解职业压力时愿意停靠充电的幸福驿站,在潜移默化中融入了学校"平等、自由、包容、尊重"的基本文化内涵。工会组建了乐活厨房、卢羽飞扬、时装风采等教工社团,通过系列创意活动敲开教师幸福人生之门,使卢湾中学在教师心中不仅是工作的代名词,更是相互交流学习、分享幸福生活的场所。

为贯彻落实教育部关于"廉洁文化进校园"的相关要求,学校将廉洁教育与师德建设、行风建设相结合，号召教师签订《廉洁从教承诺书》，签约率达100%。在教师群体中掀起了一股抵得住诱惑、撑得住信念、守得住清贫的廉洁之风。签约活动后，许多教师自发地利用课余时间义务帮助学困生补课，有针对性地进行个性化成长辅导，提高他们的学习兴趣，帮助他们获得成功，使一些学生取得了长足进步。

案例 5-1　青山涧水润百物，为师厚德育桃李

作为新时代的人民教师，我们该如何秉持正确的职业道德，树立卢中教师的良好形象呢？我们先来看看学生心目中的好老师吧！某期刊刊载了学生最喜欢的十种老师的调查结论：

1. 像父亲一样严而有度的老师；

2. 像母亲一样慈爱有加的老师；

3. 宽容待人的老师；

4. 有型的帅哥老师；

5. 温柔的美女老师；

6. 精力充沛、有激情的实习老师；

7. 风趣幽默的老师；

8. 充满爱心的老师；

9. 以身作则的老师；

10. 有真才实学的老师。

同样的调查，将学生心目中的好老师从职业行为归结成了四个方面：

性格方面：和蔼可亲，温柔，有爱心，幽默，善解人意。

教育态度：理解学生，尊重学生，关爱学生，经常鼓励、表扬学生，一视同仁，视学生为朋友，与学生一起活动。

教育能力：讲课水平高，管理经验丰富，知识渊博，能力强。

其他方面:爱好广泛,能歌善舞,年轻漂亮。

不难看出,学生对老师的要求是全方位的,除了对老师专业素养和工作能力的要求,更多的是师德和相处的诉求,尊重、平等、民主成了新时期师生关系的关键词。对于大多数教师来说,虽然我们无法做"帅哥老师"、"美女老师"、"实习老师",但我们能够从以下几方面入手,做一个严而有度、慈祥、宽容、有激情、有爱心的魅力老师。

首先,树立正确的职业观,热爱教育事业。《中小学教师职业道德规范》第2条中规定:敬业奉献。忠诚人民教育事业,志存高远,对工作高度负责,勤勤恳恳,兢兢业业,甘为人梯,乐于奉献。

总有人抱怨社会对教师缺少关爱和理解,抱怨学生的调皮和不上进……在种种怨气中消磨了对职业的热爱,也就发现不了身边的真爱,激情逐渐消退,时间长了,就产生了职业倦怠。其实,改变一种心态,用积极的态度去从事教师职业,平等地对待来自不同家庭、个性迥异的每一个学生,将爱心传达到每一个学生,你在施爱的同时也会收获爱。魏书生说过一段话,形象地强调了教师的爱心:"一位老师埋怨学生,指责学生,甚至挖苦、讽刺学生,最苦最累、受伤害最重的,其实是老师自己。一位板着阶级斗争面孔,总跟学生对立的老师,学生奉陪他三年五年就毕业了,他自己却要在这个岗位上与一届一届的学生板着面孔战斗一生,对立一生,痛苦一生。所以,即使仅仅是为了自己的幸福,也一定要千方百计善待学生,热爱学生。"作为教师,既然入了行,就一定要有职业认同感,在成就事业的同时享受工作的快乐。

其次,注重人格修养,做到为人师表。《中小学教师职业道德规范》第5条中规定:知荣明耻,严于律己,以身作则。谦虚谨慎,团结协作。廉洁奉公,自觉抵制有偿家教,不利用职责之便谋取私利。

"学高为师,身正为范"。教师的人格是重要的教育因素。苏联教育家曾说过：许多事有赖于学校的规章制度，但最重要的东西永远取决于跟学生面对面的教师人格。教师的人格对学生心灵的影响所形成的教育力量，是所有教科书以及奖惩制度无法取代的。由此看来，提高教师的素养是素质教育中至关重要的一步。古语也说：亲其师，信其道。教师言行对学生的影响是深刻的，也是终身的。所以，教师要自律自己的操行，有意地通过自身的操行潜移默化地熏染学生，达到"随风潜入夜，润物细无声"的效果。为人师表，教师从哪些方面做学生的表率呢？其一，遵纪守法，培养学生的公民意识；其二，努力工作，养成积极上进的人生态度；其三，严谨治学，培养学生的科学精神；其四，举止得体，养成文明的行为习惯；其五，善于协作，养成团队合作精神；其六，诚实守信，培育立身兴业的基点；其七，知荣明耻，树立正确的价值观和人生观。教师若能在经济社会的浪潮中，抵御诱惑，拥有远离浮躁的心态，坚守心灵的宁静，保持一方清纯的净土，本身也就成了学生人生道路上的一面镜子。

第三，终身学习，实践创新，努力提高自己的教育教学水平。《中小学教师职业道德规范》第4条和第6条中都提出了学习和创新的要求：要遵循教育规律，勇于探索创新，不断提高教育教学水平。要树立终身学习理念，遵守教师培训制度，不断学习，与时俱进，自觉更新教育观念，完善知识结构，潜心钻研教育教学业务，不断提高教书育人的能力水平。

学习是每位教师的人生必修课，没有学习，就没有教师的成长，教师在教学和管理活动中就无法做到从容不迫、游刃有余。停留在现有的水平上，靠一纸文凭混终身的教师终要被学生淘汰。作为教师，要有计划地培养自己各方面的素养，包括文化知识素养，专业技能素养，还包括熟练掌握现代教育技术，以及整合学科知识和现代教育技术的能力。以前一直把老师与学生的知识拥有情况比喻成一桶水与半桶水的关系，其实，教师获取知识和汲取营养的情形更应当是一汪涓涓细流，取之不竭，源远流长。教师要完善自身知识结构,补充教育教学所需的所有知识,努力提升自己的情感、态度、价值观,把与学生的互动交流作为师德修养的源泉,在教育教学中不断地锻炼自己,评价自己,真正实现与学生的共同成长,共同提高。

第四,实现教师角色的转变,能够俯下身子看学生。这其实是新课改倡导的核心理念之一,也是新时期教师职业道德的要求。《中小学教师职业道德规范》第3条中规定:热爱学生。关心爱护全体学生,尊重学生人格,平等、公正对待学生。不讽刺、挖苦、歧视学生,不体罚或变相体罚学生。

教师对学生的爱应该是公平的。现实生活中,教师爱一个学生不难,但对于那些存在着各种缺点、惟恐天下不乱的后进学生,想爱他们真的不容易。可只有真诚的爱,才能引导他们上进。听过这样一段话:每一个学生的心灵深处都是一个广阔的世界,那里有日月星辰,有江河山川,花鸟草虫、社会人生、真善美、假丑恶都并存其中,教师的责任在于发现学生心灵中昂扬向上、追求真善美的种子,然后浇水、施肥,使之发芽、生根、破土、出苗、长高和长大。带着爱心,走进学生的心灵世界去探幽索微、追根究底,学亦无穷,乐意无穷。一个教育期刊刊载了这样一个小故事,老师问一个多次被罚站墙角的学生的理想是什么,学生说要当建筑师,老师问为什么,学生说当了建筑师要把教室改成圆的,教师就再不会罚他站墙角了。这是一句充满童稚的话,如何理解却因人而异。有人说,这个孩子没救了,一点也没有认识到自己的错误,居然还这样调侃老师;也有人说,这孩子多善良,没有嗔怪老师,而用一个美好的理想来解决困境。孩子的话没有变,不同的是老师对孩子的心。作为一名教师,爱学生是做好工作的前提,学会倾听是通向学生心灵的桥梁,记住一句话——当我们俯下身,世界在泪光中微笑。

第五，培养广泛的兴趣爱好，能够融入学生的生活。有的老师缺少与学生的交流，上完课，夹起书本就走了，一学期下来，学生的名字还叫不出几个。其实，课余时间能与学生打球娱乐，沟通交流，上课当中冷不丁冒出几个学生熟识的网络语言，在晚会上亮出震惊四座的歌喉，这都会让学生刮目相看，也并不会影响教师的师道尊严。曾听学生说起过一个他佩服的老师：课堂上，几个同学悄悄地在课桌下玩纸牌，一番教育后，老师信口讲给他们扑克牌中的知识：黑红梅方四色代表四季，大小王代表白天和黑夜，把四色牌的点数相加，再加上大小王各代表的一点，就是平年的365天和闰年的366天。学生们从此对这位老师另眼相看。学生为什么会喜欢美女、帅哥和实习老师，那是因为距离近，宜于交流。不要怕距离近了不好管理，学生也不喜欢老师放任他们的行为，宽严有度，收放自如，更能起到良好的教育效果。

作为教师来讲，只有学习、理解和掌握教师职业道德，才能在个人和社会之间，体制和人性之间，国情和人情之间，传统和现代之间寻找到一种张力，用自己并不宽阔但却坚强的双肩尽量抵挡一下来自四面八方的挤压，给学生腾出尽量多的自由空间和时间，让每一位学生得到最大的发展空间。百年大计，教育为本；教育大计，教师为本；教师大计，师德为本。让我们秉持良好的职业道德，以德执教，以德修身，以德育人，做一名人民满意的卢中教师！

（董丹阳）

2. 行美至真，师爱在细节中闪耀

"一枝一叶总关情"，教师的一个关切的眼神、一句温暖的话语、一次亲切的抚摸，都可能影响学生的一生。卢湾中学倡导"一度温暖，百分百爱心"，坚持教育理念通过细节传递，将优良的师德形成于细节之中。

教师的每一个动作,每一个笑容便都带上了教育的符号。学校倡导"大拇指教育",反对"食指教育",用赞美、夸奖和肯定代替对学生的不尊重。每一个细小行为的背后都是一百分的爱心,这样的行为足以温暖每一颗心灵。"一度温暖,百分百爱心"体现的正是一种责任和担当,让师德建设形象化、具体化。

案例5-2 一度温暖,百分百爱心

曾经有这样一个故事:有一对夫妇,丈夫每天都抢在妻子前面洗澡,久而久之,妻子不免恼怒。直到有一天,她百无聊赖,打开了他的电脑。她惊奇地发现他竟然天天在电脑上写日记! 她慢慢地读着,然后泣不成声。她看到这样一段文字:今天她问我为什么总是要抢在她前面洗澡,我没有说实话,我怕她为我难过。浴室很冷,但我知道,在沐浴完以后,那里面的温度会升高一点点,3度、2度或者1度。我想,那样的话,她在洗澡的时候该会暖和一些吧? 在这段艰苦和寒冷的日子里,我想,我至少还能送给她这1度的温暖吧!

如果每一个细小的行为背后是一百分的爱心,这样的行为足以温暖每一颗心灵。

作为教师,我们应该怀揣着这样的爱心,去对待每一位学生,想学生之所想,思学生之所思。因而卢湾中学向全体教师推广"一度温暖,百分百爱心"的育人理念,并在教学实践中努力践行这一理念,让师爱在细节中闪露出光芒。

学校倡导教师勤走、勤问、勤听、勤记,让教师真正了解学生的生活,关注学生点滴变化。

勤走。在每天的学习生活中,要求班主任早中晚"三必到"。上课之前看一看学生的来校情况,中午看一看午餐情况,晚上看一看放学情况。

并且建议班主任常到班级走一走,关注班级学生的日常情况。做到能够第一时间发现问题,解决问题。在寒暑假里要求班主任到学生家里走一走,特别是各方面表现有明显变化或是家庭出现重大变故的学生,及时了解学生的家庭情况,做好下一步工作的准备。

勤问。遇到学生有一些迟到、未到、或是有明显表现不寻常的学生,要多询问,多了解。对于病假在家的学生要及时联系家长,清楚学生的身体情况并及时送上关心,若是对课业有耽误,会进行义务性补课,甚至是送课上门。

勤听。要多倾听学生的意见、善于倾听学生内心的想法,不轻易否定和批评,找到合适的方法进行沟通和交流。

勤记。以班主任工作手册为载体,记录日常与学生的工作,反思方式方法,记录成果成效,做到有记录、有反思、有总结,并在例会上进行分享和交流。

案例 5-3 大拇指教育

"大拇指"策略是卢湾中学和谐师生关系构建的基本策略之一,其要义就是经常给予学生真诚的赞扬、欣赏和鼓励,以此传递温馨深厚的师爱,使之转化为成长成功的动力。

"大拇指"策略原本是针对以前的"食指教学"所提出来的。以前的教师,总是给人高高在上的距离感,总会下意识地用食指指着学生并进行教育。这样的动作虽然微不足道,会给学生留下非常深刻的印象,打击学生的自信心,并有可能让学生产生厌恶感。针对现实教学中的这一容易被忽略的重要细节,卢湾中学提出了"大拇指"策略,让老师懂得去赞美、鼓励学生,避免用食指指着学生进行教育。我们坚信这样的教育形式可以取得更好成效,让卢湾中学温馨的师生关系成为助推教学改革的强大的调节器和动力源。

"大拇指"策略有其深厚的心理学基础。美国著名心理学家罗森塔尔曾经在经过一系列心理学实验后提出了"皮格马利翁效应",又叫"期望"效应,证明在人与人之间的交往中存在着期望的一种效应。这种效应通常能在人际间的赞扬、欣赏和鼓励中产生、传递和强化,成为期望对象的成长成功的动力。每个学生都喜欢被赞扬、被鼓励。当他们知道自己被认可时,他们所爆发出来的潜力是无穷的,而他的发展就进入了良性循环。卡耐基曾说:给人一个超乎事实的美名,就像用"灰姑娘"故事里的仙棒,点在他身上,会使他从头到脚焕然一新。老师就是那个拿着仙棒的人。我们希望用合适的教育策略,运用合适的赞扬和鼓励,让学生焕然一新。教师和学生的交往过程中也存在着这样的效应,这正是"大拇指"策略的理论基础。由此,大拇指策略在卢湾中学教师中迅速推广普及,有力推进了学校和谐师生关系的构建,推进了学校教学改革工作。

大拇指策略的另一重要基础是一种现代教育思想,即相信每个学生都是优秀的,每个学生都有自己的长处,都有可发掘的潜能。发现学生的优点、长处,及时给予赞扬和鼓励,就能充分发掘学生的潜能。

大拇指策略的操作包括以下要点:

1. 传递师爱

大拇指策略的表扬和鼓励的基础是师爱。具体的实施必须始终坚持向学生传递师爱的根本宗旨。教师的赞扬和鼓励行为要让学生感受到教师的真诚的欣赏和爱心,以此构建温馨博爱的师生关系。

2. 注意仔细观察学生

观察学生是合适有效地表扬和鼓励的基础。多观察每一个学生,了解他们每个人不同的心理,即使是最微不足道的一点闪光都不要放过。在细微处见真谛,教师要善于在平凡中找出学生的不平凡,及时加以真心的赞扬。

3. 把握时机

赞扬和鼓励要因时而异，要适时，及时。学生出现学习进步，纪律性强，为班级争得荣誉等好的行为时，班主任要掌握"火候"，在他们沉浸在喜悦和准备向下一个目标进发的时候及时给予表扬和鼓励。

4. 善于灵活采用不同形式

表扬和鼓励学生时，要注意语言要亲切、诚恳、言简意赅、委婉。这样的语言能增强表扬的感染力和说服力，收到比较好的效果。教师要学会运用表情。可以微笑着看向学生，投以赏识关爱的目光，不时微微点头，或身体前倾，表示聆听关注；或竖起大拇指，表示满意、祝贺；或很有分寸地轻轻拍拍学生肩膀，表示亲近。书面表扬(利用"作业本"，"板报")，则要注意根据不同形式灵活采用简洁妥帖的语言。

5. 注重导向功能

表扬和鼓励是对学生知识、技能、学习过程、学习方法、态度、情感、价值观的进步和出色表现的肯定性评价，具有导向功能。要在表扬和鼓励时指出进一步努力的方向，培养学生反思、自励的意识和能力。

6. 注重赞扬具体的行为

赞扬和鼓励应针对学生的行为和品性而不是对某个学生的个人。赞扬的事越具体，学生对什么是"好行为"就越清楚，遵守"好行为"的可能性就越大，进步也会越大。

大拇指策略在卢湾中学的推广普及，有效提升了师生关系的温暖度，在六度教学的整体实施过程中发挥了积极的调节促进作用。

3. 智美养德，师德在锤炼中前行

师德修养建设同样需要造就一支优秀的教师队伍，将师德转化为师能，师能再转化为师德，使高尚的师德内化为教学改革中的强大动力。

卢湾中学建立健全了导师工作制度：

① 受导学生档案制度。导师应对每位受导学生建立档案，内容包括学生家庭详细情况，学生道德品质、心理健康和学业跟踪档案。

② 家访联络制度。建立不定期的家访联络制度。导师必须对受导学生本人及其家庭有清晰的了解并对其家庭情况进行简要分析，密切与家长联系，指导家庭教育，共商教育对策。

③ 谈心交流制度。导师应坚持与受导学生进行个别谈心交流并作记录。

对于受导学生，导师应进行详细的个案分析，全面了解学生情况：

案例 5 - 4　受导学生个案分析

一、基本情况

小 P，卢湾中学六(1)班学生。长期以来学习成绩极差，年级最后一名。行为习惯还可以，学习习惯非常差。家境一般，父母打工繁忙，对孩子疏于监督和管教。孩子比较幼稚，十分贪玩，对学习不放在心上。

二、情况分析(个性、行为产生的诸多原因)

小 P 是我新接手的班级中的一个学生。他很可爱，但是学习成绩不堪入目。通过对他深入的观察和了解，我大致归纳出以下原因：

家庭原因：

1. 缺少爸妈的督促。爸爸妈妈忙于工作，没有时间管教孩子。虽然家境并不殷实，但是对孩子还是十分宠溺的，因而孩子也对学习这件事情不重视。

2. 家庭管教太少，导致他沉迷于游戏。

个人原因：

1. 长期低分，丧失信心。从小学开始，他就练体操没怎么上过课，因

209

而在小学时他的成绩已经垫底了,他也已经习以为常,没有了信心。上了初中之后,学习的东西更难了,基于他的基础,他更跟不上了,所以他也不想努力了。

2. 自控力差,学习习惯不好。六年级的孩子本来玩性很大,自控力差,又有一些畏难情绪,就更加沉迷于游戏,不想学习了。原本他的基础就不好,学习习惯也不好,不喜欢动脑筋,人也很懒,所以在学习上一直没有什么进步。

三、辅导措施或者干预策略

1. 定期谈话,肯定他的表现,多给予鼓励。

2. 定期制订计划,让他一步一步走,脚踏实地。

3. 和家长多交流情况,家校互动,督促养成良好的学习习惯。

(王春燕)

每一个学期作为一个阶段,导师要进行及时的总结和反思:

案例 5-5　导师总结反思

在这一个学期的时间里,我继续是小 P 同学的导师,和他进行了多次的交流。通过这一学期的交流,让我意识到导师工作的重要,也感受到学生内心深处的想法与老师想法的区别,这些都有利于我以后工作的开展。

首先,在思想方面,小 P 同学是我自己班上的学生,相对而言比较熟悉,对他的各方面情况也比较了解,他的基础非常薄弱,家长没有时间教育孩子,自己的自控力也不强,自己更是缺乏自信,所以我常跟他交流,肯定他的表现,让他能够不自卑,对学习生活有兴趣。

其次,针对他的学习情况,我也给出了一些措施,帮助他提高各方面的成绩,如:

1. 在数学上,加强对计算题的练习,每天有时间就做几道计算题,不断提高他的计算能力。

2. 英语上,每天让他背五个单词,专门找了一个同学进行检验,帮助他。

3. 经常和他家长沟通,一起努力,帮助他提高学习成绩。

一段时间后,他的计算能力比之前有所提高,数学成绩也有所增强,英语语文也努力在提高。可能成绩不是最明显的,但是至少他的学习态度是可以的,能够完成每天的基本作业。最后,在他的生活方面,我也不断地关心、关注他,在他出现困难时,帮助他;在他遇到困惑时,开导他,让他对自己更加自信。

经过一个学期的努力,他的情况有所改善,作为她的导师,我还是很欣慰的,而我也会继续努力,贡献自己的一份力。

(王春燕)

通过导师制度,更多的需要被重点关注的学生受到了长期地、有效地关注,拉近了学生与老师之间的距离,助力学生成长。

另外,"无边界思维坊"和"酷课·创学"课题组是卢湾中学推进教学改革的两驾马车,在区域内有着较大的影响力。它由卢湾中学最具活力、最有创造力的两个中青年骨干教师群体组成。他们的身影一直活跃在学校教学改革的前线,不计报酬、甘于奉献、孜孜以求、乐在其中,不断地在教育教学中创造奇迹,让学生在课堂上收获更多的快乐和成功。

其中,"无边界思维坊"打破学科边界、家校边界、时空边界、学校与社会边界,开创的"无边界课程",受到上海电视台、新民晨报、搜狐网、新浪网等各大媒体的关注,得到了全国同行的认可。如"音乐可视化"课程利用数学方式具化音乐概念,收获了惊艳的教育效果。

师德是学校的灵魂,卢湾中学的教师始终把心美至善、行美至真、智美至明当成自己的职业追求,丰富的活动强化了教师内省、自律、慎独的意识,唤起了教师职业内在的师德尊严,成为每位教师衡量自我的内心尺度。教师们站在新的历史高度,重新明确现代师德的内涵,审视崇高师德的价值,用高标准的师德观念规范自身的行为,提高自身的素养,锻造新一代的师魂。他们的一言一行,都彰显着崇高的师德精神,散发着隽永的人格魅力,体现出无边的师德大爱。"让每个孩子的心灵充满阳光,在教育中享受生命成长的快乐。"成为卢湾中学教师们坚定的信念。用人文关怀学生,用真诚打动学生,用行动感染学生,用自信鼓舞学生,用爱的渡船将学生送到希望的彼岸。

二、和谐相融

教师与学生在教育教学过程中所形成的建立在个人情感基础上的相互关系,直接影响了教学的质量。前苏联教育家苏霍姆林斯基曾经这样认为:"师生之间是一种互相有好感、互相尊重的和谐关系,这将有利于教学任务的完成。"师生建立一种个性相融的和谐关系,它能够增强学生的学习信心,使他们乐于学习,从中获得满足感和成就感。对教师而言,课堂教学是其职业生活的最基本构成,它的质量,直接影响教师对职业的感受与态度,专业水平的发展和生命价值的体现。良好的互动可以为师生提供愉悦、融洽的心理环境,在这样的心理环境中,师生间是积极的、相互促进、共同成长的。

1. 更新观念,多元评价

作为教学活动的组织者和实施者,教师在师生关系中起着主导作用,但教师必须打破心理上的优越感,真正把学生看成有思想、有个性的平等的人。平等地站在学生中间,这是建立良好师生关系的基础。

在评价学生时,不应该把所有的学生放在同一标准下,而应对比学生不同学习阶段的表现,重视和珍惜每一个学生。在教育教学中,应该真实地表达自己的情感,充分尊重和信任每一名学生,允许他们拥有发言的权力并努力接受他们的所思所想。学生只有得到了应有的尊重、重视,才算获得了一种成功的体验,这种成功体验会激发他们的思考,促使他们摆脱老师霸权的阴影,从而主动和教师结成民主平等的和谐关系。

案例 5-6　课堂用语的征集

课堂是老师和学生发生联系的最重要场所,课堂用语指的是课堂上教师的用语。可能对教师而言只是一句比较随意的话语,但是说者无意,听者有心,在课堂这样一个正式的场合中,教师的每一句话都会在不经意间让学生铭记在心,影响学生的身心成长。

在这样的背景下,卢湾中学面对教师,开展了"课堂用语之我见"的随笔征集,教师们从自身的经历出发,论述了课堂用语的重要性以及对学生产生的影响,并且对规范的课堂用语提出了自己的看法。

面对学生,学校开展了"我喜欢的课堂用语"征集活动,通过问卷调查和座谈会的形式,了解学生对于课堂用语的想法,收集学生的意见。

通过一系列的活动,学校整理、归纳、形成了《卢湾中学课堂用语规范》,并向全校教师进行推广。

卢湾中学将课堂用语规范共分为四大类:启发类、鼓励类、评价类、反思类。

启发类是指在提问设置的时候,要注意语言的启发性,引导学生主动探究问题,并将提问问题设置得清晰明确、简洁到位,避免语言的重复与赘余。例如"根据老师刚刚带领大家学习的方法,接下来我们自主学习一下剩下的内容。"

鼓励类是指在学生回答前后,教师要对不敢回答问题或者不确定答案是否正确的学生进行鼓励,引导学生乐于思考,敢于交流分享,这是课堂教学中非常关键的一部分。鼓励的用语有很多,如:"这位同学,请你谈谈你的看法。刚刚在讨论的时候,老师看到你与其他同学讨论得非常激烈,一定是有不一样的看法。勇敢地站起来和大家分享一下!"

评价类是指针对学生的回答给出适当的评价,从而激发学生的学习兴趣,以更加饱满的热情参与到课堂活动中来,从而提高课堂效率,达成教学目标。评价不能言之无物。根据调查,学生更喜欢听到对自己肯定的话,所以当学生在课堂上能够站起来发言时,首先要肯定他的积极性,其次从他的回答中找到闪光点,并予以肯定,最后再指出其不足之处,启发大家继续思考。

反思类是指引导学生主动反思或回忆总结。课堂中可以对以前的学习进行关联和回忆,课堂结束之时可以引导学生自己说说收获和启发。

规范的课堂用语是对学生的关爱和尊重,也是对课堂重视的表现,能够有效地激发学生的学习兴趣。长久地坚持使用规范的课堂用语,为卢湾中学营造了良好的课堂氛围和温暖的师生关系。

2. 善于沟通,机制护航

学生在与人交往中,逐步学会协调和沟通,这是他们成长的重要一课;而教师也在与学生的沟通中,提高沟通能力,逐渐学会管理学生和处理事务,这也是教师成长的重要内容。师生在沟通中达成共识,协调情感与行为,以满足学生身心发展需要为目的,以开放式、互动式为主要模式缔结师生关系,实现真正的共同成长。

卢湾中学充分开发和利用各种教育资源。通过加强学校物质文明建设,形成学校安全优美的环境文化,感染学生自觉主动地投身维护校园的行动中;通过开展各种创建活动,形成学校文明阳光的行为文化,正面积极地引导师生的思想和行为;通过建章立制,形成学校的制度文化,增强学生的责任意识和约束力;通过创新校园文化活动内容、拓展活动领域、规范活动模式,激发师生灵感,构建富有时代特征、学校特色的校园文化体系,使师生在自由、宽松的校园人文环境中,平等、积极、愉悦地交往。

案例 5 – 7 2016 学年第一学期少代会提案汇总(部分)

学校以每年的少代会作为契机,建立了学生议会制度,由少代会代表组成学生议会,每学期进行一次队员的提案收集,由代表进行统计,上交学生议会,学生议会再进行汇总向学校各部门反馈和提交提案,各部门领导人将会进行书面或当面反馈。

课程教学类	提案数	学生活动类	提案数	学校设施类	提案数
希望"FM 我调频"可以全覆盖	1	除了运动会之外希望可以组织多一些运动类的活动	2	希望学校增添可以加菜的地方	5
希望多开设一些无边界课	2	希望每周有一天非校服日	6	学校的饮水系统出水口太小	4
拓展课的选择是否可以跨年级	1	希望开学第一课的活动更为丰富	4	学校的乒乓球场地能否在休息时间对学生开放	1
图书馆能不能全天开放或者延时开放	4	希望中午的红领巾广播内容能更充实	2	学校的打浦路侧门能否对学生开放	1
是否可以为图书馆的老师配一个助手	2	希望科技节的游园会时间可以拉长	3	学校门口有乱穿马路现象,能否进行阻止	1

对于学生议会整理的所有提案,各部门负责人都会仔细研究商讨,若是能够助力于学生成长,又在学校的能力范围之内的,学校尽可能地进

行满足。比如课程教学类所提到的"FM我调频"全覆盖的问题。这本来是学校试点的一个课堂环节，学生们很喜欢，在上交了这个提案之后，学校就将这个环节进行了推广，让每个学科都进行尝试。再如科技节的游园会时间。科技节是学生一年中最期盼的活动之一，活动非常丰富多彩，但是时间有限，有些项目体验不到就成为了遗憾。于是学校将原本两节课的游园时间，进行了拉长，游园会那一周的每天中午都开放一些项目，受到了学生的欢迎。

对于有一些提案，可能也是学生比较期待的，但现阶段立即实现还有一些困难。比如学校的饭菜、饮水系统，要进行改变需要一定的时间，但学校会将意见反馈给相关人员。还有一些提案是因为特殊原因不能够实现的，比如学校的打浦路侧门是给车辆开放的，因为安全问题不能开放给学生……这样的情况学校的部门负责人会和学生议会的成员进行面对面的交流，解释清楚原因，让学生议会成员再向班级学生进行解释，做到上下沟通顺畅，相互理解。

学校是一个公平、公正、公开的场所，是学生的第二个家。在这个"家"里，学生是主人，与学校、与老师一起共建"家"园是学生的权利，也是他们的义务。卢湾中学给学生自主参与建设的机会，营造了平等的氛围，师生一体，团结一心，共创学校的辉煌。

案例5-8 卢湾中学行规教育

一、心美行美——构建行规育人生态系统

1. 健全"一点三线"的行规教育管理机制

（1）学校"行为规范示范学校"创建工作小组下设三个子机构实施线性管理，强化每个机构的工作职责：一是德育处—班主任—学生，负责日常行为规范、校纪校规的贯彻落实和训练;二是教导处—任课老师—学生,抓课堂主渠道的实践和渗透,落实行为规范教育;三是少先队大队部—值日中队—学生,负责每日学生行为规范的监督、考评。

(2) 加强行规教育制度建设,制定了《卢湾中学学生行为规范手册》《上海市卢湾中学学生户外引导手册》《上海市卢湾中学安全教育读本》《卢湾中学行为规范示范班评选标准》《卢湾中学评选区优秀个人、集体评比条件》《卢中优秀学子评选标准》等,为行为规范教育的深入、持久、长效,提供坚实的制度保障。学校还专门录制了行为规范示范班在校一日的吃、行、做、学录像,为全体学子提供了行为规范的标准。

(3) 落实各项考核评比机制,建立了行政领导、任课教师和学生值勤制度,行政领导值勤负责入校安全、巡视全校的教学秩序、学生文明情况、校园卫生及协助处理学生的偶发事件;任课教师值勤负责各个楼层的课间和午间学生文明情况;每天有 8 名行为规范示范员按照一定的评分标准,检查评比各班仪表、室内外整洁、眼保健操、自习课等一日常规内容,每周向年级组反馈行为规范检查情况,评选周"行为规范示范班",结果向全校公布。

2. 完善"二分一合"的行规教育顶层设计

学校积极探索我校学生阶梯式、序列化的培养目标,构建了"二分一合"的行规教育体系。"二分"即:年段目标分层、具体内容分解;"一合"即"众人"合力,全员参与实施学校行为规范教育。根据年级学生差异,确立具有年级梯次的行规教育目标体系,实施符合各年级学生身心发展规律的灵活多样、生动活泼、学生接受的行规养成措施。

根据《上海市中小学行为规范"学生行为表现"分年段检测点》,我们制定了叠加递进式的行规年段教育目标,同时制定了以"自控、自律、自

217

主、自觉"为主题的分年段行规教育内容,从"生活底线"的规范到"道德规范"的遵循,再到"自觉引领"的境界提升循序渐进地开展行规教育。

年级 主题	目标	内　容	重点抓手
六年级 正行养习	学会 自控	1. 养成良好的作息习惯、卫生习惯和用餐习惯。能够按要求参加体育锻炼,有一定的生活自理能力。 2. 养成良好的学习习惯、遵守课堂纪律,遵守考试守则。 3. 学会使用文明用语,待人有礼貌。 4. 严肃对待仪式教育,爱护校园环境,文明礼让。	1. 新生入学教育 2. 军训活动 3. 行规知识竞赛 4. 最美孝心榜
七年级 懂礼遵规	学会 自律	1. 学会合理安排作息时间,养成勤俭节约的习惯。 2. 养成良好的学习习惯,独立完成作业,严守考试制度。 3. 举止文明、待人诚恳,孝敬父母,尊敬老师。 4. 严肃对待仪式教育,爱国守法。	1. 规范讲坛 2. 日常规范榜 3. 行规律己活动
八年级 诚实守信	学会 自主	1. 合理安排作息时间,学会自理,尊重生命,主动劳动。 2. 养成良好的学习习惯,学会质疑,坚持阅读。 3. 举止文明、待人诚恳,讲诚信。 4. 严肃对待各项仪式教育,爱护中华民族优良传统。	1. 诚信考场 2. 入团积极分子培训班 3. 核心价值观解读
九年级 明志修身	学会 自觉	1. 善于合理安排作息时间,学会自理,尊重生命,热爱劳动。 2. 养成良好的学习习惯,学会质疑,乐于阅读。 3. 举止文明、待人诚恳,乐于助人。严守诚信。 4. 严肃对待各项仪式教育,爱护并传承中华民族优良传统。	1. 建立团员示范岗 2. "大手牵小手"志愿服务 3. "热情志愿榜"

培养目标解读：

自控，可以理解为自我控制，对外界诱惑及自身行为习惯的一种控制。缺乏自控力，就不会形成良好的行为习惯。自控，主要通过调节自我的心态，增强自我的意志力来提高。作为起始年级，新环境有许多新的规范需要建立，因此自控意识需要加强。在六年级的墙壁上，我们悬挂出"礼而知仪"的宣传标语，让刚踏入卢湾中学的每一位新生以此为标准，学会自控。通过入学体验教育，军训队列操训练，使学生尽快适应中学各项行规要求。我们从细节入手，"讲与练"、"做与评"同步进行，帮助孩子在心理、思想、行为上为中学学科学习、各种行为习惯增加体验的内容；

自律应该是有章法的自我约束。苏辙《西掖告词》之十五中写道"朕方以恭俭自居，以法度自律，宜得慎静之吏，以督缮治之功。"由此看来，为了让学生充分认识自我，找准自己的位置，并根据自己的特点发自内心地产生自我约束的需求，寻求进步的动力，形成自律意识，我们在七年级以专家讲座为主要抓手，让学生普遍形成规则意识，使学生在校的每一步都能找到规则自我学习、自我管理，适时调整行为，形成规范。

自主就是遇事有主见，能对自己的行为负责。我们在八年级设置了"诚信考场"，让学生学会对自己的行为负责。无人监考考的是一个"信"字，这其中包含着两层意思：一是教师对学生的信任；二是学生自身所具有的诚信；再次，无人监考的实验过程，又是学生良好行为习惯的养成过程，学生遵守规则的过程，就是其良好行为养成的过程，言行合一在这一特殊的考场中得到了充分体现。

自觉，指自己有所认识而主动去做，即内在自我发现、外在创新的自我解放意识。经过三年的行规系统教育，卢湾中学的学生已经能够将行为规范进行内化。在九年级，我们以团队结对的志愿者服务为抓手，号召九年级团员学生带领低年级的同学自觉走出校园，走向社会，通过开展帮困、敬老、宣传等服务活动，将优秀的个人行为准则辐射示范到其他人群。

3. 探索"无边界课程"理念下的行规教育途径

学校自编了《新生入学教育》《上海市卢湾中学学生行为规范手册》《上海市卢湾中学学生户外引导手册》《上海市卢湾中学安全教育读本》等多本行规校本教材，利用拓展型课程中开设了心理健康、青春期健康、礼仪、健康生活行、新生入学教育等课程。同时，通过思品课、校会课、午会课、升旗仪式等，在开展爱国主义教育、安全教育、生命教育、青春期教育、法制教育、廉洁教育、时事教育和禁毒等专题教育的同时，贯穿渗透行规教育，从而达到行规教育校本化效果。附表：

类　别	校本教材
基础篇	《新生入学教育》、《上海市卢湾中学学生行为规范手册》《上海市卢湾中学学生户外引导手册》《上海市卢湾中学安全教育读本》
提高篇	《卢湾中学廉洁教育读本》《卢湾中学廉洁教育活动案例集》、《卢湾中学学科渗透廉洁教育课例集》

此外，在学科中有些内容也堪称行规教育的典范，有些习惯的养成将使学生受益终生。

3. 关爱尊重，民主平等

渴望得到别人的尊重和公平对待是人类普遍的心理需要，即便是学生，也有较强的自尊心和上进心，都希望得到老师的尊重、信任和鼓励。爱护学生的自尊心，激发他们的求知欲，增强他们的上进心，使其自觉克服自身缺点。关爱、尊重和公平地对待学生，这是建立和谐师生关系的基础。

卢湾中学把"让校园成为师生生命成长的乐园，成为焕发师生生命光彩的舞台"作为学校建设愿景,着眼点在于一切为了学生身心健康成长,即学生体质健康和学生心理健康,师生之间共同营造有利于健康人格发展的关系。学校积极整合资源,以关注心灵成长,探索心灵动力为导向,促进学生身心全面和谐发展。规划了培育"生命课堂"、"生命校园"、"生命管理"的生命教育目标体系,创设出全体成员共同参与和支持教育的环境与氛围。

案例 5 - 9　滋养心灵健康成才

一、以生为本,整合资源,构筑心理健康立体教育网络

1. 心理教师的中心引领与广域辐射

我校现拥有专兼职心理教师各 1 名,不仅在心理课程建设、心理科研和主题活动组织等方面发挥主导作用,而且还积极投入到全校教职员工的心理健康知识和教育方法的普及上,定期分类面向以班主任为重点的一线教师开展心理知识培训和宣传。通过红领巾广播电台和小小心理辅导员培训班,面向全体学生开展心理宣传工作。这种大规模的普及性培训,不仅解决了心理辅导老师不足的现实困境,而且为全员整体教育提供了基础。

2. 教职员工的积极参与与整体联动

学校明确提出"全员心育"的教育理念。

除了心理老师以外,班主任是学校心理健康教育的骨干力量。结合班主任校本培训,我校自编培训教材《做一个快乐智慧的班主任》,积极开展班主任心理辅导培训。邀请专家做了《关注特殊家庭子女教育》《指导家庭教育是教师教育素质的体现》《青少年心理活动特点》等讲座。

我校还努力搭建一支由多位教师组成的心理健康教育团队,并开始实行学生成长导师制活动,加强辐射。学生成长导师制,即从教工团教师

入手,并以他们为主要力量,关心受导学生的各个方面。例如:关心情绪变化及个性特长发展;指导学生改进学习方法,提高学习能力;指导受导学生合理安排课余生活;引导他们参加积极向上的文化娱乐活动;经常与受导学生家长及其他科任教师沟通,全面了解学生成长过程中的各方面表现。这个导师制活动使得心理关注更为微观,教育和辅导更为及时有效。

学校在关注学生的同时,还积极关注教师心理健康。以"幸福来敲门"为主题的班主任节还获得了上海教育系统和谐校园创建优秀项目提名奖。学校还邀请专家面对全体教师做了《把心灵调到最佳频道》《幸福其实很简单》等讲座。心理辅导室、发泄区同时面向全体教师开放,还开辟了教师书吧和咖吧,使之成为教师心理减压,放松身心的重要场所。工会组织的各种节庆联欢活动和教工社团活动也丰富了教职工的生活,降低了教师的职业压力,增进了教师的人际交往。

3. 学生家长的心理帮辅与亲子课程

学生的成长是系统工程,需要学校、社会、家庭三方的有机结合。为此,我校积极打造"众人文化",携手家长共同托起成长中的学生。

学校成立了"幸福缘"家校工作坊、"吴浩工作室"等,分学段对不同年级学生的家长开展家庭教育指导。例如,六年级是新生入学适应性问题;七年级是青春期教育;八年级是学法指导;九年级的是"家有考生"等等。此外,我们还挑选了试点班级深入开展家校合作,直接地面对面指导家庭教育工作。

我校每年都通过家长学校为家长作心理健康教育辅导讲座。例如:上海市家庭教育专家讲师团成员、心理咨询师张惠老师的《我们需要什么样的家庭教育》《做合格家长培养合格学生》;周宏达校长的《家校联手打造心育天空》等讲座。我校还参与了中国计生协、联合国教科文组织的

"青春健康家长培训项目"。

此外,学校每学期开设家长开放日,主动邀请家长到学校与孩子共同上一节课,吃一顿饭,谈一次心。利用家长沙龙、各种仪式教育,如建队日、六一儿童节、学雷锋义卖等活动开展亲子活动,搭建家校互动平台,架起了家校沟通的桥梁。每年我们会招募家长志愿者,开展"卓识爸爸"和"卓识妈妈"的评选,家长和教师形成合力,共同促进学生的健康成长。

4. 各年级组的分层教育与个体掌控

我校共有24个班级,近800名学生,平时的教育教学活动大部分以年级为单位开展,在德育分年级序列化的过程中,心理健康教育也体现了年级负责制的特点。

六年级:帮助学生适应初中阶段的学习环境和学习要求,培养正确的学习观念,发展学习能力,改善学习方法,提高学习效率。在学习生活的积极体验中培养对待学习的积极情感和态度。

七年级:帮助学生加强自我认识,客观地评价自己,认识青春期的生理特征和心理特征,把握与异性交往的尺度,建立良好的人际关系。

八年级:帮助学生进行积极的情绪体验与表达,积极与老师及父母进行沟通,并对自己的情绪进行有效管理,正确处理厌学心理,抑制冲动行为。

九年级:把握升学选择的方向,培养职业规划意识,树立早期职业发展目标;逐步适应生活和社会的各种变化,着重培养应对失败和挫折的能力。(PPT 上有)

学校自编的德育校本教材《成长新起点》《健康生活行》《青春期健康知识读本》《安全读本》中皆有大篇幅的心理健康的内容,有针对性地开展心理教育活动,使各年级心理教育内容专题化、规范化。

针对各年级中比较特殊的学生,我们为他们建有心理成长档案,持续不断地关注他们的身心健康发展。

二、循序渐进,创新载体,搭建心理教育广阔教育平台

1. 日常活动中的心河导流

我校心理健康教育常规活动主要有心理普查,心理课程教学,个别咨询,心理讲座和拓展课等。例如,我们在六、七年级开设了题为《心理电影欣赏》和《心理——心里有个谜》为主题的拓展课,让学生在活动中获得体验、感悟,从而实现心灵上的成长。每年多次开展各类心理讲座,接待学生和家长当面咨询、电话咨询百余次。这些常规心理教育活动的开展,为学生建立了心理安全阀,保证了学生常态优良。

2. 主题展示中的整体惠及

我校定期举办心理健康宣传周,集中开展各种心理健康教育活动。例如:心理公开课;小报展示;心理剧排演;主题班会等,还通过校园广播和主题黑板报等形式开展心理教育,培养学生积极阳光的心态。心理健康周虽然时间短,但是内容丰富充实,集中高密度的心理知识,多姿多彩的活动形式和成果展示,将所有学生纳入了心理健康教育的领域,有力促进了学校的健康教育的普及和深入开展。

3. 感恩环境里的自育激发

感恩教育是心理健康教育中必不可少的内容。学校以"母亲节"、"教师节"、"国庆节"、"十四岁生日"、"爱心义卖"等为契机对学生进行感恩教育,唤回学生回报爱心的良知,构筑健全的人格,激发学生爱的情感。

心理健康教育工作是一个长期的、潜移默化的过程,我校在心理健康教育工作实践中还存在很多不足。未来,我们全校师生将共同努力,不断探索,使我们学校的心理健康工作更上一个新台阶,让每个学生都能在健康、温馨的环境中学习和成长,使学校的心理健康教育真正发挥"心海导航,润物无声"的功能。

和谐相融的师生关系,不是一朝一夕可以构建的,它是教师艰辛劳动的结果。"亲其师,信其道"。在教育过程中,教师了解学生,树立科学的学生观,尊重信任学生、关爱体贴学生、公平宽待学生,才会建立一种民主、平等、和谐的师生关系。师生心理相融,情感相通,乐于相互交往,易于相互沟通。在这样的氛围中,各种教育影响就会如涓涓细流进入学生心田,各种教育也会因此发生作用。

三、共创共乐

　　在步入信息时代、知识经济社会的今天,教育的发展成为社会发展的关键,而基础教育课程改革的进行,对教师提出了更高的要求。学生的学习是艰苦的脑力劳动,学生为完成课程标准规定的相应任务付出了辛勤的劳动,这就需要学生变学习为快乐的活动,从中体会学习知识、增长本领的兴趣。教师的劳动更是一项复杂而繁重的脑力劳动,要教书还要育人,要对学生的学习生活的全过程负责。在教育教学中师生的"苦"如能转化成"乐"那将成为教与学的巨大潜力,新型师生关系中"共乐"将成为师生相互减压的有效手段,在教育教学过程中民主平等,相互合作、愉快互动、共同快乐成长。共创共乐,这是课改中对师生关系提出的新的要求,也是新型师生关系中的最高境界。

　　卢湾中学提出了"科学发展、人文见长"的学生发展目标。在"众教育"的建设过程中,坚持以科学的方法培育人、以艺术的手段启发人、以超凡的魅力感染人、以包容的心灵体悟人。一所好的学校必然是一个好的"文化场",它能通过"场"的引力,凝聚智慧;通过"场"的辐射,激励斗志;通过"场"的影响,促进发展。而卢湾中学,就有一个独特的"教育文化场"。

1. 用心塑造校园"文化场"

（1）文化理念——在"众教育"中滋兰树慧

学校办学理念是："众教育"——让学校成为一个"全员·全程·全息·全景"的教育生态园。

"众教育"内涵的两层诠释：

	学校教育	终身教育
全员	每位学校成员	所有教育主体
全程	学校教育全程	终身教育全程
全息	多彩生命内容	所有教育要素
全景	全景教育生态	全景文化生态

"众教育"，即就学校教育自身而言，每一位学校成员都全程融入学校教育生态系统的运行过程，并在此过程中实现丰富多彩的生命内容和全景教育生态之间的互动交流，促进生命智慧的成长。从更开阔的视野来看，包括家长、社会等所有教育元素都全程参与到终身教育的进程之中，并在此过程中促成所有的教育要素融入开放的文化生态，让所有人的生命智慧得以培育。

学校以"学生发展为本"，开展"小公民道德建设工程"，使道德理念根植学生心灵。努力营造学生、教师、学校三位一体共同成长的平台；以德育课题为抓手，以主题班会、校园活动为有效载体，促进不同层次学生养成良好的思想品德、良好的行为习惯、健康的人格和良好的个性心理品质。

节庆篇：开展"我们的节日"（春节、元宵节）、红领巾义卖、清明故居寻访和红五月活动，利用中国传统节日深入开展爱国主义为核心的民族精神和以改革创新为核心的时代精神思想教育。

成长篇：依据不同年级学生心理和认知水平差异，制定分层德育的目标和内容。六年级侧重中学生良好的行为习惯的养成教育；七年级开展青春期教育，侧重学生的健康成长；八年级抓住"十四岁生日主题活动"这一关键点，学会感恩，学着长大；九年级结合毕业典礼进行毕业理想教育和人生观教育。积极使用"2014年社会实践护照"，充分利用好青少年教育基地。

特色篇：结合《文文明明幸福行》，开展2014年卢湾学子节活动，产生了以主持人、电影配音、经典剧目展演及校园笑星等多个奖项，很多同学在这个舞台上展示了自己的特长。

积极开发家长资源，成立"幸福缘"家校合作坊创办家长学校，聚焦学生发展的策略和家庭教育实效的提高。建立家长志愿者资源库，成立四支家长志愿者队伍：校园保障志愿者、课程服务志愿者、社会资源志愿者、智囊讲师志愿者。充分挖掘家长资源，探索家长进课堂、家长进学校的家校互动新形式。

案例 5-10　家长讲坛—不一样的课堂

9月1日下午，卢湾中学开学第一天的课堂上出现了一批神秘的人物，他们在讲台上忙碌地准备着各种"教具"，人体模型、地球仪、五颜六色的花、五彩斑斓的旗袍盘扣……

这些身怀绝技的来宾就是我们邀请到课堂上的家长志愿者，他们来自各个行业，对各自的领域有着独到的认识和见解，他们将自己对职业的热爱和理想的坚持带到了三尺讲台。看到了自己的爸爸妈妈站在讲台上，我相信台下的学生们不仅仅是自豪，更加强了对今后理想的不懈坚持。

2017学年第一学期"开学第一课"家长讲坛：

227

班级	课　题	家长姓名
六(1)	职业的色彩	王籹多妈妈
六(2)	多姿多彩的花	肖睿婷爸爸
六(3)	我们一起来运动	沈欣儿爸爸
六(4)	麻醉学的急救	李晨婕妈妈
六(5)	身体的奥秘，人类的荣耀	季沁仪妈妈
六(6)	一本书是怎样形成的	李泽昊妈妈
七(1)	杂谈"墨子救宋"	王砚平
七(2)	茶文化	查金忠
七(3)	"一个实现梦想的人，就是一个成功的人"	茆玉巍
七(4)	西游记	赵国清
七(5)	兴趣：旅游	厉凌燕
七(6)	走近老师	刘金艳
八(1)	世界上没有白走的路，每一步都算数	徐嘉侯爸爸
八(2)	家长进校园之职业分享	姚子炎妈妈
八(3)	理财小课堂	王翰飞爸爸
八(4)	美丽中国——旗袍文化校园行	刘秋雁
八(5)	钢铁与生活	俞奕朵妈妈
八(6)	面对大数据	董格浩爸爸

（2）文化支柱——在无边界课程中孕育生命智慧

课程文化，是学校最强大的生命力。学校致力于撬动课程结构，打造未来课程，力图实现"绿色基础上的优质、公平基础上的效率、课程结构上的攻坚、个性化学习的挑战"。

学校以"无边界"为核心概念，建立特色、多元、全面的课程体系，旨在促成学生回归人的本性，成就一个完整的人。改变传统的灌输式教学模式，利用合作学习、混合式学习、深度式学习等转变学习方式，通过生活化的、游戏化的、社会化的学习，构建互动、高效的现代化课程。

突破教室的时空围墙、校园内外的有形藩篱,营造"全员·全程·全息·全景"的教育生态园,使教育更贴近生活、贴近自然,多一些大自然的芬芳,多一些生活的气息和未来的味道。

案例5-11 走进校园,关注成长

——卢湾中学六年级家长开放日活动

今年九月以来我校在六年级开设了家长学校,在近三个月的时间里,学校和家长开展了专家讲座、亲子活动等形式多样的活动。为了让家长更了解学校,更了解学生的学校生活,同时也为了建立家长与学校、教师的良好合作方式,推进家庭教育的改善与发展,我校于12月1日开展了家长开放日活动。

一早,家长们就纷纷来到了学校,学生们满怀期待地在教室门口迎接着家长们的到来。第二、第三节课,家长们走进课堂和孩子们一起上课。其中有2节是无边界课《谁主沉浮》《多姿的线条》,课堂上教师用项目设计与实施作为驱动,让孩子们参与研究和动手实验,亲眼发现更真实、更新鲜的世界,帮助孩子和世界、社会建立关系。在课堂设计上充分体现了"让学生的思维玩转课堂"的指导思想。把游戏、实验、体验植入课堂,摒弃那种枯燥的"我教你学"的单向传输手段,在"玩转课堂"中激发生命无限的活力与潜能,在知行合一、张弛有度中充分感受课程的活力与张力,实现课堂教学的大胆创新! 家长们不仅了解了学校的教学特色,更对孩子在课堂上的学习有了进一步的了解。

课后家长、校领导一起开展家长沙龙。罗志红副校长向家长介绍了开学以来学校开展的活动,年级组长吴浩老师介绍了六年级的学习情况、德育活动和学生行为规范方面的情况,家长代表交流了孩子进校后的感悟。家长们认为教师素质高,责任心强,关爱每一名学生;课堂精彩,循循善诱,学生参与度高,寓教于乐,教学效果显著;学生活动展示体现学生校园活动丰富多彩。家长在整个开放日的展示过程中,既看到了年级集体智慧的呈现,又看到了各班独具特色的风采。前来观摩的家长都目不暇接、感触颇多。

家长开放日活动是促进学生们认真、积极参与学习的过程;是促进老师们严谨治学、提高自身业务水平的过程;也是家校合作开展教育教学的过程。家长开放日营造了和谐的亲子关系,让家长走近学校教育,和老师面对面,与课堂"零距离",跟孩子"亲密接触",感受新课改理念下的中学教育。

一种文化理念,是学校精神的一次传递;一根文化支柱,是学校自身发展的一个足迹。在校园文化建设中,卢湾中学在努力建构自己的文化大磁场,吸引学生们孜孜不倦求学,堂堂正正做人。

案例 5-12　卢湾中学的文化载体

1. 推进文化育人阵地建设,如文化艺术长廊、校史馆等

学校对校园环境进行改造,大厅、各教学楼层、各教室进行主题、色彩的设计和布置。营造和谐校园氛围,创设文化育人潜在环境。

学校精心规划校园美化工作,大厅设计紧紧围绕三年发展规划的主线,图文并茂展现学校的特色工作,呈现"众人文化"建设的成绩。楼层的设计主题明确:二楼为"礼而知仪",三楼为"廉而守信",四楼为"学而弘毅",五楼为"思而致远"。

学校积极开展班级文化建设,营造良好的育人环境,形成独特的文化氛围。各年级、各教室都形成自己独特的班级文化氛围。每个班级门口都设计有镜框,包含班级集体照、口号、流动红旗等内容;教师里有班徽、

班歌、班级荣誉等展示。

2. 加强健康文明的网络文化建设,创新文化载体,有效利用新媒体传播先进文化

学校加强完善学校网站,设置"校园动态"、"德育工作"、"学生天地"、"交流活动"、"星语心愿"等版块,建设和谐校园在线、党建网页,及时通过网络,将学校的教育教学各项工作及时向社会公布。

在综合文科组中开设青年教师博客;成立翻转课堂实验小组,在数学、物理、科学等学科试点翻转课堂教学,运用微视频开展教学实践;物理学科试点"云空间"的共享。

2. 用创新开拓校园"文化场"

实施培养学校"优秀"文化路径实践研究,倡导"不用扬鞭自奋蹄"学校精神。在卢湾中学,学校非常重视挖掘自身的文化标记,大力倡导和弘扬"四品精神",即党员干部讲品行,教育教学讲品质,师资队伍讲品牌,办学特色讲品位。"四心"情怀,即家长放心、学生舒心、教师安心、社会称心。

(1) 规范 + 系统——创新机制,保证"品质"

学校群策群力,制订了《在"众教育"中培育生命智慧——卢湾中学五年发展规划(2016—2020)》,围绕规划建立合理的分工负责和相互协作机制。每个实施项目都有相应的项目团队,负责精致化地设计项目内容,并形成分年度实施计划。明确了"众教育"内涵,自编《"众教育"80条》作为全体教师的教育信条,着力在"众教育"生态中聚焦培养具有"感召力、自控力、创造力、执行力、规划力"特质的卢湾学子。

依据依法管理、民主管理、校本管理、科学管理的理念,汇编《上海市卢湾中学管理手册》,从基础性制度、规范性制度、程序性制度、评价性制度四方面形成完善的管理体系。将学校管理内化为师生共同的价值追求

231

和行为准则,努力实现学校管理的文化自觉。2016 年 11 月 22 日《上海法治报》刊登了《六度教育法提升依法治校软实力》,对学校的依法治校工作进行了介绍。

(2) 特色＋变革——创新课程,打造"品牌"

学校提出以"整个世界都是'教室'"作为课程理念,突破学科边界,实现学科串门、知识融通;突破学段边界,探索"小—初—高—大学"一体化的科技创新人才培养模式;突破时空边界,开发微视频移动学习平台,让学习无处不在;突破家校边界,成立家长课程智囊团,让家长参与学校课程建设;突破校内校外边界,开发《走读黄浦》和职业生涯体验课程,丰富学生的生活体验。

成立"无边界思维坊"教师跨界学习共同体,成立通过跨界教研,消除知识孤岛,催生创意无限的"无边界校本课程"。《推进教师跨界学习的实践研究》已立项为上海市教委课题。成立"酷课·创学"中心组,探索混合式交互环境下的微视频和 Ipad 教学,通提出撬动课堂结构,优化学生思维,改变教室"温度",让教学活起来。

2015 年 11 月,学校召开了"催生知识创想共育跨界文化"六省市十四校"无边界课程"研讨会;无边界思维坊被评为黄浦区青年文明号;《催生知识创新孵化学生潜能——卢湾中学"无边界课程"的校本化开发与实施》专题视频被收入 2015 年上海市校(园)长暑期培训专题课程。

2016 年 11 月 17 日由中国教师报主办,上海市黄浦区教育学院、上海市黄浦区教育学会承办的 2016 全国中小学深化课程改革研讨会暨"突破边界"黄浦现场会上海市卢湾中学召开。卢湾中学成为本次活动的主会场。

(3) 多元＋个性——创新方法,提升"品位"

学校围绕"让美的行为在校园里闪光"主题教育活动,将"行美至真,心美至善"作为行规养成教育的行动指南,进行社会主义核心价值观教育,将规范内化为信念,将信念外化为行为,促进学生从他律走向自律。

学校基于"五力"培养,探索学生自主发展和过程评价新模式,以"卢湾中学星辰榜"活动和小干部轮岗制,激发学生自我规划、自我管理和自我评价的主动性。完善德育课程体系,形成节庆篇、成长篇、特色篇和专题篇四大板块融入式德育课程。同时开发了三大类领导力培养嵌入式课程。开展学生职业体验领导力指导课程,学生赴打浦街道、南京路"好八连"、家庭银行、瑞金医院研究所、八号桥创新园区、外高桥自由贸易试验区内的国际物流公司,体验职业特色、启迪职业理想和自我规划;开发领导力实训课程,通过户外拓展、社会服务、角色扮演、演讲辩论等,培养学生才能与活力;整合校外资源,开展特色实践项目课程。遴选教师成立"科普讲师团"及"科学创智 home",带领学生走进卢高天文馆、交大医学院实验室,开展科技创新活动。与市科协联动,开展"太空种子"种植观察课题研究。与黄浦区文化馆联合,带领学生走读黄浦,走近石库门,了解黄浦的历史和人物。融入式课程和三大类嵌入式课程的整体规划和有效融合,形成了具有校本特色的培育学生领导力的德育课程,真正让孩子看得见自己的成长。

案例 5－13　共度元宵节

3 月 2 日,我们迎来了春节之后第一个传统节日——元宵节。

追忆传统　乐享元宵

猜灯谜是元宵节的传统活动。3 月 2 日中午,学校的底楼大厅人头攒动,这里正在举行卢湾中学一年一度的元宵猜灯谜活动。

底楼大厅里张灯结彩,每张灯谜下都围着一群学生。他们正绞尽脑汁地认真思考着每一个谜题。底楼大厅还设有兑奖处,猜中的队员还可以兑换一份小礼品,同学们热情高涨。随着灯谜谜底的一一揭晓,活动也

233

渐渐到达了高潮。

元宵节向来是中华民族非常重视的一个传统节目,伴随着传统项目——猜灯谜的开展,同学们欢欢喜喜、热热闹闹地闹了一次元宵,浸润在传统文化中,感受传统节日的魅力。

崇德向善　志愿服务

尊老敬老是中华民族的传统美德,是所有民族宝贵的精神财富,作为新时代的我们理应传承与发扬。

学校的元宵节活动结束之后,学校教工团的老师们与学生们一起前往打浦桥街道和街道的老人们共度元宵,用实际行动来诠释中华民族的传统美德。

学生们的到来受到了街道老人们的热烈欢迎,一首《追光者》,让现场伴随着歌声温暖起来,学生和老人们其乐融融,感受着节日的洋洋喜气。六(6)班同学带来的舞蹈更是把活动推向了高潮,欢声笑语中,每个人的脸上都洋溢着幸福。

老人们的笑容是对学生最大的鼓励,元宵,是一个团圆的节日,因为和老人们一起,学生的元宵节变得更加有意义。

聚爱心　传真情

今年的元宵节也正值学雷锋月,学校开展了以“真情传爱心积聚青春正能量”为主题的学雷锋义卖活动。这是一个让同学们十分期待的活动。活动开始前,各中队积极准备,自制展板,征集宣传口号。活动期间,气氛热烈,场面火爆,各中队都纷纷亮出自己的特色,出奇制胜。

义卖活动一直以来是卢湾中学学雷锋月的品牌活动,也是温暖度最高的一个活动,我们用真情传递爱心,用温暖传递希望,发扬雷锋精神,弘扬青春正能量。

案例 5 – 14　我们要做热血铸就的警察

——记八(5)班职业体验活动

2016 年 12 月 23 日周五,我们八年级各个班级都开展了职业体验活动。学校,社会这两个词总在我们耳边响起,因为我们和它们密切相关。学校是学习的圣地,而社会是在实践智慧。在这个实践中,我们学习自己感兴趣的职业知识,了解社会,尊重劳动;开阔视野,增长见识;培养职业理想,同时理解和感受大人工作的不易。

经过多天的讨论,我们决定前往黄浦公安局公民警校,去体验做特警。公安局,银行,马路十字路口,电影电视剧,我们对于"警察"可谓是熟悉得不能再熟悉了,可是又有谁真的深入了解过这个职业? 警察身上佩戴的枪支,打枪的方式方法,流传至今都还在用的武器,今天就让我们去一探究竟!

走了不少路,我们终于来到了黄浦公民警校,来给我们讲课的是特警队的特警队长以及他的两个队员。宽阔的房间,三位穿着警服的特警让本来吵吵闹闹的班集体一下子安静了下来。排排队坐好,长桌子上的武器更是吸引了不少男同学的目光。警官为我们介绍了平时常用的枪械及其用法,以及不同情况下要使用的不同武器。同学们对于这些都听得可认真了! 警官先是拿起桌子上摆着的一种说:"这个是弓弩,它们从古流传至今,其特点是重量轻、精度高、而且发射无声隐蔽性好,是在特殊环境下执行特殊任务的,例如:在易燃易爆的区域制服敌人,而不会引起不必要的伤害和损失……"他演示了一下大概的操作方式,还提醒我们不能乱动,即使是弩也是有杀伤力的。警官说完拿起了个较大的枪,接着介绍:"这是狙击枪,精度高,距离远,可靠性好,通常在人质解救行动或者冲突当中使用……","然后手枪,作为单人使用,个人自卫武器,它短小轻便、结构简单、操作方便、携带安全、能够快速开火伤敌……"

介绍完后,特警队长还特意让同学们上去亲身体验一下。大家蜂拥而上,争着去摸。冰凉光滑的漆黑材质,半眯着眼去仔细瞄准,戴戴宽大的帽子,瞧瞧军用望远镜,还有的在特警的指导下扣动扳机……无论男生女生,大家都是兴致勃勃,好奇地在研究。大家排着队一个接一个轮流体验。还没轮到的同学问体验过的同学:"喂,感觉怎么样?""爽,厉害极了!"。

通过这次的活动,让我们更深入地了解了警察这个职业。拿起一把沉重的枪也便代表着背负起了沉重的工作。国家的安全,城市的安全,孩子们的安全,都是由他们——我们的"骑士",守护起来的。

特警队长也说了,就连平时的训练也会有人受伤,更不要说实战了。他们沐浴危险,才换来了我们安详的生活。不仅是他们,其实每个职业的每一个人都为我们美好的生活和环境做出了贡献。让我们共同努力,组成美好的未来吧。

(八(5)班　姜缘缘)

3. 用特色彰显校园"文化场"

(1) 最美孝心,爱心账单

学校开展"卢湾中学最美孝心学子"评选活动,征集并制定卢湾中学学子孝心账单,学生和家长每周共同记录孝心账单。每学年评选出 12 名"卢湾中学最美孝心学子"。《新民晚报》《青年报》《上海中学生报》等媒体先后报道了此活动。

(2) 彩虹计划,快乐相随

学校党支部与上海儿童医学中心党支部建立了友好共建。活动延伸到学生群体的活动,活动主要分为"悦"读、"漫"话、"分"享三个部分,针对儿童医学中心需要帮助的不同年龄层次开展志愿服务,并将活动从暑期延伸到平时的日常学习生活中,与长期患病儿童交朋友,为他们提供心灵互助。

近年来学校获得的市级及以上奖项有:上海市文明单位、上海市安全文明校园、上海市语言文字规范化示范校、上海市科技教育特色示范学校、上海市航天科技特色学校、上海市航空模型活动特色学校、上海市体育传统项目学校、上海市群众体育先进单位、上海市教育系统法制宣传教育先进学校、上海市依法治校示范校。两年间,教师和学生在各级各类比赛中屡获殊荣,教师获奖102项,学生获奖331人次。

新闻媒体报道(见表5-3):

表5-3

报道时间	报纸杂志名称	题　名
2015.1.30	黄浦报1版	中小学生明起迎来《悠长假期》
2015.2.28	黄浦报6版	开学第一课绽放青春活力
2015.3.9	上海中学生报2版	"羊舞新春"卢湾师生同台乐
2015.3.31	上海法制报B7版	整合资源剥离杂碎,让校长更专心搞教育
2015.10.28	中学生导报1版	海派文化课程令韩国学生称奇
2015.11.4	中学生导报4版	有朋自远方来,不亦乐乎——上海家庭接待韩国学生侧记
2016.2.19	青年报A04~05	展孝心——晒感人照片,做最美孝心学子
2016.2.24	新民晚报B5	卢湾中学评选"最美孝心学子"
2016.3.15	上海中学生报1版	认真做好每一件事
2016.5.31	新闻晨报B7版	学段贯通,学生学有所成、学有所长
2016.8.5	黄浦报1~2版	寓教于"微"争做教师典范
2016.8.	组织人事报	卢湾中学党支部学习教育"寓教于微"
2016.11.22	上海法制报B7版	六度教育法提升依法治校软实力
2016.11.30	中国教师报12~13版	"无边界微型课引发的沙龙研讨"——学校育人的"破界"与"守界"
2016.12.1	上海教育	为育人而跨界——2016全国中小学深化课程改革研讨会在沪召开

第五章　师生关系的温暖度

卢湾中学致力于打造平台,让教师与学生一起,在学习和活动中绽放自己的光彩。卢湾的师生,是师生,亦是家人,在齐心协力中共创卢湾的未来,在温暖相处中共享生活之乐趣。

第三节　教师实践案例:严而有爱、温暖如春

话题一:教师如何才能"严而有爱"?

严与爱在教育问题上是一对矛盾的统一体,没有爱就没有教育,但仅有爱也不是教育。初中的孩子正处于青春期,他们处于情感与理智的交锋之期;他们时而敏感时而激情;他们开始有自己的想法,创意百出;他们又容易迷茫,不知所措。教师在教育学生的过程中,要把握好对学生"爱"与"严"的尺度,不能对学生爱得太过分,爱得太随便,也不能对学生束缚得太紧,管得太死。怎样把握好对学生适度的"严"和恰当的"爱",做到爱中有严、严中渗爱,心中的天平如何能够持平? 卢湾中学的老师们,正用自己的智慧,完成一位"严而有爱"的老师使命。

(李莹莹:学习赞赏的智慧)

开学才一周,我就发现班上一位男生被其他学生频频告状。

"李老师,小 C 老是来骂我,说我笨蛋。"

"李老师,小 C 传本子的时候老是乱扔。"

"李老师,小 C 上课的时候总是踢我的凳子。"

诸如此类。一开始,我还以为只是学生之间的一些小摩擦,过几天就好了。没想到,一周,两周,三周之后……

那天,我刚和同事吃好中饭回到办公室,不一会,班长急匆匆跑来说:"李老师,刚才小 C 和×××打架了,打得很凶"。我一听,脑子里第一个

念头就是:小C怎么从吵架开始升级为打架了？快步走出办公室门口,没想到,就看到我们班几个大个子"押"着小C过来了。他一脸通红,满头大汗,双手被左右两边的同学反扣,两边是同学们正义的表情,而小C则用一双充满愤怒、委屈、无助的眼睛看着我。看到这个情景,我第一反应就是赶紧让同学们把他的双手放开,接着留几个见证人一起弄清事情的来龙去脉。

趁小C在办公室冷静,我去教室了解情况。没想到全班都对小C表示不满意,看到他被老师带出教室纷纷叫好。我心理暗想:看来在这一个月里,小C把班里同学得罪遍了。难怪同学看到他捅大乱子会采用对付敌人的那一套,用"押"的方式送到我面前。不过想到那一幕我心里还是很难过。我把我的感受讲给大家听,同学们都沉默了,觉得以这样的行为对待同学确实不妥,很多同学甚至忘了小C的错,开始同情起他来了。看到同学们为之动容,我极力赞扬了他们的宽容,并请求同学们不要主动去惹小C,如果小C来惹你,不要跟他计较。同学们都说"做得到"。

小C这边,我也不放松地引导沟通。一两周后,坐在他旁边的女生又来告状了,说小C一下课就趴到她的桌子上,说她笨蛋。她一开始不搭理,小C就继续说,如果她回骂,小C就说得更厉害。最后这女孩留下一句:我觉得小C没法原谅,他改不了。听到这里,我开始意识到问题的严重性,再联想到之前听说他曾被某某私立学校赶出来的事,我就知道他这种行为习惯的存在是有悠久历史的了。

我和他家长的沟通开始比以前更频繁了。在一次打闹事故中,小C这位"大力士"竟然拿扫帚当武器,和同学对打。他妈妈闻讯赶来,一脸歉意地坐在办公室里。小C的妈妈是一位善良的母亲,对老师很客气,也知道自己的孩子经常惹事。她说小C的爸爸忙于工作,由她主要照顾小C的生活和学习。随着年纪的增长,小C越来越有主见,脾气也更大,家长也在家里说了他很多次，但还是越来越难教育。

看到家长一脸无奈的表情，我觉得很棘手。如果小C经常这样捣乱，势必会给班级同学的学习和生活造成很大的影响。究竟怎么做才能让局面逐渐变好呢？我得想个好办法把小C的坏毛病逐渐纠正过来。巧的是，刚好碰到罗教导，她帮我支了个招：如果小C下次再做一件错事，就请他做五件好事作为补偿。平时也可以让他多做一点事情，让他忙起来，做得好，就多表扬表扬他，让他有信心。

第二天，我把小C请到办公室，先把他的优点夸奖了一番，然后说我这里工作比较多，问他愿不愿意做老师的小助手。小C一听，欣然答应。这样，一下课小C就主动到我办公室，认真地做我分配的事情。

我渐渐发现，小C其实是一个做事认真的孩子，也是一个急需得到关注的孩子。于是，每当他顺利完成一项任务，我就毫不保留地夸奖他。如此，他也朝着我预期的目标前进。这真是个两全其美的好方法。小C受到了我的赞赏，非常高兴，做事也更有积极性了。

正当我在庆幸的时候，一天正在吃午饭，一名学生急匆匆跑来告诉我："李老师，小C和小A打起来了"。饭没吃两口也不管了。果然打得厉害，两个男生都脸红脖子粗，小C甚至跳起来对着小A说："你会遭天谴的！"我心里又好气又好笑，我意识到孩子的坏毛病又开始反复出现了。了解下来，小C先是平白无故去骂一女生，小A看不过就去帮忙，于是两个人就打起来了。

还是祸从口出。这一点，我已经批评他多次，劝他不要逢人就说"你真笨！"或"你是坏蛋！"当时他也点头表示不再这样，要多夸同学而不是攻击，可是还是做不到。看来小C可能是想引起别人注意，是想和同学打成一片，无奈却采用了一个错误的挑衅的方式。看着他认错时那张单纯的脸，我又想到这毕竟是十一、二岁的孩子。我思考怎么样才能慢慢纠正他口出恶言的坏毛病。我突然想起小C上海话讲得特别好,于是,我请小C教我讲上海话,他立刻满口答应。学了一些基本问候语之后,我开始我的计谋。我找来一些文明用语、夸赞语。比如:谢谢你、不客气、你真厉害、你真聪明等等。我想,他经常重复教我这些,他的思想经常和这些词汇打交道,应该会对他改正坏毛病有帮助。小C教得很起劲,我还借口想不出夸赞别人的词汇、语句,请他帮忙想,他乐此不疲地做着这项工作。

果然,几周后,我在班级中找了个别同学做调查,他们反映小C最近变化较大,还别人东西的时候会说谢谢了,偶尔也会夸其他同学,和同学的相处也越来越融洽了。我心里乐开了花,心想,不止是我感受到了赞赏的力量,相信小C也感受到了,今后的他一定会越来越好的!

(文全民:给他一抹暖阳)

小马,黑黝黝的皮肤,矮墩墩的身材,远远看去就像一只小黑熊,而且是一只独来独往的小黑熊。10月份的月考他排名年级第177,期中考试滑落到第183名,位列年级后五位。在短短两个半月的时间里,他还跟同学打了三次架,被罚做值日4次,作业不能按时按量完成的次数更是数不胜数。可是,这距离他离开小学、来到中学仅仅只有两个多月的时间。

听同学说,小马在小学的时候就与部分同学合不来,来到中学这一陌生的环境之后,他依旧不能很好地处理与班级同学之间的关系,所以与他玩耍的伙伴真可谓凤毛麟角。而跟他打架的有两次都是班上人缘颇好的体育委员,那位个头高高的男孩子。小马虽然只有十几岁,但是他的父亲已经60多岁,母亲也50多了。有一次跟他母亲通电话时得知,小马在家里一旦犯错,父母惩罚他的方式只有拳脚相加一种。而每次他犯错后,我苦口婆心的劝导以及对他严肃的警告似乎都只是一剂止疼药,没几天他便我行我素起来,照旧惹是生非。那时我便疑惑,在这个小男孩的心灵深处,到底埋藏着怎样叛逆的种子呢?

与其苦苦思索,不如付诸行动。其实每个人都好像是一把锁,唯有找到合适的那把钥匙,方才能将其打开。根据半学期来我对他的了解,我想是到了解决这个问题的时候了。首先,需要减少甚至杜绝他不按时按量完成作业的不良习惯;其次,让他做到遇事冷静,决不可出手打人;再次,帮助他尽快融入到班集体中去。

期中考试过后,学校紧随其后的大事就是运动会。这个连体育委员都不怕的小马,想必定有一身蛮力。

"小马,你身体条件不错,这次学校运动会准备报哪些项目啊?"有次我找他来闲聊。

"老师,你怎么知道我体育好啊?"小马抓抓头憨憨地笑道。

"看你这积极参加学校足球拓展课的劲头,老师就知道了。小马,尽自己的能力去做,为班级争光,我们相信你!"

后来,小马参加了班级拔河比赛与三项全能。在拔河比赛中,我特意将他安排在队伍的最前列,拔河时他铆足了劲儿,拼尽全力为班级获得了宝贵的第二名;三项全能项目中的他也不负众望,夺得了年级第一名的优秀成绩。

看见他取得了如此优异的成绩,我真是满心欢喜,想到教育他的良好契机终于到来了。

首先,对他所取得的成绩大加表扬。一直以来,在学生面前我都是比较严肃的,如此表扬一个学生还不多见,或许也正是这样,这样的表扬也才越发具有激励效果。让他站到讲台前接受全班同学的掌声与喝彩。无疑,这次表扬极大地激发了他的自信心,让他感受到被尊重的满足。

其次,帮助他尽快融入班集体。课下,我找他来聊天,与他商讨起学习成绩的问题。这一次,他的言辞也不再躲躲闪闪,一股脑跟我说出学习上的不足之处。由于他的基础实在不好,于是我就跟他一同设计出近期他的学习规划,诸如对于家庭作业的完成情况,再比如下一次月考力求争取的年级名次等。由于计划设计合理,是只要努力就可以达到的,他也比较乐于接受。

最后,让他学会控制自己的情绪,冷静处理突发事故。其实,这也是最难做到的一点。因为在与他的接触当中,我了解到他这一性格的形成与他父母的不当教育是紧密联系在一起的。而几次与他父母的电话联系及面谈,我更是深刻体会到他母亲在教育孩子方法上的错误与歧途。所以,除了他的母亲外,我还特意要求他的父亲一同参与对孩子的教育问题。他的父母亲当着我们老师的面,保证以后不再采取简单粗暴的方式殴打小马,另外,跟我们确认了多多与老师沟通的机制。与此同时,我们学校方面也给小马提出了要求,遇到事情首先想到要找老师来解决,坚决不允许与其他同学打架斗殴。

距离上次对小马的教育已经过去了一个多月了,在 12 月的月考当中,他的年级排名上升了 13 名,同时,家庭作业基本都能按时按量完成,同学向我投诉他的事件大大减少,他那张以前总是愤愤不平的脸蛋上也时常能看到一抹灿烂的阳光。

对于一名转学生,文老师一开始并不了解情况,所以他最初并没有对小马同学采取特殊的措施。直至两个月之后,当他对小马有了较为充分的了解之后,他才开始构思针对这位同学的教育方法。教育不是一蹴而就的,而是循序渐进的。文老师充分把握住了这一点,设计了较为长期的全面的教育措施,抓住契机,一步一步引导学生控制自己的情绪、融入班集体……小马的转变和成长都看在文老师眼中,得益于文老师的爱和智慧。

教育反思：

在此次对于小马的教育事件当中，我的感受其实颇为复杂。教育孩子没有唯一正确的途径，因为没有完全相同的两个学生。很多时候，由于学校力量的薄弱，我们很难彻底扭转一个学生的不良状况。因此，我们就不得不集聚多方面的力量来共同教育孩子。

第一，家庭教育在学生思想的形成上具有举足轻重的作用。像本文提到的小马同学，母亲只顾一味地溺爱孩子，当孩子犯下错误的时候只知道恼羞成怒，与孩子父亲将其毒打一顿。久而久之，小马内心深处就理所当然地认为解决问题的最佳途径是拳打脚踢。而这种想法一旦形成，在短时间内是很难改变的。

第二，发现学生的闪光点是思想教育的良好切入口。一个稍显孤僻的小马，同时又总喜欢在学校惹是生非，这样的学生说实话很难让老师喜欢。但若老师对此一直抱有成见，总是盯着他身上的缺点看，时间久了，老师的这种眼光势必会潜移默化到其他学生身上。而那种遭受老师同学"歧视"的学生，我们有什么理由相信他们能在思想上彻底转变，成为一个优秀的学生呢？教师唯有放下成见，找到他的闪光点，让他明白到自己的价值、自己的优秀所在，才有可能对他进行比较成功的思想教育。

最后，教师要善于打开一扇充满阳光的大门。无论你是完美主义者也好，还是疾恶如仇者也罢，你都不能像要求一个成年人一样来要求一个学生。惩罚固然不失为一条教育学生的路径，但在此之前，教师还是应当首先想到鼓励的作用。给孩子一抹阳光，让他们感受阳光的味道，他们才愿意去追求太阳。如果总是威吓他们黑暗的可怕，可能时间久了，他们的心灵深处，真的就生长出一块阴影来。即便这块阴影可能最先是父母亲开启的，但我们如果雪上加霜，那么阴影也只会越来越大，终有一日，笼罩住他们稚嫩的脸蛋、身心。所以,在这两者之间,我宁愿选择给他们一抹暖阳!

从文老师的反思中也可以看到,对于小马同学的教育策略是他经过深思熟虑的结果,文老师用爱打开了一扇充满阳光的大门,用智慧为小马指引了方向,温暖了小马的内心,也温暖了师生之间的关系,达到了显著的效果。

（邵欣悦:多给学生一份爱,他们会还你一份精彩）

照片上的小郭是个品学兼优的好学生,十分能干,是当之无愧的班长。还记得第一次看到他的最初资料,上面写着他来自山东,有两个哥哥,父母的工作单位和家庭地址都写得很不具体,没有家庭电话,只有父亲的手机。为了家访,我和他爸爸联系了很多次,他爸爸总是以种种理由希望老师不要家访,最后在开学前才把学生带到学校和老师见了面。

在随后的时间里,我发现小郭非常成熟懂事,但是却有班干部和同学反映有事情时联系不到班长。同学们说班长告诉他们他家住在新加坡美术馆,但是从不让同学去,他家的电话号码也保密。我决定跟小郭爸爸谈一次。因为有了一段时间的接触,家长对我有了信任,把家里的情况和老师讲了:他们家里很困难,三个男孩子都在读书,仅靠爸爸在厂里打工的一点钱生活。好在三个孩子都很有出息,很懂事,自尊心也很强。

不久我听到语文老师说起班长的摘抄老是晚交,这与他一贯的良好表现很不符合。于是我向语文课代表了解情况。这项摘抄是老师新布置的作业,要求学生阅读每期的《读者》,选取里面好的章节,而班长似乎不像其他同学一样，每一期一出来就去买，而是等图书馆里来了新期刊再做。想到小郭因为买不起 3 元一本的杂志，也不愿意让同学知道，每次总是悄悄地去图书馆借。有时候这本颇受欢迎的杂志被借出去了，他就不得不焦急地等几天。我心里很不是滋味。

于是在我的坚持下，终于去小郭家访问了一次。我很吃惊，在繁华的上海市区里居然还有这样的房子，其实也不算是房子，只是搭建在曲折小弄堂里的一个棚。沿着一个狭窄摇晃的楼梯，我看到小郭的爸爸妈妈站在门口等候。进了门，发现屋子里除了两个上下铺，既没有什么家具也没有什么可坐的地方。他妈妈不断自责地说，虽然他是个运动员，也在长身体，但是很少买肉，老家还有两个读书的儿子也很少吃肉，虽然他读书用功，但是家里连写字的地方也没有，现在有时候训练结束还要去爸爸厂里帮忙，然后在厂里做做作业，还能挣点零花钱。

第二天，借着表彰优秀班干部，我将家里收藏的一百多本读者送给了小郭，让我很高兴的是，他愉快地接受了。此后，每一次英语测验，只要 90 分以上，我都会将新一期的《读者》夹在周记本里奖励给他，有时候会将点心放在班长日记上，小郭则以优异的成绩和积极的班级管理来回报老师。

如何能让自尊心很强的学生愿意吐露心中的秘密和困难；如何能让他们觉得被理解而不是被同情，接受帮助而不是接受施舍，这不仅需要老师持久地关心、不断地了解、平等地帮助，也需要时时留意保护他们的隐私。每次要收费，资助，或者填写家庭情况时，都要悄悄地进行，除了经济上的资助外，贫困生更需要精神上的辅导和心理上的帮扶。我们要为贫困生创造一种轻松的氛围，解除他们的焦虑；增强贫困生的自信心，帮助他们完善自我；加强贫困生艰苦奋斗的教育，各种资助与自励教育相结合；心理咨询与自我调适相结合；人文关怀与应有的尊重相结合;普遍教育与个别疏导相结合,使他们能以平常心与人交往,提高主动沟通的能力和面对问题、解决问题的能力,从而使他们更自信地融入到同学中间去。

我相信:如果多给学生一份爱,他们会还你一份精彩⋯⋯

严爱结合是教育成功的基石。教育家爱马卡连柯说:"我的基本原则永远是尽量多地要求一个人,同时也要尽可能多地新生一个人。"没有严的爱,就如春天缺少鲜花,夜晚缺少星光,必定令人倦息;没有爱的严,恰似无源之水,不毛之地,终将使生命窒息。爱如母,严如父,爱与严相结合才能共同托起明天的希望。

话题二:教师如何才能"温暖如春"?

温暖是一种境界,一种豁达宽容的心态,是一种遇事从容淡定的心情,更是一种做人的修养与觉悟。冰心说:"情在左,爱在右,走在生命的两旁,随时播种,随时开花。"作为教师,只有我们内心温暖,才能温暖学生。爱是教育学生的起点,爱是沐浴学生心灵的阳光,爱是滋润学生心灵的春风。每一位学生都渴望得到老师的关爱,尤其是那些家庭有过特殊变故和身心情况特殊的学生。卢湾中学的教师们真诚相待、热情鼓励、耐心帮助,用师爱的温情去融化他们心中的坚冰,让他们在愉快的情感体验中接受教育,做一个内心温暖的人,温暖自己,在温暖如春的校园里,长成参天大树。

(汪颖:她叫我妈妈)

现在的不少中学生,无论是学习素质或是心理素质都普遍较差,厌学情绪也较为严重,其思想品质不纯,行为不端。他们的言行举止在一定程度上严重地影响了学校正常的教学秩序。与此同时,现在的老师往往有一种感觉:学生难教,教师难做,师生之间缺乏亲密合作的和谐关系,教学活动得不到有效地开展。特别是有些科目机械地死记硬背,忽视了教学理论与记忆规律,给学生造成沉重的负担,同时迫于教师的高压,学生在苦学中厌学,导致师生关系紧张,在恶性循环中阻碍了学生的发展。其实,教学活动是一个师生之间互动的过程,师生之间和谐合作,是教学活动得以顺利开展的重要前提。关系融洽才能活跃课堂气氛,才能调动起学生的极大热情去参与学习。因此,建立和谐的师生关系,对提高教学效率是十分重要的。

还记得七年级刚接手这个(3)班的时候,虽然原先六年级时已经任教他们班,对于这些学生的情况还是比较了解的,但由于不是班主任,所以孩子们跟我不是很亲,甚至有些学生还带着比较的心理来看待我和原先的班主任,特别是小盈。她是一个很爽朗的女孩,带着男孩子的洒脱,也带着男孩子的调皮和任性,对于我当班主任她在表面上做出一副无所谓的态度,但是看得出来她还是带着抵触情绪的,毕竟原班主任带了一年,他们之间的感情还是蛮深厚的。由于她男孩子似的性格,看到不平的事她会出头,不管对方是谁,看到别人有困难,她也会帮一把,所以班级里的大部分同学都跟她关系很好。她的一些情绪往往带动了班里的很多同学,如果不能把她的感情处理好,可能今后她就是一个带头"暴动"的人。因此在我接班后,我很真诚地找她谈了一次,希望她能担任班长工作,为班级里的同学做好调解工作。她犹豫了,觉得自己的成绩不够好,担任班长好像不够格。我及时给了她鼓励,谈到了她一贯在班中的表现;谈到了班级中现在存在的问题;谈到了她可以以她的个人魅力感染人群,等等。结果出乎意料得好,她接受了班长的职务,并且在之后的时间里认真地协调好同学之间的问题。当然,每当她在工作中遇到困惑,我也都及时跟她聊。随着时间的推移,我们聊的话题开始慢慢多起来,她也谈到了她的小个性,她的家庭,她的偶像,等等,她自己也觉得跟我之间不再是以往心目中的师生关系,我们是平等的,甚至于她越来越依赖我,她说她妈妈很多事情不理解她,反而是我更理解她,更懂她。有一天她突然对着我叫了一声:"妈妈"。我一愣,还没反应过来,她就以为我默认了,高兴地蹦了起来,说:"那以后我就叫你妈妈吧,你叫我宝贝吧!"之后她几乎每天都要在下课后过来跟我聊两句,谈她的高兴,谈她的伤心……

特别是在进入八年级后,我经常把社会上的一些就业问题和一些考证问题拿出来跟她聊,有意识地引导她。当她意识到目前的学习状况不够乐观,面对高中升学有一定困难时,她突然就联想到由于她的成绩不够好,会对不起我这个教师"妈妈",尤其是如果考不进高中就会给我坍台,所以她开始觉悟了。以前她主要跟我聊的都是她的兴趣、她的偶像,从这个时刻开始,她不聊这些了,她开始聊学习、聊作业;聊哪个老师上课更浅显易理解了;聊她上课的注意力加强了;聊她作业上的勾更多了;聊她越来越多地被任课老师表扬了……她的学习成绩也很快从班级的中下游水平凸显到中游到中上游了,同时也由于她的感染和带动,跟她谈得拢的一大批学生也开始积极地讨论起读书来,我们班的学习氛围得到了了很大的提升,得到了任课老师们的表扬。虽然很多学生不聪明,但是他们发自内心地要学习,虽然成绩提高并不多,但是上课时积极的态度还是很令人感动的。

身为一名初中教师,我不可能不要学生的成绩,毕竟他们要中考,要升入高一级的学校继续学习,但正是通过这个案例,让我觉得和谐的师生关系才是提高成绩的前提,而要建立起和谐的师生关系,首先要真情对待学生,关心爱护学生。爱不能只作为一种理念挂在嘴上,我们要善于表达自己的爱,从自己的一举一动中流露出来,让学生感受到你对他的爱。其次深入了解学生,从内心深处做学生的良师益友。现在大多数学生都出身于独生子女家庭,从小就备受父母宠爱,部分学生从小就养成了许多不良习惯。面对这样的学生,如果不及时加以教育、引导,不仅会给家庭、学校带来巨大影响,还会给社会带来极大的危害。因而我们应及时有效地采取行之有效的办法去引导他们,对其晓之以理,动之以情,用心与他们相交,真正从内心深处与他们交流、沟通,用自己的行动感化他们,做他们的良好师益友,帮助他们建立学习目标,端正学习态度,经常鼓励他们。另外,经过多年的教学实践我发现,平时一定要多给学生鼓励和尊重,且我认为尊重比热爱更为重要。因为给学生以尊重学生才能感受到师生的平等,才能感受到自尊的存在。一旦他们认为失去自尊他们就失去向上的动力,失去精神的支柱,由此导致消沉,反之,他们就会获得向上的动力源泉。最后,教师还应善于改变自己、发展自己。一般而言,师生关系是既对立又统一的,教师处于矛盾的主要方面,在教学中起着主导作用。因此,建立良好的师生关系关键在于教师。作为教师首先应该结合自身的工作转变观念,加强自身修养,提高师德素养和教学能力,以高尚的品格和过硬的素质去感染学生,征服学生。其次,应该做好角色的转换。在素质教育中教师不再是独奏者而应是伴奏者,舞台的中心应该是学生,教师的首要任务是激发学生学习的兴趣,而不是学生的监督者。

师爱在细节中流淌,更在智慧中闪烁出耀眼的光芒。文老师用温暖的"心"灌溉每一位孩子,孩子也会感激于心;汪颖老师以真诚的心换来了孩子真诚的心,以情感动学生,学生的千言万语凝聚在一声"妈妈"中,这便是最温暖的师生关系。正是这样的师生关系,才能促使学生不断积极向上,认真学习,并把这样的态度辐射给周围的学生甚至全班,起到了出乎意料的效果。

(陈士萍:被忽视的"夹心层")

常会听到家长自豪地说:"我们女儿乖得很,不用操心。"的确,乖巧的女孩会让家长放心不少。在学校里,乖女孩循规蹈矩,也容易成为老师的盲点,成为被忽视的"夹心层"。事实上,文静乖巧的女孩内心更细腻、更脆弱,她们真实的意图往往会被"乖巧"的假象所掩饰,心田往往因为缺少爱的耕耘而荒芜,从而出现情感危机。

小黄是个典型的乖乖女,性格文静内向,学习认真,成绩优良,属于中上层段,即最不需要老师担心的学生。对老师家长的话也都言听计从,从不会反抗什么。一回家就把自己关在房间里做功课,父母从不用为她操心。一直以来,她就是师长的骄傲。然而,这样的乖乖女却和班级里的男生谈恋爱了。我们都觉得不可思议。

从初一以来,我们就发现他们的关系比较近。他们喜欢课间一起聊天,女孩经常向男孩问理科题目。在同学心目中他们已经是公然的一对,但他们表面是比较平静的,掩饰地很好,老师很难看出来,直到男孩的手机费用严重超额才引起了家长的注意。

核实情况后,我和小黄的母亲沟通此事。她的吃惊不亚于我们。但她担心女儿虽然外表乖巧,实际上性格很倔,如果直接阻止,是不是会激发叛逆,反而弄巧成拙?

于是我们决定为了维护乖女孩的自尊,由家长出面旁敲侧击,委婉地引导。

听说你们班有同学早恋啊?(当时班级中还有另外比较公开的一对)她也不讳言。

那你怎么看早恋这件事？（对早恋的危害她非常清楚）

马上要初三了，可不能因此而分心，相信你不会这样的！（她非常肯定自己不会的）

这一次谈话之后，他们有所收敛。男孩的家长收掉了他的手机，网络也严格控制。

但此事并没有就此停息，事实上他们一直保持着密切的关系。初三体育考试前夕，为了督促学生练习，我抽空到楼梯口查看学生的练习情况。然而我却看到了令人震撼的一幕：男生小王正双手抚摸着女生小黄的双颊，深情款款地对望，似乎还在安慰或叮嘱些什么。此情此景丝毫不让人产生轻浮、轻佻之感，反而让人感觉到这是一对经历多年感情深厚、纯真的情侣，甚至让人莫名地感动。但现实却令人担忧：女孩除了一个要好的女同学之外也不太和别的同学往来，交友比较狭窄，成绩虽没有明显退步，但也没有明显进步。而男孩始终不能进入学习状态，这件事对他的影响不言而喻。况且，如此公然的举动对班级同学也会造成负面影响，一直和她比较要好的女孩也出现了早恋的迹象。此事必须从根本上加以解决，我暗暗下决心。

分析：

为此我查阅了相关的书籍，请教了心理老师，决定先弄清他们早恋的原因。

初中阶段之所会早恋，除了青春期的生理、心理及社会原因以外，家庭原因是一个不可忽视的因素。许多学生早恋和不良的家庭因素有关。这样的家庭或结构缺失，或教育失当，从而给学生带来许多不利的影响。

小黄的父母是温州人，一直忙于做生意，家庭条件比较优越。从小学开始，父母就把她送到苏州的寄宿制学校读书，一两个月才回来一次，到中学才回到父母身边,有段时间还借宿在亲戚家里。家长一直认为她自理能力比较强。母亲又生了一个小她七岁的妹妹,更多精力花在了妹妹身上。

但乖女孩的光环下却掩盖着爱的缺失。她总是腼腆的文静的,和父母的关系就不像一般的家庭那样亲密。她不会撒娇、不会无理取闹,不会和父母敞开心扉交流,距离就在不知不觉中产生了。

孩子长期缺少父爱、母爱,缺乏必要的家庭教育,当他们一旦遇到关心自己的异性,随即便产生了强烈的好感、依附感。这种心理上被关心、被爱的需求是牢不可破的。

而小王是个有点个性的大男孩,阳刚、喜欢体育、理科成绩突出,尤其是物理。这恰恰是小黄所欠缺的。男孩家长对孩子的督促和管教都比较严格。曾为了提高他的英语成绩每天九、十点后请家教一小时,他的课余时间几乎是在补课中度过的。母亲几乎是全天候陪着他,严格控制他的时间与空间。在压抑的生活状态下更需要情感的宣泄与寄托,他们之间就有了共同语言和彼此吸引对方的魅力。

其次,繁重的学业造成中学生精神压力大,他们通过恋爱寻求解脱。现在,素质教育虽然进行得轰轰烈烈,但传统应试教育的理念仍根深蒂固,父母望子成龙的心态与学校一味追求升学率、名校率的融合,使得中学生被束缚在书山题海中,奔波于家庭学校与补课点之间,压得学生喘不过气,严重压抑了中学生的个性,影响了他们的全面发展。他们在现实中苦不敢言,愁无处诉。哪里有压迫哪里就有反抗,他们急需把自己对社会、家庭、学校的不满向他人发泄以寻求解脱,这种欲望很容易使情窦初开的中学生找到他心目中自认为值得倾诉且又同病相怜的她(他),从而相互产生情感的共鸣,萌生心心相印的美丽错觉,最终导致早恋。

再次,社会环境的影响也客观存在。社会大环境不用说,班级小环境影响也不容忽视。当时班级中另有女追男比较大胆的一对。他们公然的言行也使得一直小心翼翼的他们越发大胆、无所顾忌了。

对策:

家长要冷静面对孩子的"早恋"。家长要改变对青春期少年早恋的错误认识。从某种意义上来讲,早恋并不是真正的恋爱,因为这是一场没有结局的情感经历。既然青春期少年已经进入准成人发展阶段,在这个阶段里,少年的生理发育已经呈现高峰期,家长要正确认识少年们的生理发育现象,允许少年们有自己的情感关注目标或者已经发生的早恋行为。不要认为有早恋的现象,就一定会影响他们的学习,影响正常的生活,把早恋看成是洪水猛兽一样可怕。对少年们来说,面对学校规定的不允许谈恋爱,家长的极力反对,在逆反心理作用下,往往会越严厉禁止,越想去尝试体验。这种拿不到桌面上来的情感表达行为,往往被青春期少年当成是一种挑战,你越不让我干什么,我偏要去做什么。所以建议家长不要简单粗暴地"棒打鸳鸯",而要学会"冷处理"。平时可以轻松闲聊这个话题,让孩子放松下来。还可以给他们制定努力的目标,互励共勉,让时间来考验他们的感情等。要从早恋原因入手对孩子进行正确疏导、引导。

首先,建议家长平时多和孩子沟通,多给孩子一些关爱。往往我们会认为乖巧懂事、自立的孩子不需要操心而忽视了他们。其实孩子就是孩子,他们的心智尚未成熟,需要家长及时地了解、引导,他们需要感受到爱。比如晚餐时就可以一起谈论一些轻松愉快的话题,而不要一味只谈孩子的成绩、学习。学习之余,也可以让孩子适当参与家务,让孩子充分感受到家庭的乐趣与温暖,找到家的归属感。其次,可以借助某些具有纪念性的节日策划一些亲子活动,拉近彼此之间的距离。比如,家人生日,把亲人间的拥抱作为礼物;女儿 14 岁了,家长可以写一封情真意切的书信。此外,对待两个女儿尽可能一视同仁,不要当着大女儿的面对小女儿特别亲昵、宝贝。嫉妒心理对一个孩子来说是在所难免的。

其次,父母也可以讲一讲自己的恋爱故事。小黄的父母感情是非常融洽的。他们年纪轻轻就到上海打拼,创造了事业上的辉煌。我建议他们给孩子讲一讲自己从恋爱到成家、养育孩子的过程中一些感人的瞬间或者小故事,让孩子明白什么是真正的爱情。爱意味着责任、承担、包容等等。适时启发孩子:就像眼前自己的成绩好像并没有受到太大的影响,但男孩的心思一直不能够专注于读书,是否应该多为对方想一想? 你们不适当的言行举止是否会给其他同学、给班级带来负面影响? 从心底里认识到行为的危害性才能从根本上加以改变。

最后,家长要学会正确分析孩子的学习现状。孩子成绩提高与否关键是他有没有意识到学习的重要性,是否从内心有了学习的需求、动力。如果无视这一点,一味把家长的意愿强加给孩子,使孩子始终处在家长制造的压力之中,势必会造成孩子逆反的心理,忙碌伤财,结果成绩依然上不来。小王的睡眠时间很少,有时听课就睡着了,真让人心疼。

关关雎鸠,在河之洲。窈窕淑女,君子好逑。对少男少女这份纯真而美好的感情,我们一定要慎重。尤其要加强对家庭教育的指导,多关注那些容易被忽视的"夹心层"。后来,在大家的共同努力之下,他们顺利通过了中考,他们都考进了理想的学校。尤其是男孩,最后两个月的进步是非常明显的。事实证明适当的家庭教育指导能够及时地帮助家长化解困扰,能够帮助学生超过迈出青春期的第一步。在家长和老师双桨共同滑动下,孩子的人生小舟才能够顺利前行。

一句改变一生的教诲、一次刻骨铭心的交谈、一通醍醐灌顶的批评……行走在漫漫的求学路上，有多少良师时时刻刻关注着学生们的成长，有多少温暖的双手曾经扶携着走过坎坷的岁月。师爱像太阳一般温暖，春风一般和煦，清泉一般甘甜，让学生的心灵即使在寒冷的冬天也能感到温暖如春。

第六章　校本研修的共享度

本章以校本研修为研究视角,共分三节。第一节,回答了什么是共享度以及共享度的作用及其表现;第二节,重点叙述了来自于学校的校本研修经验,即提升四个意识,立足知识共享;学习组织形态、知识管理模式、发展增值之路;第三节,为让读者清晰地了解学校校本研修的实施细节,呈现了教师的所思所想:如成长的支点与主题活动设计的若干案例。

第一节　共享度的诠释

所谓校本研修,通常理解为是学校层面的教师专业发展形式,是以学校为场所,以教师为主体,以学校为主导,以本校教育教学问题为对象,融教学研究与教师培训于一体的研修制度,其核心是通过教师的专业发展达成学生的发展和学校的发展。目前,一方面校本研修在实践中已经形成了相对比较成熟的经验与做法,但另一方面也存在着效益递减的困局,这需要以校为本的研修不断创新其机制。随着绿色指标的推出,为我们深入校本研修研究拓宽了新的视野。全面分析绿色指标 1.0,以及即将实施的绿色指标 2.0,其昭示、引领校本研修建设的意义有:

一种导向：旨在于形成评价推动改进的教研机制；

一个依据：研修要全面提升学校教师课程领导力；

一种要求：建立服务教师适应性成长的研修方式；

一个改进：校本研修要共享教育教学的专业成果。

如何结合学校现有的办学水平、文化基础、师资力量等，将上述四个方面扎扎实实落地生根于学校的土壤，是我们始终坚持研究的方向。2012年起，学校提出了"六度教学：助推绿色指标落地，全面实现学校发展"的行动要领，在经过长达五年的时间，历经了反复酝酿、科学论证、课题立项、行动研究、成果表述等研究过程，"校本研修的共享度"这一提法被正式确立。

一、共享度的释义

何为"共享度"？"共"有共同之意，"享"有享受、分享之意，"度"有程度、境界之意。"共享度"是指某类资源或成果被共用或分享的程度。在本书中，"共享度"主要是指校本研修活动中的资源或成果被共用或分享的程度。具体而言，从校本研修的出发点来看，"共享度"是指学校要建立教师教学经验信息的交流分享；从校本研修的过程来看，"共享度"是指创设多维度的共享交流研修方式，促进教师对问题的思考、探索及专业成果的分享；从校本研修的结果来看，"共享度"是指通过知识共享全面提升学校教师的课程领导力。

二、共享度的作用

"共享度"的作用之一：有助于学校在校本研修领域落实绿色指标。"共享度"是校本研修活动中的资源或成果被共用或分享，其表现与绿色指标的导向、依据、要求、改进呈现一致性，是绿色指标昭示、引领意义的具体化,因此它成为学校落实绿色指标的一个重要抓手。与此同时,校本研修的"共享度"有绿色发展的理念支撑,有绿色指标的保驾护航,所以,校本研修的建设成效也更有了可参照性的坐标。

"共享度"的作用之二:有助于学校加强校本研修的过程管理。"共享度"是校本研修的共享程度的反映,是来自于学校自身对校本研修成效的评估,以及日复一日、年复一年地持续推动和螺旋式上升的过程,所以,"共享度"关注的是学校校本研修的过程质量,即校本研修的工作水平或进行中的状态,这有助于学校动态地把握校本研修的建设成效,加强校本研修的过程管理。

"共享度"的作用之三:有助于学校形成量化的校本研修的评估研究。"共享度"的证据既可以是量化的,也可以是质性的。可以用某些数值的变化来表示,也可用质性材料的比对来呈现,这为学校量化的校本研修评估研究埋下了伏笔。

三、共享度的表现

"共享度"的表现之一。绿色指标 1.0 有进步指数,包括学习动力进步指数、师生关系进步指数、学业负担进步指数等。绿色指标 2.0 有跨时间发展指数,指的是在绿色指标的表现上,从时间跨度上考察市、区、校的变化情况,以激励和引导相关教育主体在原有水平上的不断提高,它描述了从过去到现在以至未来的一个动态变化过程。由此可以看出,从绿色指标 1.0 到绿色指标 2.0 都一脉相承了一种思想,即评价不是目的,倒逼改进才是关键。而改进是没有休止符的,它永远在路上。所以,校本研修的"共享度"表现在:建立校内的教学经验信息分享机制,让不同教师之间信息与教学的经验产生流动。

"共享度"的表现之二。教师课程领导力有三个二级指标,即教学理念、教学方式、学业评价。教学理念指教师对教学的观点和看法，以及在此基础上形成的相对稳定的思想和观念体系。教学方式是教师为达到课程教学目标，在课堂教学过程中采取的途径、步骤、手段。学业评价是教师为了了解课程与教学实施效果，对学生学业情况进行的系统调查。上述，对教师专业发展提出了更高的要求，促进的知识共享已是一种必然。所以，校本研修的"共享度"表现在：一是从学校内部，不断挖掘教师的教学经验，在交流中不断生成新的知识与经验。二是外请专家、外出参观学习等为教师专业发展注入新的知识和经验。三是以网络和在线学习的形式为教师的教学提供持续不断的各种教学资源。四是把一定区域内不同学校的校本教师专业发展网络进行贯通，形成区域校际之间的教师专业发展网络，增加不同学校校本研修之间的协同合作和资源的共享。五是学校不同学科教师之间的跨学科活动，从而促进教育教学的知识与经验得以扩展。

"共享度"的表现之三。建立服务教师适应性成长的研修方式，是绿色指标昭示、引领校本研修变革的要求。所以，校本研修的"共享度"可以呈现多维度的表现：一是以专家引领、同伴互助、个人反思、问题研究、交流分享等；二是集体备课、教材与教学分析、共同研课、相互听评课、公开课示范课、同课异构（一课多上）、导学案、教学微技能研究等；三是组织经验交流、课堂改进、教学论坛、典型案例等；四是专家报告与点评、理论学习、参观学习等。

"共享度"的表现之四。苏霍姆林斯基所说："如果你想让教师的劳动能够给教师带来乐趣，使天天上课不至于变成一种单调乏味的义务，那你就应当引导每一位教师走上'从事研究'这条幸福的道路上来"。这种观念突出强调的是教师即研究者，教师研究与教师的教育教学实践是融合的，它要求教师把研究作为职业生活的一种状态或方式。所以，校本研修的"共享度"表现在:教师之间交流教育教学中的问题,分享改进教育教学的实践与方法,共享教育教学之间的专业成果等,以此来持续推动教学改进的研究。

四、校本研修——共享度

校本研修及其共享度研究的主要过程,含研读指标、解读指标、内涵诠释、实践应用、成果表达如下(见图6-1):

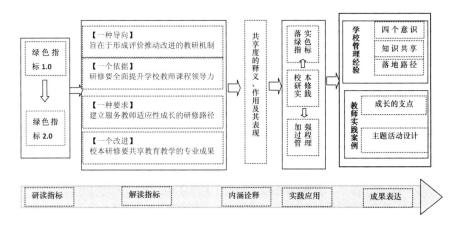

图6-1 "校本研修的共享度"的研究过程

1. 研读指标。绿色指标1.0中,与学校校本研修对标的有:教师教学方式指数(教师对教学方式的自评、学生对教师教学方式的评价),校长课程领导力指数(课程决策与计划、课程组织与实施、课程管理与评价),进步指数。绿色指标2.0中,与学校校本研修对标的有:教师课程领导力(教学理念、教学方式、学业评价),校长课程领导力(课程规划、课程实施、课程评价),跨时间发展。

2. 解读指标。分析绿色指标,昭示、引领学校校本研修的意义有:旨在形成评价推动改进的教研机制,研修要全面提升学校教师课程领导力,建立服务教师适应性成长的研修方式,校本研修要共享教育教学的专业

261

成果。

3. 内涵诠释。以绿色指标的导向、依据、要求、改进为基石，确立校本研修的重心在于"共享度"。界定本章核心概念"共享度"，分析其主要作用及其在校本研修中的具体表现。

4. 实践应用。形成"标准—评价—教学"的研究循环，在行动研究中促进学校教育教学质量的提升。

5. 成果表达。历经五年的基于绿色指标的实践探索，学校累积了一些成功经验及其案例。为此，从两个视角选取有代表性的校本研修实践成果进行总结。一是来自于学校的管理经验，如第二节的提升四个意识、立足知识共享；学习组织形态、知识管理模式、发展增值之路等；二是来自于学校的教师实践，以案例的方式呈现，如第三节的成长的支点与主题活动设计。

第二节　学校管理经验：价值取向、落地路径

一、学校研修的价值取向：提升四个意识，立足知识共享

（一）提升四个意识

卢湾中学的校本研修根本旨趣在于提升教师的四个意识，即研究意识、问题意识、策略意识和课题意识。

1. 研究意识

当前，很多教师，由于研究意识淡薄，往往在自己的教育教学工作实践中疲于应付，缺少有效的提高自己的途径。因此，校本培训的第一个旨趣在于强化研究意识。研究意识的确立，可以帮助老师改变对自己工作的心态，站在研究立场上适当把自己的工作问题当作对象，便于提高教师理性看待问题的能力，这既是在培养教师工作的专业意识，也是提高自己

专业能力和经验积累的一个基本心理条件。一个具有研究意识的老师，肯定是个爱思考问题的老师，是个能投入自己的教育教学生活的老师，而不是把自己仅仅当作类似于邮递员的简单体力工作者。

研究意识的培养，主要要解决的问题是：如何在我们的工作中进行研究？如何进行反思性的教育教学实践？我们老师，在日常工作中，总是会碰到各种各样的学生，遇到各种各样的事件。老师在面对各种情况时，经常会出现束手无策的局面。这就需要深入研究、分析原因、寻找对策，这过程本身就是研究。

2. 问题意识

缺少工作中的问题意识，是我们教师专业发展中普遍遇到的问题。增强问题意识可以避免工作的简单化。在学校日常实践中，经常会出现各种各样的事情或事件，如学生成长中的问题、学习问题、交往问题等等。当老师面对这些问题的时候，我们发现很多老师缺少问题意识，只是就事论事简单地解决问题。我们看到，很多优秀的老师在处理学生工作和教学问题时候，不仅表现出高超的技巧，而更主要的，是他们对学生问题的判断与一般老师不一样。有了问题意识的老师，对问题的分析会不断加深，也只有对问题有了更为深入的认识时，解决问题的能力和方法才可能找到方向。

3. 策略意识

某种意义上，教育实践智慧取决于是否具有策略意识和策略行为。比如对话的策略、组织教学的策略、差生转化的策略。如果没有策略，即使我们看到问题并对问题有了较深的认识，充其量是个研究者，而不是有智慧的实践者，这恐怕就是专职研究者和教师实践研究者的主要区别。教师的研究总是和自身的实践和策略的形成联系在一起的，对于一个老师而言，主动的有意识地形成自己的策略意识，是非常重要的提高专业能力的途径。

4. 课题意识

课题意识是教师从事教育研究,系统性地对某个问题进行全面完整的思考,也是整体提高教师研究能力和工作能力,发展成专家型教师的一个很重要的手段。如何从我们的日常实践问题出发,提炼出有价值的课题,是校本培训的另一个需要加强的地方。在学校中,课题形成的路线,应该是上下结合,既有学校的总课题,也有学校从个体到教研组层面的子课题,二者应该是有机统一的,整合的。只有这样,学校生长出来的知识才能综合发挥知识能量。

(二)立足知识共享

教师知识共享有多种途径,即教师个体之间的知识共享、教研组与教师之间的知识共享、研究团队之间的知识共享,学校组织与教师之间的知识共享、校际之间的知识共享等等。

同伴互助、师徒结对、以老带新就是教师个体之间的知识共享。当个人之间没有很好地产生知识共享时,教研组织自然成为教师知识共享的重要保障机制。教师在备课组、年级组和教研组等教研组织中,通过组织化的备、听、说、评课以及教科研等交流活动实现知识共享。课题组、项目组或班级管理群体等学校工作团队通过定期的课题研讨会、班主任论坛以及学校的校刊将工作过程中所积累的知识经验、专业智慧与研究成果进行共享,编辑成册,对其他团队的专业提升产生重要影响。学校组织也是知识共享的来源之一,例如我校通过青年教师沙龙等学习型组织的建立,将知识的发现和筛选分享给青年教师。

学校每学期末的校本研修总结表彰展示活动,是教师知识共享的重要途径。以 2008 年 6 月 26 日的"卢湾中学 2007 学年校本研修表彰展示交流会暨学校教学质量全面管理体系构建启动仪式"为例,学校精选出

23位教师的课堂教学录像片断,将它们分为:精彩的课堂教学引入、多样化的师生互动、关注学生的差异、提升学生的思维品质四个篇章加以呈现。这些精心设计的教学片段让活动现场的教师充分感受到了研究课堂教学的乐趣与学问,并在同伴教学智慧的感召下,热情地投入到研讨与反思的活动中。

当然,知识共享不仅是组织内个人或小组间的互动,还应该包括地区内学校之间、省际学校之间以及国际学校间的教师知识共享。2008年4月9日,《中国教师报》主办,我校承办了的"科学发展、继往开来、推动课改、硕果累累——新课改教育、教学论坛"主题研讨活动。来自全国20个省市的代表200余人在我校进行了听课、评课,并与我校领导和教师进行了深入的交流。此外,来校挂职锻炼的老师、兄弟省市及港澳台等地区的教育代表团也为我们带来不少值得借鉴的经验。

1. 共享专业价值

学校每学期开学伊始均会开展教育教学研讨会暨校本研修启动仪式,寻找教学短板和瓶颈,寻求解决路径和方法,全校教师达成共识,形成共同的发展愿景和目标。

上海市绿色指标推行之后,学校认真解读评估报告,在报告中寻找真问题,以《落实"绿色指标"提高教学效能的实践研究》作为2012年秋的校本研修主题,催生新思考。在新学年校本研修启动仪式上,各个学科组、备课组纷纷提出突破点,七年级语文备课组提出了"关注学生'三养成'——学习习惯、学习方法、学习品质";八年级数学备课组提出了"精编精选'三类题'——例题、习题、试题",并在先前实践中总结出例题——"通、透、趣"、习题——"精、准、活"、试题——"稳、跳、联",九个字来实现精讲精练;六年级英语备课组以"因材施教'三类生'——学困生、中等生、资优生"为主题,细化学生目标定位,制定分层教学实施策略;九年级理化组以"上好学科'三类课'——新授课、复习课、讲评课"为抓手，切实解决毕业班课堂教学中的瓶颈问题。大会上，全体教师形成了共享的理念性价值——"推行适才教育，倡导乐学教育，关注每一个学生的学业成就"，这也成为我们践行绿色指标的校本化主旨，三类课、三类生、三类题、三养成——"四三工程"，成为落实"绿色指标"的核心任务。

2. 共享专业体验

学校形成了校级调研课、课堂观察诊断、微格教学分析、专家听课服务、项目团队协作、名师工作室、班主任沙龙等多个共享专业体验的实践平台和项目渠道，拓展了教师专业发展的平台与空间，深化了教师专业发展的内涵与体验。

2010 年秋，学校开展了以《运用课堂观察方法开展学科教学研究》为主题的校本研修工作，在本次校本研修中，学校通过教研组建立课堂观察合作体，探究、应对具体的课程、教学、学习、管理上的问题，开展自我反思和专业对话。各个教研组根据学科特点选取不同的观察点，运用不同的观察量表，重新审视课堂，理性、科学分析课堂中教师教学与学生学习的行为。

经过培训、研讨和深入探究，每位教师都根据实际课堂观察情况，精心撰写课堂观察报告。经审核，部分优秀的作品在教研组进行推广，刊入校刊《卢湾教育教学》，同时送区科研室参加卢湾课堂观察评优活动。我校陈静老师的《教师指名回答的区域分布特点的个案研究——基于课堂观察的分析》喜获评比一等奖，吴丹老师的《一节历史课的课堂观察笔记》获三等奖。

3. 共享专业成果

学校鼓励教师采用叙事说故事的方法与大家一起共享专业成果，以及专业成果获得的方法与秘诀，来增强彼此的认同感。

在《突破瓶颈——基于"关键教育事件"的教师教育研究》校本研修成果展示活动中，教研组老师们选取不同的瓶颈突破口，敏锐地捕捉了教育教学中的"关键教育事件"，理智地阐释了"关键教育事件"，并撰写了案例。数学教研组以"如何关注数学中的阅读教学"、综合文科教研组以"坦然面对课堂中的突发问题"为主题，以论坛、访谈形式，叙述个案，向全校教师展示了研修成果。

学校聘请原黄浦区英语教研员李霞老师带教指导中青年骨干教师，成立了李霞工作室。几年来，工作室以课例研究作为突破教师教学瓶颈的有效手段，形成了"导师引领—同伴互助—个人反思"的实践模式。在名为"导师引领 优化教学 同伴互助 共享智慧"的李霞工作室展示活动中，工作室的五位学员分别向大家分享了学习成果——《英语教学要注重学生的主体性、学习的趣味性和实践性、教学过程的渐进性、学以致用的语言交际性》，向全体教师展示了共享专业成果——师徒结对、"晨星带教"的重要收获。

二、学校研修的落地路径：学习组织形态、知识管理模式、发展增值之路

（一）"个体反思＋集体诊断＋专家引领＝整体提升"的学习组织形态

教师的个体反思是学校开展校本研修工作的基础，它需要教师以现代教育思想和教育理念为基础，对自己的教学实践进行理性的思考和质疑，评价自我教学的有效性，不断自我完善和自我建构。学校通过开展公开课后的教学反思、整合课例征集、教学案例评比等形式，鼓励教师通过自我反思，不断研究、改进、优化教学行为，使之成为提升教师专业能力发展的有效途径之一。2018 年春，学校开展"跨界畅想"青年教师无边界校

本课程教学评比大奖赛，活动分为教学设计、教学实施和教学反思三个阶段，强调教学反思对于教学行为改进的重要意义，倡导青年教师培养反思意识，重构和改进教学设计和实践过程，升华教学经验。

在强化教师个体反思的基础上，学校也非常重视集体诊断教学和专家引领提升的过程，鼓励研修团队运用科学可行的评价方法，对教学过程和教学成果给予价值的判断，以此不断完善和改进教学，为切实提高学校教学质量提供可靠的信息和科学依据。学校聘请上海市特级教师何亚男、杨安澜、曹慰年及研究专家谢利民博导、解守宗教授担任学校教学质量评估专家，带领整个教研组形成诊断团队，深入课堂第一线指导教师。团队先后对四个年级语文、数学、英语、物理、化学五个学科中青年教师进行了听课评课，与教师们面对面地交流，从新课程的要求、教学目标的定位与落实、教材的把握与开发、教学资源的整合以及教师教学技能的培养等多个方面与教师进行了详细地、有针对性地讨论和指导。之后，教师们获益匪浅：

朱靖老师在反思中写到：作为一名年轻的数学教师，非常感谢学校给我们创设这样一个平台，"请"进专家，给我们进行有针对性的教学指导。听完杨老师的一席点评，我豁然开朗，也静下心来想了想，自己在教学上真的有很多地方需要改进。

龚蔚老师说：给我留下深刻记忆的是何老师给出的点评是一语中的的精准。何老师的点评并不多，却犀利地指出了要害。让我看到了自身在专业上尚存的明显不足，同时也看到了自己努力的方向。

谈新娟老师认为：解教授的建议对我的教学有很大的帮助，使我对教学设计有了更高层次的理解，也使我懂得教材只是我们教师教学的参考依据，不同的教师应该有不同的教学处理方式，我们要学会用教材，而不是教教材。

陈怡老师是这样写的:记得美国著名教育心理学家波斯纳提出的一个教师成长的公式:成长＝经验＋反思。这次的专家评课对我业务能力的提高有很好的帮助,在认真的反思之后,相信我在今后的课堂教学中会有一个提高,同时我也期待着下学期专家的再次来临。

王伟华老师:我们对自己上过的每一堂课,听过的每一堂课,专家或同行的任何一个建议,都应该抱有一种基本的学习的态度,认真总结、深入反思,使这每一堂课成为我们教学辞典中的一个词条,长此以往,必能使我们的课堂教学精彩而富有智慧。

在教研组集体诊断和特聘专家的引领下,有目的地对那些平常熟视无睹的教学现象进行诊断、解剖,找寻问题的根源,从关注环节到关注细节,从关注现象到探寻本质,实现教师个人自省和他省并举,在贯彻落实新课程教学理念和提高教学质量方面实现教师团队的整体提升。

(二)"知识存量＋知识流通＋知识创新＝知识管理"的研修实践模式

1. 建全知识管理制度,激活知识生成

知识管理的首要因素是要促进知识生成,而学习是知识生成的重要途径。因此,学校的校本研修要求全员参与,将学习作为教师的一种习惯,也让每一位教师成为知识管理的参与者。为了激活知识源,鼓励教师参与知识共享,学校建立了《卢湾中学校本研修知识管理制度》《卢湾中学校本研修学期考核方案》《卢湾中学教育教学成果奖励条例》《卢湾中学知识管理项目绩效奖励条例》等规章制度,将知识共享的工作纳入奖酬及绩效考核中,鼓励人人积极地与他人进行知识共享。

学校制定《校本研修示范教研组和优秀备课组的评选细则》,每年进行评选和展示,表彰在知识管理研修中表现突出的团队。学校开通了四大渠道,即名师结对、骨干培训、外出考察、出国培训,对为学校知识管理作出突出贡献的教师给予优先的机会,并在时间和经费上给予支持。

学校通过制度保障、目标管理、培训激励等方式,鼓励了教师积极投入学校的"知识管理"。

2. 构建教育"知识仓库",促进知识积累

对生成的校本知识进行动态的积累,是保障知识有效应用和创新的前提,同时也是知识价值增值的过程。学校积极打造教育"知识仓库",将校本知识以容易存取和了解的方式,呈现给校内的每一位教师。

学校利用校园网平台中"校本研修"专栏,建立教育教学资源库,按学科分类,包含了教师的备课教案、教育教学案例、听课评课记录、教学反思、教学心得、教学知识体系的双向细目表、知识树等内容;学校积极打造卢湾中学精品课例库,将教师们开设的各级各类公开教学中的优秀课例视频汇集;学校鼓励教师开设个人的教学博客,思品老师孙莉的教学博客,获得了校内同行们的青睐,思品组的老师经常将教学所得所想所为在此博客中积累存储;学校在部分学科组中试点了"云空间"的共享,物理学科叶敏、吴怡老师制作的教学微视频存储在固定的"云空间",作为物理学科知识的积累,供学生和老师在适当的时候根据需要进行选择使用。

多方式的构建教育"知识仓库",并进行系统化的组织、管理、存储和控制,动态积累了大量校本教学实践知识,也及时获取了存在于教师个体与群体内部的各种信息,为知识管理提供了技术支撑,实现了隐性知识的显性化。

3. 构建"知识联盟",实现知识创新

知识管理不仅要专注于营造组织内部,更重要的是要充分利用校外资源,整合组织与外部环境及社会群体之间互动而形成的"知识联盟"。

(1) 专家引领

学校在校本研修实践中,长期聘请了特级教师、特级校长杨安澜带教

指导青年教师,形成了"3＋3"带教模式,率先领头试点了导学稿的使用、"三题"的编制、"跟进式"同课异构等;聘请了新课程教材编写者、上师大中文系教授郑桂华老师指导语文学科,推进重点学科建设,开展了文体教学、作文教学的实践研修;聘请了李霞老师,成立李霞工作室,带教青年教师;聘请德育专家,担任班主任沙龙导师,指导班主任开展家庭教育。在专家们的引领帮助下,将老师们的内隐知识以概念、命题的形式表现出来。

（2）校内外互动

学校加强与外省市、外区学校结对,定期开展互访交流活动,先后带领老师们赴泰安市实验学校、杭州建兰中学、常州北郊中学、湖南省徐悲鸿中学等地学习、开课;与松江区九亭中学、松江区第四中学、奉贤区优青项目教师等开展教学擂台、比武等研讨活动;以"课堂教学中教师的有效干预"为研讨主题开展了新杨、卢湾、北虹三校"同课异构"研讨活动。每学年接待大量的来访团,为教师教学展示搭建平台。在与校外同行的互动中提高知识再创新的能力和水平。

（三）"研修增值＋教改增值＋学习增值＝发展增值"的师生成长之路

对于一所学校来说,教师的知识结构、知识潜力和主动性、积极性以及由此产生的创新能力都将深远地影响学校的办学成效。其次,要通过各种方式与渠道为学校教职员工创造一种环境,形成尊重知识、尊重人才的普遍的学校文化价值观,促进知识的学习、积累、分享,充分发挥教师的主动性、积极性,释放教师的个性、潜能,促进知识生产力的提高,提升学校的竞争能力。知识管理下校本研修的难点,往往在于教师不愿将自己的经验所得和辛勤谱就的原创案例与其他教师分享。因此,学校知识文化的核心,就是要鼓励教师共享知识,营造教师之间相互促进、彼此学习的氛围。再者,通过知识管理促进教师的专业成长是校本研修的根本目的。因此,在校本研修中应该淡化管理级层意识,减少管理上的刚性要求,建立学习型组织结构,赋予教师平等对话和交流的权力。立足于教师群体,通过教师之间专业经验的分享与对话,对教师群体的知识进行管理。通过权力的重新分配,使每个教师都可自由地、积极地表达自己的见解。通过知识经验的分享,促进教师的专业化发展。最后,对人的尊重应体现在最大限度地满足个人的创新欲望上。所以,激励创新,最大限度地发挥教师的潜能是知识管理下校本研修的核心。学校要把校本教研活动建成培养研究型教师和创造新知识的平台,培养学校组织创新能力和教师的集体创造力。

第三节　校本研修案例:成长的支点与主题活动设计

话题一:教师如何在校本研修中找到成长的支点?

卢湾中学的校本研修以知识管理的理念开启教师专业引领的新途径,学校通过对教师个人和教师群体知识的有效管理,实现教师隐性知识的显性化,有效发挥教师个体的知识能力与开发潜能,促进学校内部的知识流通,达到组织的知识共享,增加学校整体知识的存量与价值,形成有利于知识创新的学校文化与价值观,提高学校教育教学绩效及对外的竞争力,最大化地实现学校总体发展目标和教师个人发展目标的统一与完善,最终让教师在校本研修中寻找个体成长的有力支点。

(陈怡:问渠哪得清如许,为有源头活水来)

知识,能使人聪慧,拥有知识的人,才是内涵丰富的人。在"以人发展为本"的今天,作为一名青年教师,如何拥有更多的知识,提升自己的能力,散发自身的魅力,实现自身的价值,是我一直思考的问题。与此同时,新一轮基础教育课程改革给教师带来了严重的挑战和不可多得的机遇,每一位教师都将在这场变革面前实现新的"蜕变"、新的跨越。很庆幸,卢湾中学的校领导们一直关注着教师的发展,随着这几年来,学校提出了"基于知识管理的校本研修"理论,推出一系列的校本培训"组合拳",为我的成长营造了一个良好的服务平台。

朱永新说,"只要不让年轻时漂亮的梦想随岁月飘逝,成功总有一天会出现在你的面前。"我们心中要有梦,而实现梦的双翼是思想和时间,从观察与实践中提升自己的思想,在羡慕别人的过程中把握住自己的机会。"优秀的教师要永远伴随着自己的梦想。当生活没有梦时,生命的意义也就完结了,教育也就没有了意义。"如果说,我教育事业的起点是一腔热忱的话,那么在激情退去之后,冷静思考如何对待自己的专业化发展,如何突破目前的教学瓶颈,就成为我在个人教育事业发展中再次迈出的一步。

一、团队作用

卢湾中学数学教研组是一个优秀的团队,作为这个团队中的小字辈,从我进校至今,得到了组内很多老师的帮助,让我在专业化发展的道路上一步步都走得很扎实。很幸运,一进校就与教研组长高晓亮老师在一个备课组,那三年中得到这位有经验、有能力的老教师的带教,让我从一名初职教师迅速地成长起来,在专业能力上有了很大的进步。俗话说:"带出徒弟,饿死师傅。"但在我们数学组里,每一位老师都愿意将自己的一些教学经验与他人分享,我们总是笑称天天都在进行"备课组活动"。我们常常利用课间几分钟把课上碰到的问题放到组内讨论,将课后反馈到的信息与组内的老师们共享等等,从中我也是获得了很多经验与启发。

进行知识管理很重要的一个环节就是如何共享知识。因为知识不同于传统的资产,它只有在运用和共享时才会不断地增值。而对于一名教师来说,一个很重要的问题就是如何与同伴们一起跨越时间和空间的界限,共同献计献策、交流思想、开拓新的思维。在 2007 年,数学组进行了《课改背景下卢湾中学数学学科建设的实践研究》的科研任务。作为课题组成员,我参与了整个过程。结合学校开展的"打造生命化课堂",我们组内通过讨论发现,随着二期课改的推进,打破了原有的教学理念与思路,课堂里不再是老师讲、学生学,新课程标准要求"学生是数学学习的主人,教师是数学学习的组织者、引导者与合作者",教师要从"独奏者"的角色过渡到"伴奏者"的角色,"同课异构"这个设想慢慢在脑海中浮现出来。我们六年级选取了"分数、小数的四则混合运算"这一节课,分别进行了个人备课。在备课组活动时,每位老师提出自己的设想,并进行了探讨,最后都发现原先的教学方法已不适应现在的教学理念,最终大家都认同于"授之以鱼不如授之以渔"。之后,在新的理念指引下,我再次开始备课,并且尝试着改变教学方式,针对学生特点,结合新课程标准,用一些精选的例题,让学生们自己解题、讨论、分析、归纳、小结,将新的知识设计成一个个知识链,并使用层层递进的方式,引发学生思考。通过那一节课的尝试,我惊奇地发现,学生的学习热情超过了我的想象,我看到他们的智慧火花在碰撞中不断绽放,看到他们的生命正在发出最美丽的光彩,与此同时,我对生命化课堂的理解也有了一个全新的认识。生命化课堂不是一种教学模式或教学方法,而是一种教育理念,一种教育思想,它具有基于生命、顺遂生命和成就生命的特征。基于生命是前提,顺遂生命是手段,成就生命是目的。对于数学课堂而言,其生命化的意义则更为突出。

二、学校引领

2008 年新年伊始,学校的教学质量保障体系构建正式启动,数学组又接到了一项艰巨而光荣的任务:作为学校的试点组,构建数学教学质量保障体系。数学组的每一位成员接到任务后可以说是一呼百应,大家群策群力,利用每一次教研活动和校本培训时间,探讨如何因材施教,如何完善质量监控,在校领导的支持下,最终共同完成了数学课程细化标准和初中阶段教学目标双项细目表。每一年级都做到有周周练、课课练及分层试卷,在学期结束时,我们都会整理出这个学期所有的电子资料与他人共享,并且自己也从中体会到了共享资源的便利。在顺利完成学校任务后,我发现在不知不觉中,我的教学能力有了加强,教学质量有了提高。

为了更好地体现教学有效性,学校为老师们搭建了良好的平台,并且组建教学质量评估专家委员会,聘请上海市特级教师和专家对学校课堂教学进行诊断和指导。"聚焦教学,透视课堂"为主题的校本研修拉开了帷幕,为数学组请来的专家是数学特级教师、特级校长杨安澜校长,听完他精彩且有针对性的评课后,专家的魅力让我折服,其中留给我印象最深的是"细节"两字,例如,一道例题 $\dfrac{9}{x-3}+\dfrac{x^2}{3-x}$,这道题看似简单,但是很考验学生的双基是否掌握得好。在我上课时就只强调了如何把它们化成同分母分式进行加减,而在后面产生的一系列符号问题并没有再深入地讲解。杨校长的评课让我认识到,老师在上课时一定要抓住每一次有效教学的时机,让学生巩固所学。反思我在备课时存在的问题,我的一些教学方法有了改变:在教授新知识的时候,把其中遇到的旧知识再一次地强化,达到以新带旧,以旧促新的目的,这样会对学生的学习产生事半功倍的效果。在课堂上如何体现教学有效性,有时就在于老师是否能够抓住每一次的教学机会。

三、自我反思

教学反思被认为是"教师专业发展和自我成长的核心因素"。坚持反思可以总结实践，升华经验；可以发现不足，渴求新知；可以摆脱匠气，增长悟性，使我们的教学愈教愈新。记得美国著名教育心理学家波斯纳提出的一个教师成长的公式：成长＝经验＋反思。已经步入教师这个职业五年了，我觉得自己的成长已经验证了这个公式，也将继续延续这个公式。反思是教师获得专业发展的有效途径，是使其成为研究型教师、专家型教师的必由之路。教学活动不是简单的重复，教师应该对教学过程、教学现象、教学问题等进行"审阅、慎思、明辨"，不断提高和完善教学质量。

"问渠哪得清如许，为有源头活水来。"校本培训与时俱进，是基础课程改革的"源头活水"。通过学习，能够更新我们的教育观念，树立新的课程理念，形成新的教育观、人才观。学习是教师的终身必修课，只有坚持不断地学习，注重知识的积累与更新，才能适应时代发展的需要，使自己不致落伍。校本培训不失为教师提高自身素质的一种良好方式。通过校本培训，让"源头活水"源源不断地充实自己，尽快适应新的课程改革，与时俱进，使自己不致成为课程改革中的秦砖汉瓦。

（孙莉：在分享中获得成长支点）

思想它虽然没有实体，但也要有个支点，一失去支点它就开始乱滚，一团糟地围着自己转，即便是思想也会忍受不了这种空虚。

——茨威格

作为卢湾中学的一名普通的思想品德教师，踏上工作岗位已近十年，对个人的专业化发展道路不可能不进行一些思考。如果说在从事教师工作的初始，这种思考是朦胧的，充满激情但却缺乏实践引导，非理性的成分占据绝大多数的话，那么在从教十年后的现在，渐渐沉淀下来的问题，已经成为我教师生涯追求的羁绊，个人的发展将在解决这一问题的过程中获得升华。

从事教师工作是我从小憧憬的理想,但在工作的初始,充满工作激情的我遭遇的是现实和理想的剧烈碰撞,课本中所学习的教育学心理学的理论,在实践中难有用武之地,自命有着扎实的人文功底,但面对一个个鲜活的学生,个性迥异的不同个体,纸上谈兵的我手足无措。那时的我,打满了一桶水,却不知道怎么把这桶水递到学生面前。课堂难以掌控,学生甚至在课堂上大声喧哗,由此我才认识到我不仅要掌握好"教什么",最重要的是要学会"怎样教",而这一专业技能只有在不断的实践中才能厚积薄发,于是我充满干劲地积极投入进了课堂教学的实践当中。在区教研员的引领下,在学校领导和老教师的悉心指导下,我开设了多节教学公开课,不断研讨,寻找教学突破点。学校也为我提供了发展开拓的机会,推选我参加了区百花奖的评比,获得了三等奖,同时我的教学能力也得到了肯定,获得了区教学成绩显著的表彰。

在从教六年后,我自问已是一个有着丰富教学经验的教师了。对于"怎样教"我已颇有心得体会,在课堂教学中我渐渐地形成了自己独特的教学风格,对教学资源与教学方式的采用也常有独到见解,教学工作的各方面都已烂熟于胸,能够按部就班地进行。但此时我却于教学之路的发展又感到了迷惘,在我的脑中似乎有很多想法,但又难于进行清晰的整理,陷入了发展的瓶颈。

大音希声,大象无形。教育教学如何才能真正的游刃有余,进入到教育"有意无痕"境界?反省自我,作为一个"教者"离"教学艺术家"的境界还有遥远的距离。但我同许多其他有一定教龄和教学经验的教师一样,思想却渐渐地陷入了固有的思路当中去,渐渐失去了激情,惯于凭自己的经验和思维定势开展工作,成为了教学技术上的熟练工。虽然渴望在教学科研上有所精进,但专业素养的薄弱,研究能力的不足,却让我无所适从。此时学校基于知识管理的校本研修活动的开展,帮助我分享了集体的智慧,为我凌乱的思想提供了支点,使我找到了突破瓶颈的关键。

2007年6月26日,学校举行了教学工作、校本研修研讨会暨学校教学质量全面管理体系构建启动仪式。在仪式中,周宏达校长进行了动员,提出了"我们研讨什么?"的问题,引领我们思考在课堂教学中的一系列典型问题,提出了打造生命化课堂的要求。但说者易,行者难。教师专业品质的积累是一个隐性的学习过程,经验难以靠观察进行积累,而践行及反思才是最好的办法。为此学校除了组织专家报告为教师提供理论先行支持外,也为大家提供了课堂教学的实践素材。学校展示了精选的23位老师精彩的课堂教学片断,展示了同行们在课堂教学中的风采,向教师提出了"分享教学体验,感悟课改理念,优化课堂教学"的要求,通过知识和经验的分享,鼓励大家交流思想,开拓思路,激活理念。

在观摩了老师们的教学实录以后,让我开始对生命化课堂有了直观的体会。在对同行的教学智慧的学习审视中,我实现了与新课程在不同视角下的交流,也在与其他教师的互相学习中实现了同行之间的对话沟通,也让我有机会回头进行自我的审视和反思,在教学中我究竟还缺少些什么? 还需要些什么? 应该向我的同事们学习些什么? 他们的教学中存在的问题是否也是我要解决的问题?

在此基础上学校又进一步开展了"聚焦教学,透视课堂"为主题的校本研修活动,通过"倾听教师的精彩案例"大家一起共同观摩了德育、教学、心理及拓展课方面的优秀教学案例,使我们得以从不同的角度关注课堂。通过交流及反思,在课堂教学中,我学会尝试用其他学科教师的灵感火花来启迪自己的思维,吴静君老师的心理学疏导方式,注意细节,针对心理变化,不断调整教师的视角,从青春痘这样的小处着手,关心学生的个体发展。吴丹老师在地理学科中启发学生动手能力的举措令我印象深刻,并在教学中给我以新的灵感,也为我的课堂教学注入了新鲜的活力。我开始将其他教师的教学方式和风格带入到我的课堂中去,尝试多变的教学方式方法的应用,尝试使用不同的教学资源来说明同一个问题,以丰富我的课堂,使我的课堂教学不拘泥于思想品德学科的框架,日益展现出生命力。

关注课堂,更要打磨教学细节。在分享教师精彩用语这一环节的研修中,也让我感受到了作为一个教师在日常教学中不同的话语、不同的语气,鼓励的、指导的、关心的、幽默的话语,这些既是教师的基本功,同时也是教学态度的反馈,课堂细节的推敲,它们使我越来越明晰地理解了理论学习中所提到的教学专业化发展中社会生态化趋向的内涵。教师的专业化发展不仅是一种专业技能的体现,更是专业精神和专业态度的养成,进而形成教师宝贵的专业品质。如果把教师的专业化成长之路视作教师显性发展的话,那么文化和人格的传承就可以理解为教师隐性的发展,是教师生命的一部分在另一部分生命中的复活。这是一种更为深刻、更有意义的发展,而这就是判断"工匠"和"名师"的分水岭!我对教师专业品质的锤炼终于有了更深的领悟。

我从校本研修中有所获得,再回头从细节落手,反思我的课堂教学,逐渐地改变了我在课堂教学中的痼疾。我学会了在进入教室后,用目光同学生进行简短的交流,利用眼神来与同学进行寒暄达成默契,寻找到教学的合理速度;学会了在教育公平的视角下,体察每一个学生的不同特点,即使同一课程,在进入不同教室讲授时也要契合学生不同的特点而加以变化;在同课异构的研讨中,学会了对教学资源差别利用。在每一个课堂细节中,我感受到作为教师自我价值得以实现的快乐,也感受到了与学生共同进步和成长的喜悦。在不断的反思和实践过程中,各学科教师的积极态度和成功也激发了我的激情,好胜心使我开始不满足于现状,我希望能获得更多的进步和发展。我参加了区优质课的评比,面对我教学中存在的很多不足和缺陷,不断打磨和学习。在教案的修改中,语文老师的造句启迪了我，我灵机一动利用以"假如我是……我将要……"的造句方式让学生展开职业畅想，创造了课堂的亮点。在我的坚持下，经过不断磨合和修炼，面对许多次失败进行痛苦的反思，我终于获得了教学上的突破：我获得了区优质课一等奖，并借此得到了参加全国中青年教师教学大奖赛的机会。自我实现的迫切愿望让我投入课堂，反复进行教学实践，实践—反思—推翻—再实践，尝试着使用不同的教学手法努力完善我的教学能力。在这一过程中，教研组为我提供了有力的支持，组内老师不厌其烦地一次次听课评课，为我提出中肯的意见，对我的课堂构建献计献策，帮助我完善课堂的细节问题。在大家的共同努力下，最终我突破了自我，取得了大奖赛一等奖，那一瞬间我感受到了成功的欢乐，也更加坚实了努力的信心，明确了前进的方向，更感谢我们教研组这个和谐团结的团队成为了我发展的坚实基础。

2008 新学年伊始，学校聘请了上海市特级教师和研究专家为老师们的课堂教学进行诊断，进一步为教师的发展提供了清晰的立足点。在专家诊断过程中，我得以慢慢地沉静下来，面对专业发展茫然无措的浮躁和焦虑渐渐转化为了具体的规划，面对自己教学能力强而管理沟通教育科研能力欠缺的事实，我力求在提升业务素养的条件下，通过在质量管理体系内的量化践行，在每个具体环节里扎扎实实地加以落实和提高，通过一系列的自我试炼，以达到实现自我发展质变的飞跃，实现能力的全方位提高。

为了进一步推进知识分享和交流研讨，学校还排出了专门的时间，每周一次开展校本研修的实践。而这每周一次的实践机会，就成为了我们教研组内，探讨教育教研开展对话交流和思想碰撞的宝贵时间。在每周的研讨中，大家从中考试卷的走向与提高教学质量的关系、适应课改要求推进因材施教、电子学习档案建设，以及班级教学质量和年级组教学质量监控等方面积极展开,群策群力,为提高教学实效性,保障教学质量畅所欲言。在此,学校为老师创造了一个共享知识的环境,提供了方便快捷的平台,使信息在校园里流动起来。

最使我受益匪浅的是教研组内的集体备课活动,我在参与集体备课前要求自己必须做到熟悉课程,明确教学目标及重点难点,在此基础上参与集体讨论,在交流中获得新知,全面获取课本内容相关素材资源,深入领会课程内涵。在集体备课的过程中我实现了知识的分享和经验的积累,更重要的是得到了其他老师教学中的宝贵经验和体会,启发我采用适当的教法和学法。另外,我们教研组的集体备课活动也非常重视备课主题的指引,比如说,教学资源的合理利用、课堂预设及生成的关系、生命教育的渗透等等。我们的集体备课不是单纯地把各位老师收集的素材加以陈列,它为我们解决课堂教学的实际问题提供了方法论,也成了经验向理论转化的渠道,原来一个个我知道领会却说不出道不明的问题在我面前渐渐清晰起来。

于是在一次次的对话中,我也开始学会积累教育经验,并开始理解教育科研的内容,在头脑中对教育研究勾勒出了初步的轮廓,找到了教学研究的一些方法和门路,也进行了一些尝试。在学校申报国家十一五课题的过程中,我本着重在参与的想法,申报了课题《博客网络在思想品德教学中应用的实践研究》,当然我对于网络平台的研究是有先期尝试的,出于业余对于网络及计算机的爱好,以及当代学生对于网络的依赖不断增加的现状,我希望能把网络更多地运用于教学活动中,作为课堂空间的拓展。让我欣喜的是,这个课题得到了中央电教馆的支持并予以立项,使我的教学科研之路迈出了重要的一步。

苏霍姆林斯基曾说过:"人类的精神与动物的本能区别在于,我们在繁衍后代的同时,在下一代身上留下自己的美、理想和对于崇高而美好的事物的信念。"重视学生"全人"的发展,就必须提高教师的人文素养。因此在学校校本的对话交流中,教师的人文素养也是校本辐射的另一个焦点。学校为教师创造了条件,开展了一系列活动。首先是读书活动的开展:活动中,我捧起了久违的书本,阅读了《课堂教学的六十六个细节》、《班主任兵法》、《教学质量保障体系的构建》等与教育教学有关的书籍,也参看了《学习的革命》、《于丹谈庄子》等百家之说。虽谈不上什么长足的进步,但却可以静下心来思考一些问题,去除一些浮躁,获得一些感悟,得到一些积累。其次是师德百字宣言活动:学校的每一老师都写下了自己对于教育的期盼和感悟,站在贴着百字宣言的案板前,在每一位老师的殷切话语中,我明白了"师也者,教之以事而喻诸德"的重量,对"教师的威信首先建立在责任心上"这句话产生了深深共鸣。

永不满足是发展的不竭动力。作为一名普通教师,凭着感动和执着,为实现成为"专家型"教师的梦想不断努力着。感谢学校为我们的发展提供了教师生命成长的全新支点,使我得以在不断地学习反思中摒除了见障,提升自我。在交流对话中取长补短,学会合作。在实践创造中,摆脱乏味单调的重复劳动,成为教育的创新者和开拓者。在与学校的发展共同成长的历程中,为教师生涯画下独特而又闪亮的印记!

话题二:如何设计切实可行的校本研修主题活动?

以问题引导研修、以专题推动研修、以课题深化研修为了增强校本研修的实效性,学校基于知识管理视角确立了"以知识共享为特征,提高教研实践的共享度,建设专业发展共同体,在整体提升中实现异步发展"的校本研修目标。注重研修主题的发展性和可延续性,始终围绕一个核心——学科教学研究;抓住两条主线——"绿色指标"的细化落实和"无边界校本课程的开发与实践";以"专题"带动研修,以"问题"开展研修,以"课题"推进研修。

以下为 10 年间卢湾中学开展的各项校本研修主题课程：

表 6-2

卢湾中学校本研修主题课程	
时　　间	课程名称
2007 年秋	透视课堂　深化课改
2008 年春	聚焦教学　透视课堂
2008 年秋	生命化课堂的构建与教师人文素养的提高
2009 年春	教育过程公平视角下的课堂教学研究
2009 年秋	教育过程公平视角下的教师课堂教学行为案例研究
2010 年春	教育过程公平视角下的学科微型课题研究
2010 年秋	运用课堂观察方法开展学科教学研究
2011 年秋	教育教学中关键教育事件的处理
2012 年春	突破瓶颈——基于"关键教育事件"的教师教育研究
2012 年秋	落实"绿色指标"提高教学效能的实践研究
2013 年春	推进"四三工程"，深化校本质量保障体系
2013 年秋	指向学生成长需求的课堂教学变革行动研究——"翻转式课堂教学模式"初步探索
2014 年春	微时代背景下的课堂转型——以研究学生为基础
2014 年秋	以微视频为核心的教学组织新模式的实践探究
2015 年春	课堂转型——以研究学生为基础
2015 年秋	优化学生思维品质，让教学活起来
2016 年春	探索培养初中生领导力"五力"的学科关注点以及实施途径
2016 年秋	卢湾中学微视频课程互动教学平台的实践与应用
2017 年春	关注学生核心素养，拓宽"五力"培养途径
2017 年秋	卢湾中学校本学材编制实践研究
2018 年春	推进教师跨界学习的实践研究

283

（吴丹：基于"关键教育事件"的教师教育研究）

◆寻找短板，突破瓶颈

"关键教育事件"作为一种教师教育范式，目前已经引起国内外教育界的广泛关注。所谓"关键教育事件"，简单地说就是教师运用反思的智慧创造出来的，发生在教育领域内客观存在的典型性教育事件。"关键教育事件"行动研究的提出，是继案例、课例、叙事研究之后的又一种新型的教师教育方式，是校本研修发展中的一种更能体现教师集体参与、主动实践、专业支撑、共同反思、深度研修、富有成效的教师继续教育活动。它着眼于教育教学理论指导下的实践性研究，以课程实施过程中教师所面对的各种具体问题为对象，以广大教师为研究主体，通过教师持续不断地反思自己习以为常的教育教学经验或者常规，真正实现实践与理论的有机结合，有助于教师发现、分析和解决在实际工作中所遇到的各种各样的问题，有助于教师总结、认识和提升教育教学经验，从而提高教育教学的有效性、专业自觉性和理论水平。

基于以上背景，学校以"教育教学中关键教育事件的处理"为主题，以"关键教育事件"的选择性捕捉、思维性提炼、智慧性阐释、群体性研究和个性化表述为主要内容，在理论学习和实践操作的交互研修模式下对全体教师进行校本培训。设计培训共 60 课时。旨在以"二期课改"理念为指导，以"关键教育事件"研究为载体，充分发挥其草根性、开放性、寓意性、普遍性和教育性的研究特点，在增强教师捕捉、分析、创造"关键教育事件"能力培养的目标指引下，实现教师在开拓教育教学研究视野、进行反思性行动研究、体验发展性课堂教学评价方式、提高专业发展判断力、改进教育教学实践等方面的相互协同、共同促进。

教育教学中关键教育事件的处理涵盖"关键教育事件"的选择性捕

捉、思维性提炼、智慧性阐释、群体性研究和个性化表述,该行动研究的目的是让教师能立足自身或身边的实践疑难,进行有反思、有引领、有互助、有提升的教师教育培训,使其成为教师有效成长的平台。不断提升基层教师的专业注意力、专业叙述力、专业判断力、专业阐释力、专业反思力、专业沟通力、专业表达力、专业写作力和专业研究力,提升教师的专业情感和专业伦理道德,从而更全面、更有效地落实并完成综合性、实践性都很强的教师教育工作。

教育教学中关键教育事件的处理,就是抓住关键教育事件意义的阐释和价值的辐射,充分发挥其草根性、启迪性、开放性、过程性、灵活性和效能性的研修特点,从而实现由表及里、见微知著、因小知大、由浅入深的教育意义。为此,学校根据教师实际情况和客观需求,设计的培训内容主要包括:

1. 敏感细腻地捕捉"关键教育事件"

教育事件客观存在并无限发生,要使之成为"关键教育事件",首先需要捕捉。"关键教育事件"的捕捉,某种意义上是对教育事件的选择,是研修与创造"关键教育事件"的前提。培训将就选择的原则、主要角度与策略层面对教师进行集中指导。

2. 简明扼要地提炼"关键教育事件"

提炼"关键教育事件"是研修与创造"关键教育事件"的基础,是对原始事件进行必要的思维性加工概括,让事件本身特性更鲜明,表达更清晰、流畅、简约、生动。培训将邀请专家,就教育事件的叙述及艺术加工进行分学科指导。

3. 理智深度地阐释"关键教育事件"

"关键教育事件"的阐释是教师经过独立思考或群体研修,使自身对事件的理解由浅层走向深层,由事例走向事理,由知识走向智慧,是研修与创造"关键教育事件"的核心所在。培训将通过网络教研、专家引领、科研室跟踪相结合的方式对教师进行全面指导。

4. 科学客观地撰写"关键教育事件"

"关键教育事件"个例是一种偏重于研究型的教育案例，题材灵活，文字活泼，与教师的职业特性相协调，其中包括对事件本身的描述，更流露了教师对事件之后的反思感悟。培训将以教师个体创作、集体交流为主，结合学校校本考核，以校刊《卢湾教育教学》为平台，推广优秀案例作品。

学期结束，学校制定《校本研修考核方案》，以"教育教学中关键教育事件的处理"为主题，结合校本研修过程中开展的系列活动——"我的学习我做主"为索引，以作业展评为切入点，关注课程实施过程中教师所面对的各种具体问题，帮助教师总结、认识和提升教育教学经验，提高教育教学的有效性，从而引导学生养成良好的学习习惯，掌握科学的学习方法，使学生成为知识的主动构建者，扎实推进学校新三年规划的贯彻实施。学校利用校园网平台，开展以"抓好作业的设计、讲评与辅导"为主题的教师网上论坛交流活动，"晒作业设计、评作业辅导、论作业讲评"，凸显作业设计的目的性原则、层次性原则、自主性原则、合作性原则、探究性原则和创新性原则，利用开放多元的形式，拓展校本研修的空间和途径，激发教师教学智慧。

◆深入推进，求本溯源

当基础教育课程改革进入到全面实施和推广的新阶段时，教师自觉关注教学水平进一步提升的愿望正日益提高，教师迫切希望一种既能注重理论与实践相结合，又能适合学科教育发展需要，切实提高教学水平的培训方式。"关键教育事件"的研究，恰到好处地满足了上述需求而成为当前校本研修的新型模式。"关键教育事件"，是教师在教育职业生涯发展、专业发展中产生的,对可能导致自己特定发展方向的、影响教育教学发展的某种特定行为必须做出的关键性的对策,这种对策对揭示教育的本质、教学的本质、人性的本质往往起着关键性作用,此类事件往往隐喻着重要的教育价值,令人铭刻在心,经久不忘。

"关键教育事件"研究项目的提出,更能体现教师集体参与、主动实践、专业支持、共同反思、深度研修的教师继续教育活动内涵,其内在的教育价值和教师的知识背景、工作特点、思维方式相匹配,着眼于教育教学理论指导下的实践性研究,以课程实施过程中教师所面对的各种具体问题为对象,通过持续不断地反思自己习以为常的教育教学经验或者常规,实现实践与理论的有机结合,有助于教师发现、分析和解决在实践工作中所遇到的各种各样的问题,有助于教师总结、认识和提升教育教学经验,从而提高教育教学的有效性、专业自觉性和理论水平。

基于以上背景,学校在前期研修的基础上,以《突破瓶颈——基于"关键教育事件"的教师教育研究》为主题,进一步深化关键教育事件的内涵理解,设计培训约60学时。学校坚持理论学习与创造实践相结合的原则,从一线教育教学实际出发,采取自主研修、同伴互助、专业引领并行的研究方式,理论学习由学校统一组织,聘请专家团队跟踪指导,教研组为单位形成研讨团队,突出培训的针对性,注重培训的实效性,努力实现校本培训和校本研究一体化。

本轮研修采用以往课堂观察——研讨反思——循环上升的研修模式,从学校、合作体和教师个人三个层面形成合力。

1. 过程式研修

根据学科和教研组特色,创设品目多样的"关键教育事件"研究范式,不断丰富培训形式。由科研室牵头,聘请专家深入各组室,对教师提出的个性化问题进行诊断和释疑,提高教师理性判断力和事件解读力。

2. 辐射式研修

由科研室牵头,组织各教研组长以本组研修形式、研修内容和研修过程为主题,面向全体教师进行教研组"关键教育事件"个性化解读,使全体教师在聆听、思考、想象和交流互动中实现教育教学智慧的提升。同时辅以网络教研模式,鼓励教师积极参与网上研讨,也可利用校园网优势,与兄弟学校进行不定期的研修交流,打破校本研修的空间、时间限制。

3. 综合式研修

利用教研组长、年级组长会议、教工大会、教研组活动、备课组活动,开展有计划、有梯度的理论学习。以校本研修考核为契机,组织教师在经过充分学习和研讨的基础上,撰写"关键教育事件"案例反思,并将教师的优秀作品集结成册,聘请专家进行个案评点。组织"关键教育事件"研修报告会,邀请长宁区教育学院陈晞院长,为全体教师解读关键教育事件,畅谈在长宁区开展此类研究的心得。学校牵头各教研组和年级组,开展内容多样的作品展演活动,丰富培训形式,升华培训内涵。

学期结束,基于教师教育教学实际,结合前期理论学习要点,各教研组围绕自己选择的聚焦点,通过"敏感细腻地捕捉关键教育事件"——"简明扼要地提炼关键教育事件"——"理智深度地阐释关键教育事件"等环节,科学撰写一篇关键教育事件案例,优秀作品现已收录校刊。

（吴丹：教育过程公平视角下的课堂教学研究）

学校在认真分析校情、师情、学情，仔细聆听一线教师需求的基础上，从学校教育教学实际出发，注重以教师为本，以教学发展为先，采用全员参与、全员培训的方式，申报立项并完成了《教育过程公平视角下的课堂教学研究》为主题的研修课程，分阶段，有序列，全覆盖地扎实开展校本研修工作。

我校围绕"课堂教学"这一主线，开设了以"教育过程公平"为主题的校本研修课程。旨在通过对细化课堂教学目标、优化课堂教学策略、保障课堂教学质量等问题的研究和实践，探索提高课堂教学效益，实现教育过程公平的有效途径，推动学校教师队伍的专业化发展。该方案的出台，是以二期课改"以学生发展为本"的理念为指导，在承认和尊重学生差异的基础上，挖掘每一位学生的发展潜力，探索优质高效的教学之路，促进学生的个性化发展和教师的专业成长，体现教育过程的公平性。

在校本研修的过程中，学校始终坚持理论与实践相结合的原则，以校为本，以师生共同成长为根本目标，努力实现校本培训和校本研究一体化。坚持教师个体学习和团体培训并行，专家指导与自我反思相结合的原则，采取多样化的培训方式，鼓励教师全体、全程参与，旨在通过校本研修在学校里形成"群策群力、认真倾听、共同探究"的良好氛围。

针对学校的教育教学实际，该年度校本研修的一个重要工作是引进华师大郭景阳教授教学质量保障体系，以项目推进的方式，结合教研组、年级组建设，全面构建学校教学质量保障体系。学校要发展，管理思想与模式更新是重要动力之一。学校教育管理要从传统走向现代化，从经验走向科学化，从粗放走向精细化，是一项涉及所有人的带有根本性的变革。教学是学校的生命线,在学校教育教学管理中,学生学业质量是最重要的成果之一,也是我校教育能力发展的重要组成部分。校本研修的核心就是探索如何以现代教育方针为指导,以素质教育理念为核心,以课程改革目标和各学科课程标准为依据,建立学生学业质量分析、反馈与指导机制,探索基于实证数据的教学研究方法和提高学业质量的方法,构建科学的可操作的教育质量监控与保障体系,在正视学生客观差异的基础上关注与学生未来发展关系密切的核心素养和能力的培养,在基础教育领域强化质量意识和效率原则,这不仅是我校教育改革创新的重要保证和依据,更是我校实现教育现代化的重要指标。通过有效地校本研修活动,各学科通过专家引领、校际交流、组内合作等方式,不断细化教学双向细目表,完善了考试学科的教学训练体系。

针对校本研修作业中所暴露出的部分问题,学校改革以往的作业模式,在保留部分传统作业的基础上,增加项目考核内容,并将教师校本研修参与情况和作业情况作为教师个人、备课组、教研组评优的重要依据。鼓励教师结合教学、德育研修主题,撰写教育或教学案例,不断以校本研修为途径增加教师的专业知识、专业技能和专业态度。

学校的校本研修紧密结合课堂教学实践,探索和提高课堂教学效益。鼓励教师通过不断提高自身的专业素养,用先进理念来引领教学,细化课程目标来规范教学,在教学中采用科学合理的教学方法,切实提高教学的有效性。开展了以"关注教育过程公平,打造生命化课堂"为主题的教学展示活动,鼓励教师在教研组内积极开展教育教学课题研究,重点关注教学目标细化、教学形式合理化、学习方式自主化、反馈形式多样化,落实差异教学,变学生差异为教学资源,不断提高课堂教学效益。各教研组在实际工作中,根据研修主题修订了《卢湾中学评课记录表》和《卢湾中学作业检查表》,在教学中认真渗透和落实教育过程公平的理念。

期间,学校聘请教育专家深入各组室的培训活动,协同发现问题,研究问题。邀请教育专家、学有专长的优秀教师做专题讲座。学校选用教材《中国的教育公平与教育发展(1990 - 2005)》《教育:从均衡走向公平》中的部分内容作为学习参考,重点学习教育公平的实践案例,引导教师把握教育公平内涵,增强教师教育公平意识。使用学生个性化成长手册,全面了解不同学生的发展水平、个性特征、认知风格、兴趣等客观差异。结合教学实际,推进教学质量保障体系的研究。以教研组为单位落实学科教学目标分解、课堂教学设计、教学效果检测的相应要求,并在教学过程中体现差异教学。学校结合教学展示,开展听课、评课、议课系列活动,紧扣"体现教育过程的公平化"这一主题,抓住教学细节,落实差异教学,挖掘学生潜能,提高课堂教学效益。教师之间共同分享经验,专业切磋、交流合作,互相学习,彼此支持,共同成长,通过相互启发使原有的观念、方法更加完善和科学。学校以课题研究带动校本培训,鼓励教师积极开展教育教学课题研究,在课题研究实践中学习,在实践中充实知识、提升能力。

学校通过校本研修这一途径,组织教师对教育公平内涵的学习和探讨,引导教师增强教育公平意识、树立"一切为了学生、为了一切学生、为了学生一切"的教育理念,给予所有学生以同样的关爱,对每位学生都怀有殷切的期望,确立"每个学生有所发展,每个学生都可成为社会的有用人才"的教育信念,为切实落实教育公平的打下扎实基础。

学校的校本研修以关注课堂教学过程中的教育公平为主题,聚焦教师课堂教学行为,重点讨论教师在课堂教学过程中的言行举止对实现教育公平的影响,分析教师应有的应对行为,优化教育服务。

学校坚持理论学习与案例研究相结合的原则,从教育教学实际出发,采用教师比较容易接受的"案例研究"的方式，突出培训的针对性，注重培训的实效性。研修期间，坚持教师个体学习和团队学习并行的原则，理论学习由学校统一组织，案例研究以教研组为单位形成学习团队，结合教师的自我反思，力求在学校形成"仔细倾听、认真思考、群策群力、共同探究"的良好氛围。

通过理论学习引导教师把握教育公平内涵，增强教师教育公平意识，重点学习教育公平的实践案例，定期推荐自学内容，并邀请教育专家、学有专长的优秀教师开展专题讲座。以《卢湾中学针对日常学科教学中出现的教育过程不公平现象采取的应对措施》为主要内容，系统性地从教师的教学心理、动作行为、教学目标和内容、师生互动交流、课堂教学评价五个不同的角度分析教师课堂教学行为对实现教育公平的影响，并从教师课堂教学行为上寻找根本原因和解决问题的对策，然后将其编成校本研修的教材，很好地体现了校本研修主题的可延续性与发展性。以"课堂教学中的教育公平"为主题开展案例征集活动。通过鲜活的教育教学实例来反思和实践在课堂教学中落实教育公平的教育理念。

教师专业化发展是中小学教育发展的必由之路，这既是课程改革的需要，也是素质教育向纵深发展的需要，是提高学校发展水平的根本途径。课题研究是提高教师研究能力必不可少的途径，是教师专业化发展的基点。"开展自己的教学研究"；"解决自己的教学问题"；"发表自己的研究成果"；"改善自己的教学实践"，在课题研究中，教师的专业化发展的理论与实践紧密结合，这有利于提高教师的研究水平，有利于提高教师教育教学质量和教学水平，也有利于教师的专业成长。微型课题研究主要是一线教师对日常教育教学实践中出现的具有普遍或典型意义的具体教育教学问题的分析和研究，其意义在于使教师行走在反思与成长之间，从研究中获得有价值的应用性、实践性成果。在此基础上,学校开展以学科微型课题研究为抓手,以理论学习和课题研究相结合的方式对全体教师进行校本培训。以"二期课改"理念为指导,立足校本、贴近教师、植根课堂,避免课题研究的表面化、简单化、狭窄化,使之更趋科学化、制度化、组织化,真正实现教育科研大众化、平民化、草根化。使教师形成教育教学研究的自觉,改进与提高教师的工作方式,甚至改善教师的专业生活状态,让教师在充实而快乐的实践中提升生命质量,为我校教育教学实践与教育研究之间架起一道桥梁。

"微型课题"是教师基于现实需要,自发性地运用一般的科学方法,对日常教育教学工作中遇到的一些教育现象进行观察、分析,从而寻找出解决问题的策略的一种实践研究活动。学校以校本研修为载体,为一线教师创设实际问题研究平台,有助于教师解决当前教育教学过程中迫切需要解决的问题,有助于提高教育教学质量,有助于提高教师专业化水平和技能,使教师不断地构建和更新自己的专业内涵,求得自己与时俱进的专业发展。

学校通过有计划、有步骤地组织教师进行微型课题专项学习,从选题确立、思路确定、方案制定、方法选择、实践反思和成果表达等方面为教师提供专业的理论辅导和技术支持。以教师个人和小组申报相结合的方式,根据一线教学实际,鼓励教师从不同的角度确立研究方向。学校有效地组织讨论交流,使教师之间能共同分享经验。通过课题研究带动校本培训,鼓励教师积极开展教育教学课题研究,在课题研究实践中学习,在实践中充实知识、提升能力。

教师发展是学生发展的根本保障,教师发展是提高教育质量的关键,教师发展是教育改革的原动力,教师发展是提高学校凝聚力的核心要素,教师发展更是教师自身幸福感的源泉。优秀的校本研修课程的开设,可以汇集先进的教育教学理念,可以凝聚学校教学的智慧结晶,可以激发教师的自我专业潜能,我校的校本研修已经成为教师们管理、共享知识的有效途径,成为教师专业发展的技术平台,成为打造魅丽师资队伍的专业造型师。

第七章　家校合作的融洽度

本章以家校合作为研究视角,共分三节。第一节,回答了什么是融洽度以及融洽度的作用,融洽度的具体表现;第二节,重点叙述了来自于学校的家校合作经验,即建设一支家校合作的队伍、办好"幸福缘"家长学校、开展融洽家校合作的活动;第三节,为让读者清晰地了解学校的家校合作建设实施细节,呈现了教师的所思所想:如"学生发展与学校发展"的若干案例。

第一节　融洽度的诠释

合作是指两个或两个以上的人或群体为达到共同目的在行动上相互配合的一种互助方式。家校合作的含义可以从宏观、中观及微观三个层面来把握。宏观层面的家校合作主要是指家庭、学校、社区及政府等之间围绕学生的教育及发展而开展的互动与合作;中观层面的家校合作主要是家庭与学校双方围绕学生主体开展的互动与合作;微观层面的家校合作主要是家长与教师围绕学生主体开展的互动与合作。本书中所说家校合作主要是指中观和微观两个层面的含义。良好的家校合作能够提高学生的学业成绩,促进学生的全面发展,转变家长的教育观念,丰富学校的教育资源等。因此,如何更好地加强家校合作已成为学校改革的重要内容,也是当今教育发展的一个趋势。

绿色指标的推出,为我们深入家校合作研究拓宽了新的视野。全面分析绿色指标 1.0,以及即将实施的绿色指标 2.0,其昭示、引领家校合作的意义有:

一种导向:营造公平的教育环境与关注特殊群体;

一个依据:学校要降低社会家庭背景对学业影响;

一种要求:要构建紧密的家校合作的途径与方式;

一个改进:家校合作要服务学生身心健康的成长。

如何结合学校现有的办学水平、文化基础、师资力量等,将上述四个方面扎扎实实落地生根于学校的土壤,是我们始终坚持研究的方向。2012 年起,学校提出了"六度教学:助推绿色指标落地,全面实现学校发展"的行动要领,在经过长达五年的时间,历经了反复酝酿、科学论证、课题立项、行动研究、成果表述等研究过程,"家校合作的融洽度"这一提法被正式确立。

一、融洽度的释义

何为"融洽度"?"融"有彼此感情好、关系和谐之意,"洽"有和睦、协调一致之意,"度"有程度、境界之意。"融洽度"指人与人之间情感和睦或事物之间没有隔阂的一种程度。在本书中,"融洽度"主要是指家校合作的关系和谐,能共同促进学生成长的程度。具体而言,从家校合作的出发点来看,"融洽度"是指学校要营造公平的教育环境,关注学校特殊群体,降低社会家庭背景对学生学业的影响;从家校合作的过程来看,"融洽度"是指学校主动构建各种家校合作的途径,以使更多家长能参与学校活动,形成有效的家校合作模式;从家校合作的结果来看,"融洽度"是指不仅促进学生的学业发展,更能促进学生身心的健康成长。

二、融洽度的作用

"融洽度"的作用之一:有助于学校在家校合作领域落实绿色指标。"融洽度"是指家校合作的关系和谐且能共同促进学生成长,其表现与绿色指标的导向、依据、要求、改进呈现一致性,是绿色指标昭示、引领意义的具体化,因此它成为学校落实绿色指标的一个重要抓手。与此同时,家校合作的"融洽度"有绿色发展的理念支撑,有绿色指标的保驾护航,所以,家校合作的建设成效也更有可参照性的坐标。

"融洽度"的作用之二:有助于学校加强家校合作的过程管理。"融洽度"是家校合作的融洽程度的反映,是来自于学校自身对家校合作成效的评估,以及日复一日、年复一年的持续推动和螺旋式的上升过程,所以,"融洽度"关注的是学校家校合作的过程质量,即家校合作的工作水平或进行中的状态,这有助于学校动态地把握家校合作的建设成效,加强家校合作的过程管理。

"融洽度"的作用之三:有助于学校形成量化的家校合作的评估研究。"融洽度"的证据既可以是量化的,也可以是质性的。可以用某些数值的变化来表示,也可用质性材料的比对来呈现,这为学校量化的家校合作的评估研究埋下了伏笔。

三、融洽度的表现

"融洽度"的表现之一。绿色指标是这样定义教育公平,为所有学生提供从教育中收益的机会,不论学生的性别、家庭社会经济背景。从上面的描述中,我们应该有两点清醒的认识:一是学校要坚持教育公平的价值观,让适龄儿童、青少年享有同等的受教育权利和机会,享有同等的公共教育资源服务;二是家校合作应该秉持人本的理念,面向全体学生,关注那些身处弱势的学生,而非背离教育的本质,只关注部分优秀学生的学习与发展。所以,家校合作的"融洽度"表现就是要关注学生中的特殊群体。如单亲家庭的学生、家庭经济困难的学生、农民工子女等等,让他们能充分感受到来自学校、家庭的关心与关爱。

"融洽度"的表现之二。绿色指标2.0教育公平中明确阐释了学校在家校合作中要承担的责任,学校教育要尽可能降低社会家庭背景对学生学习成就的影响。教育公平的核心是教育机会均等。亚瑟·怀兹提出了他的最低限度——成就的定义:"教育机会均等的最低限度——成就定义生成资源应该分配给每一个学生直到他取得某一特定水平的成就。"所以,家校合作的"融洽度"的表现是教师要公平对待任何家庭的学生,提升他们的主观能动性、自我效能及其学业成就,从而打破家庭因社会经济地位所引起的教育代际传递现象。

"融洽度"的表现之三。家长参与学校活动由于兴趣、需要和动机各不相同,家长在家校合作活动中希望参与的形式也不同。作为学校要主动构建紧密的家校合作的途径与方式。所以,家校合作的"融洽度"的表现有:一是组织家长会、开放日、作业展览等活动;二是家访、家长参与课堂教学、教育讲座、教育咨询;三是办好家长学校,提升家长亲子能力;四是组建家委会、家长志愿者,形成有效的家校合作模式等。

"融洽度"的表现之四。家校合作出发点和归宿点是促使家庭教育和学校教育保持一致形成合力,促进青少年儿童在品德、学业及身心健康等的良好发展,这需要我们重新审视家校合作的意义。而一些教师秉持"重智控德"的想法,就可能会导致家校交流中过度关注学生学习成绩,而忽视学生的身心发展,最终也会影响家校合作的效果。所以,"融洽度"的体现之四就是家校合作不仅仅关注学生学业成绩及成效,更要共同服务于学生的身心健康成长。

四、家校合作——融洽度

家校合作及其融洽度研究的主要过程,含研读指标、解读指标、内涵诠释、实践应用、成果表达如下(见图 7-1):

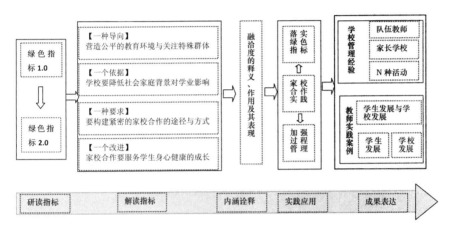

图 7-1 "家校合作的融洽度"的研究过程

1. 研读指标。绿色指标 1.0 中,与家校合作对标的有:学生社会经济背景对学业成绩的影响指数,品德行为指数(理想信念、公民素质和健全人格),进步指数。绿色指标 2.0 中,与家校合作对标的有:教育公平,学生身心健康(学生体质健康、学生心理健康),学生品德与社会行为(行为规范、亲社会行为、国家认同、国际视野),跨时间发展。

2. 解读指标。分析绿色指标,昭示、引领深化学校家校合作工作的意义有:营造公平的教育环境与关注特殊群体,学校要降低社会家庭背景对学业影响,要构建紧密的家校合作的途径与方式,家校合作要服务学生身心健康的成长。

3. 内涵诠释。以绿色指标的导向、依据、要求、改进为基石,确立家校合作的重心在于"融洽度"。界定本章核心概念"融洽度"，分析其主要作用及其在家校合作中的具体表现。

4. 实践应用。形成"标准—评价—教学"的研究循环，在行动研究中促进学校教育教学质量的提升。

5. 成果表达。历经五年的基于绿色指标的实践探索，学校累积一些成功经验及其案例。为此，从两个视角选取有代表性的家校合作实践成果进行总结。一是来自于学校的管理经验，如第二节的建设一支家校合作的队伍、办好"幸福缘"家长学校、开展融洽家校合作的活动等；二是来自于学校的教师实践，以案例的方式呈现，如第三节的"学生发展与学校发展"的若干案例。

第二节　学校管理经验：队伍建设、"幸福缘"家长学校、N 种活动

家庭和学校是个体从小到大所经历的两个最重要的成长环境，家长和教师是对人的成长发展最具影响力的关键人物。只有当家庭和学校、家长和教师都各自承担起应有的责任，扮演所应扮演的角色，且双方的责任和角色共同统一于一个以孩子幸福生长为指向的终极追求之中，优质的教育才能得以展开并最终实现其目的。

2010 年，卢湾中学在制定新一轮发展规划时，明确提出"打造众人文化"的发展主题。几年来，在学校、教师、家长的共同努力下，我校已经形成了较为完整的家长学校体系，有家委会队伍、家长志愿者队伍、多种家校沟通平台，从而为实现家校合作奠定了一个良好的基础。为了深入推进融洽的家校合作，我校建设了一支以家委会、家长志愿者为首的家校合作队伍，充分发挥家长对学校工作的参谋、监督作用；开设了"幸福缘"家

长学校,给家长提供学习的机会,全面支援家长参与孩子的成长;开展融洽家校合作的活动:家长开放日、亲子课程、教育讲座、教育咨询、"卓识爸爸、卓识妈妈"评选等等,进一步加强学校与家庭的联系沟通。融洽的家校合作,凝聚了家庭和学校的力量,在二者的共同努力下,学校在教育学生时能得到更多的来自家庭方面的支持,家长在养育子女时也能得到更多的来自学校方面的指导。我们坚信,只要我们科学、主动、诚恳地为家长创造更多的机会与平台,营造更为平等、民主的家校合作氛围,肯定会有更多的家长愿意积极投身到学校教育活动中来,而这一切的最终受益者一定是学生,是家长,是学校。

家校合作是个系统而持续的工程,让我们携起手来共同为孩子的成长助力。

一、建设一支家校合作的队伍:家委会、家长志愿者

1. 家委会:构成、职能、工作及其成效

《国家中长期教育改革和发展规划纲要(2010—2020 年)》中就明确提出中小学要建立家长委员会。家长委员会(以下简称家委会)是学校中由家长代表组成的一种群众性教育合作组织。家委会的基本宗旨有:每一个家委会的委员都是学校的主人,团结全校学生家长,密切学校与家庭的联系,充分发挥家长对学校工作的参谋、监督作用,宣传国家的有关教育政策法规,加强学校管理,把学校教育与家庭教育有机地结合起来,以提高家长教育子女的水平,提高学校教育质量。基于上述的认识,学校自觉地把家委会工作作为学校的一个重要组成部分,积极发挥家委会沟通、服务、监督、参与、管理五个作用,在学校重大决策和改革的问题上,认真虚心听取家长委员会的意见,把家委会作为社会评估学校的重要依据,开展各项家校合作活动,大力宣传家委会,共同营造良好的育人环境,使

家庭教育与学校教育、社会教育紧密配合，形成合力。以下是家委会的构成、职能、工作及其成效。

家委会的构成。学校建立了校级、年级、班级三级家委会组织。每个班级设立 2 名班级家委会委员，各班推选 1~2 名家委会委员组成年级家委会，学校从年级家委会成员中挑选工作能力强、热心家校工作的成员组成校级家委会。根据学生变动情况，每年对家委会进行适当调整、增补。校家委会设主任 1 名，副主任 1 名，委员 5 名，并由委员会讨论通过。校家委会每年至少召开 2 次委员会全体会议。

家委会的主要职能。加强学校和家庭的沟通，密切保持学校和家庭、社区的联系，促进学校、家庭、社区教育一体化的形成；参与学校民主管理，支持学校的教育教学改革，督促学校全面贯彻教育方针；配合学校共同研讨教育教学的相关问题，全面推进素质教育，切实提高教育质量；保障家长对于学校教育的知情权、选择权、监督权、评价权和参与决策权。

家委会的工作及其成效。（1）根据学校众教育文化建设的需要，建立有效的家委会管理章程和运行机制。（2）研究当前家庭教育、学校教育、社会教育的动态，商讨办好"家长学校"的措施和方案，及时反馈家教信息，收集并反映家长对学校工作的建议和意见，协调并参与学校管理，进一步提高管理的实效。（3）家委会参与家长沙龙活动，力求通过活动解决部分家长的困惑，提高家教能力。（4）把优秀的家教经验向家长推广，开拓家长的视野和思维，了解并辅助处理学校管理、教学中的问题，真正起到为广大家长服务的作用。（5）开展家长志愿者活动，让家长走进学校，参与教育教学活动，充分利用家长这一丰富的教育资源，发挥家长对教师成长的促进作用，提高家长参与学校建设的热情。（6）家长开放日后及时听取家长对学校各方面工作的意见和建议，家委会及时汇总并向校方提交合理化建议。(7)协同家长、教师、学生座谈,解决部分学生中存在的棘手问题。

2. 家长志愿者:志愿者资源库、家长工作平台、工作及其成效

家长志愿者是学校开展家校合作的最重要的一支队伍,广义的范畴是由本校在籍学生家长且积极参与家校活动的家长构成。家长志愿者的使命和职责简要概括为"学校文化的传播者、学校管理的参与者、学校教育的监督者、学生拓展学习的协助者"四个方面。具体而言,家长志愿者以身说法,传播、评价、宣传学校文化,主动参与学校管理,让广大家长真实把握学校办学思想和办学行动,助学校制定出既适合学生发展需求,又能反映家长愿望的学生成长目标,进而促使学校和家庭达成共识,形成教育管理合力,参与教育教学的监督并提出意见,让家长更好地履行自己在孩子学习过程中的义务与职责。家长志愿者是我校在家校合作中探索形成的一支新的队伍,是家校沟通与合作方式的一种新模式,在家校合作中发挥着重要作用。

建立志愿者资源库。学校在每学年开学一个月内,广泛开展家长志愿者的征集活动,下发征询表,征求新生家长的意愿。学校家委会把自愿参与家长志愿者队伍的家长分类统计存档,根据不同的工作内容落实相应的家长来参与。通过家长委员会的讨论,制定家长志愿者队伍的章程,明确家长志愿者的权利和义务。在此基础上,学校组建了四支家长志愿者队伍:校园保障志愿者、课程服务志愿者、社会资源志愿者、智囊讲师志愿者,着力打造家长志愿者队伍,充实学校教育力量。家长志愿者们根据自己的意愿加入到不同的队伍中来。有的家长志愿者配合上学和放学期间进行校园门口的交通安全维护工作;有的发挥自身优势,走进教室,充实学生拓展课程;有的利用丰富资源,多方位、多层次地协助学校工作,组织学生们进行社会活动。在家长志愿者们的鼎力相助下,学校如虎添翼,

各项工作有条不紊地进行着。

提供家长工作平台。家长的文化素养、知识技能结构各不相同，要最大化地用好家长资源，发挥家长的智慧和才能，就必须建立比较完善的组织管理体制。在具体操作中我们重点要抓好以下几项工作：一是认真筹备，精心组织实施。学校在征集家长志愿者前，要召开家委会，根据学校和家长的实际情况，制订详细的可操作的实施方案。主要包括制订家长志愿者章程、组织架构、工作职责、工作内容等。明确家长志愿者队伍的责任人，搞好建立队伍、完善制度、具体安排、科学组织等工作，以真正发挥家长义工组织在学校教育教学管理工作中的作用。二是加强宣传，坚持自愿参与原则。一般来说，家长对学校教育都具有关注的热情和参与的愿望。这是广大家长加入志愿者队伍的根本动力。但家长志愿者毕竟是一项新生事物，家长对其内涵、意义、作用知之甚少。为更好地调动起家长参与志愿者服务的积极性，学校需要加大宣传。同时，家长的参与要建立在自愿的基础上，因为受学习、工作、家庭等方面的影响，并非所有家长都有时间参与。因此，在进行志愿者活动前，学校要发动家长自愿报名，让家长根据自己的专业特长、兴趣、爱好、空闲时间等参加学校义工服务项目。具体可在每年召开新生家长会时，由学校德育处组织家长动员会，发放学校统一印制的报名表，报名表列出家长义工队的工作选项和服务时间选项，供家长选择，德育处整理资料后积累家长资源库。三是建立培训制度，加强志愿者服务指导。家长志愿者来自各个行业，各个专业，因此在进行志愿者活动前，要对家长志愿者进行初步的培训，明确家长志愿者的服务职责、服务要求等。四是建立评价表彰机制，激发家长志愿者的工作热情。学校和教师应及时总结家长志愿者活动的经验，将实践成果发扬光大，同时找出问题，商讨解决方案，使家长志愿者服务不断完善。每学年（或学期）根据家长志愿者参加学校服务记录的工作量，将参加服务时间较长、工作成效优良的家长评为荣誉家长，召开总结表彰会予以鼓励。

家长志愿者的工作及其成效。(1)不断改善办学条件,力所能及地协助解决相关问题。为减轻学生负担,创造良好的校园环境,家长志愿者通过实地调研,提出了为学生设计校园书柜的建议,并得到了广大家长的积极响应。从设计样式到大小尺寸,家长志愿者献计献策,在学校的支持下,为每个班级制作了学生书柜,让学生把课外辅导等平时不太用的书本放在学校书柜中,减轻了学生的背负重量。有家长志愿者提出要提高学校网站的质量,建立家校更紧密的联系,学校认真回应,在网速、服务器的配置上加以改进,使网站的浏览速度明显加快,在短时间内取得了很好的成效。家委会委员们认真收集家长和学生对学校教育教学的意见和建议,并及时和学校进行沟通、反馈,为学校更好地开展各项管理工作提供了沟通的平台。(2)积极参与学校组织的各项活动。每逢重大活动,开展校园安全护导活动,由家委会委员带头、组织各年级家长志愿者进行每天一次的安全护导活动。在上学高峰时段,护导人员配戴统一的标识,在校门口、马路横道线边上开展执勤,引导车辆停放、及时制止学生的不安全行为,提出校园安全改进措施,为创建和谐校园做出努力。家长志愿者还充分利用自身资源优势,在校园文化建设、重大节庆活动中,开展活动项目策划、组织表演等工作。(3)配合学校做好社会公益工作。家长志愿者自发组织起来,开展了"收集书本,从我做起"的公益活动,同孩子们将家中多余的书籍通过设立在学校底楼的统一平台"熊猫宝宝"进行回收,回收到的书本捐献给贫困地区的孩子们,进一步培养学生的公益和社会意识。家长志愿者还利用双休日、节假日带着孩子参加由学校组织的"爱心募捐"活动,塑造学生的"感恩"和"爱心"意识,许多孩子踊跃参加,充分体会到了活动的积极意义。(4)家长参与学校工作,不仅使得家长与学校的关系更为密切,更为孩子树立了榜样,在对孩子的教育上,达到了"无声胜有声"的效果。正如家长志愿者代表王君女士感言："我希望有更多的家长用您的才华传授给孩子们可贵的信息，分享您的一份关爱！让教育增值，让爱增值！"

我国教育专家学者和教育实际工作者认为：家校合作是一种双向活动，是家庭教育与学校教育的相互配合。家长要对学校教育给予支持，学校要对家庭教育做出指导，其中学校应起主导作用。家校合作活动围绕的中心应该是学生，学生是家庭和学校共同的服务对象。促进学生的全面发展是家校合作活动的最终目的。家校合作是社会参与学校教育的一个重要组成部分。家长的参与离不开社会大背景，是广泛的社会背景意义上的参与。从上述的视角，我们认为，学校的家校合作正在努力趋向于这三个方面，而取得上述成效的学校经验之一就是建设一支家校合作的队伍，特别是更广泛的家长志愿者的参与，是学校教育民主化进程的重要标志，是学校家校合作的创新之举。

二、办好"幸福缘"家长学校：课程设计、实施及其成效

"幸福缘家校合作坊"是在众教育思想下，集众人之智所承办的服务于本校家长的一所学校（以下简称"幸福缘"）。"幸福缘"家长学校的主要责任和使命就是以教育来支援家长全面参与孩子的成长，增强家校合作的融洽度。具体来说，就是对家长进行相应的教育知识和家庭生活知识的宣传和教育，帮助家长更好地了解青少年儿童成长的规律；认识一般家庭在孩子不同年龄阶段容易产生的问题，并给出预防措施，明确家长以及子女在家庭和社会中的角色。"幸福缘"家长学校的目标是让家长更"善"于与子女沟通，享受为人父母的"乐趣"；让家长更"勇"于承担为人父母的责任，来面对青少年成长的种种问题；让家长更"敢"于为子女成长全面参与教育事务。

以下是"幸福缘"家长学校的课程设计、实施及其评估等内容。

1. 课程设计

课程的设计在经过前期调研,充分了解家长的需求、孩子常见问题之后,经过反复论证,形成了 18 个维度的课程模块。该课程模块具有以下特征:一是始终贯穿两条主线。主线之一是家庭对孩子的影响,含有教育观念与教育方式、家庭环境与氛围、家长自身素质,构成表格横行;主线之二是学生成长主线,含有习惯与规范、性格与心理、兴趣与潜能、交往与信息、学习与思维、健身与锻炼等六个方面,构成表格的纵列,横纵交织,形成了 18 个课程模块。二是课程内容丰富。社会发展与家庭关系的知识,主要侧重与家庭背景对学生成长的影响;残缺家庭子女教育的知识;亲子关系的知识,让家长了解孩子、观察孩子,进行有效沟通,摈弃一些狭隘的教育观念;家校联系途径的知识,包括如何与家长沟通和家长达成共识等。这样就可以使家校合作制度构建的校内环境得到优化。三是课程体验丰富。课程的主题活动均邀请家长参加,定期的家长开放日、亲子交流活动,让家长走近学校教育,走近学校中的孩子,彼此相互了解,获得共同体验。四是课程针对性强。通过家庭教育讲座对家庭教育存在的共性问题进行统一指导,通过家长沙龙和案例研讨,针对性地解决家长的个别化问题。(见表 7 - 2:"幸福缘"家长学校的部分课程内容)

表 7 - 2　"幸福缘"家长学校的部分课程内容

	主　题	授课内容
第一讲	好孩子是怎样培养出来的	1. 了解初中学生的心理特点、几组矛盾:独立和依赖的矛盾、理想和现实的矛盾、自负和自卑的矛盾、沟通和封闭的矛盾。 2. 建立积极互动的亲子关系:身教重于言教、给孩子创造良好的家庭氛围。

（续表）

	主　题	授课内容
第二讲	父母必须重视和改进家庭教育	1. 讲述家庭教育案例。 2. 教育的新观念：儿童是人、儿童是成长中的人、儿童是终将要走向社会的独立的人。 3. 父母应具备的素质：①修养方面：家庭和睦，夫妻关系融洽；热爱生活，勤奋工作；品行端正，诚实正直；关心尊重别人，为别人着想；讲求公德，遵守公共场所的规范；遵守社会规范，做守法公民。②知识方面：生活知识；现代科学知识；生理学方面的知识；营养保健方面的知识；心理学的知识；教育学的知识。③能力方面：做好父母，仅仅有观念上、知识上的储备还不够，还需要有把观念落实到行动的能力。
第三讲	了解自己　理解孩子	1. 分析不同年代、不同时期群体的总体特点。 2. 小学和中学过渡时期孩子的发展特点与家庭教育中的重要因素。 3. 家长自身素质对家庭教育的影响。
第四讲	培养好习惯	1. 重新认识习惯的价值：习惯决定性格，性格决定命运，深刻的认识是有力执行的开始。 2. 培养好习惯的三个阶段：所有习惯的养成都需要一个过程，这个过程包括三个阶段：约束阶段、适应阶段、自然阶段。 3. 培养好习惯的三大步骤：确立习惯、制定计划、评估成果。 4. 孩子应具备哪些好习惯：专业的角度、广阔的视野、纵深的思考，为家长介绍孩子应该具备的好习惯。 5. 培养好习惯的方法：根据孩子的心理和行为特点，介绍一些具体可操作的方法技巧——强化法、自评法、自我控制法、父母言传身教法等。 6. 克服不良习惯的技巧：解析方法无效的原因，防止错误的教育对孩子的危害，讲解克服不良习惯的实用技巧，为家长提供新的教育方式。

主　题		授课内容
第五讲	亲子沟通的技巧	1．亲子冲突的三种类型 2．行为界定的原则 3．问题归属原则 4．亲子沟通的十二个绊脚石 5．积极倾听的技巧 6．改变孩子行为的表达技巧 7．化解需求冲突的六大步骤 8．解决价值观冲突的方法
第六讲	家长帮助孩子持续性地提高学习成效的策略	1．制定明确的目标 2．培养学习兴趣 3．提升孩子的自信心 4．锻炼孩子的毅力 5．养成良好的学习习惯 6．掌握记忆的规律
第七讲	与青春期的孩子对话	1．解析《上海市中小学生生命教育指导纲要》。 2．认识青春期：青春期的年龄标志、青春期的生理特点、青春期的心理变化、青春期的困惑。 3．家长可以做什么？知识准备、心理准备、观念准备、亲子沟通。 4．让孩子度过一个灿烂的青春期。
第八讲	亲子关系初探	1．家庭名片 2．课堂事务分工 3．两列清单 4．照我说的做 5．管教风格 6．和善与坚定并行
第九讲	情绪管理	1．情绪的颜色与形状 2．情绪的分类和探讨 3．掌中大脑 4．积极暂停 5．愤怒的3A 6．愤怒选择轮

第七章　家校合作的融洽度

主　题		授课内容
第十讲	解析孩子的不当行为	1. 归属感和价值感的树 2. 能力巨人 3. 错误目的介绍 4. 读我的帽子 5. 爱的语言 6. 鼓励与表扬
第十一讲	和孩子们一起成长	1. 关于错误 2. 从错误中恢复关系的4R 3. 孩子的界限 4. 成长监护曲线 5. 孩子的权利 6. 爱的蜡烛

2. 课程实施

"幸福缘"家长学校的学习方式有：一是大班学习。通过专题讲座，分阶段进行系统性的家长学校理论与实践学习，拓宽视野、开拓思路，指导家长树立正确的育儿观念，学习与掌握科学的家庭教育知识和有效的教育方法，为子女健康成长营造良好的家庭教育环境。最终促进学生健康成长。二是案例研讨。由家长和孩子提供家庭中的真实案例，全体家长分小组参与互动式研讨。激发家长们参与讨论的主动性和积极性，帮助家长解决实际教育中遇到的难题，促进家长对教育孩子的反思和总结。三是家长沙龙。针对某一问题或某一类学生成长的共同需求，家长敞开思想，自由发表观点。使各种观点、设想在相互碰撞中激起大脑的创造性风暴，利用集体创造性智慧，寻求问题解决的多种最佳方案。四是亲子活动。创设一定情境，围绕一个需要解决的任务，组织家长与孩子在共同探究和解决过程中，加强相互了解，建立亲密关系，获得共同体验。五是个别咨询。评估、诊断家庭教育的状况、孩子学业功课、各种习惯和行为方

式、性格和心理发展状况及孩子发展的潜能和优势。(见表7-3:"幸福缘"家长学校的系统活动安排)

表7-3 "幸福缘"家长学校的系统活动安排

项目	时间	内容	课时	参加人员	主讲人
大班学习	2次/学期	关于学科学习方法的培养与指导	2	专家、校长、班主任、家长、学生代表	名师专家
		关于行为习惯、兴趣爱好的培养与指导	2		名师专家
个别咨询	6次/学期每单周五下午	学生个别咨询	24	专家、学生	名师专家
	6次/学期每双周六下午	家长或家长携学生个别咨询	24	专家、家长、学生	名师专家
案例研讨	3次/学期	以班级为单位开展交流对话、案例分析	6	专家、班主任、家长	名师专家
家长沙龙	2次/学期	针对同类特点学生,尝试分为2个沙龙: 1. 特长明显、学科学习不平衡的学生 2. 学习习惯较差、学习动力不足、兴趣爱好满足度不够的学生	4	专家、家长、校长	名师专家
亲子活动	1次/学期	采用团队心理辅导的方式开展活动	4	专家、家长、学生	名师专家
总结	1次/学期	培训总结及交流分享 1. 家长总结参与家长学校的收获并提出发展中的问题 2. 专家点评 3. 下一学年的计划	2	专家、校长、班主任、家长、学生代表	名师专家

"幸福缘"家长学校的教学方式有:一是点面结合,即开展专家讲座、同类家长小组指导交流与个别诊断分析等方式交互进行。二是一般与特

殊相结合,即通过一个阶段的交流、培训之后,将注意力转移到一些特殊群体的家长和孩子身上,聚焦到学生发展的策略与提升家长素质的方法上。三是亲子档案建立与诊断测量工具研究相结合,即选择若干班级为试点,尝试开展亲子档案建设工作,同时又组织各方力量有计划地研究制订对家长和学生的诊断、测量工具。

3. 课程成效

"幸福缘"家长学校课程是将调研与课程设计相结合,通过调研了解家长的需求、家长和孩子的合作等问题,与设计并完善相应的课程同步进行,与此同时,再不断跟踪家长和学生的变化。我们认为,该课程的实施取得了以下三个方面的显著成效。一是让家长的知识、素养、能力提高。在知识方面,有现代科学知识、生理学方面的知识、营养保健方面的知识、心理学的知识、教育学的知识。在修养方面,要努力做到家庭和睦,夫妻关系融洽;热爱生活,勤奋工作;品行端正,诚实正直;关心尊重别人,为别人着想;讲求公德,遵守公共场所的规范;遵守社会规范,做守法公民。在能力方面,有树立父母威信、保持理智的态度、有较强的教育能力。二是树立了正确的儿童观。儿童是人,要尊重孩子,要平等地对待孩子;儿童是成长中的人,要根据儿童身心发展的特点,科学施教,与孩子共同成长;儿童是终将要走进社会的独立的人,要按社会的标准去培养,要放手让孩子独立。基于上述的儿童观,家庭教育要倡导理性、健康的家庭教育模式,学会发现并尊重孩子的个体差异,父母要依据孩子自身天赋和个性发展而不应该以模仿、从众、单一的模式培养孩子。三是具备了实践的教育技巧。学会了恳切地交谈、倾听的相处技巧。在面对处理孩子的问题与困惑时,能妥善地处理,多鼓励孩子,对孩子的缺点和不足加以劝导,讲求方法,提高孩子的自信心和上进心。在教育孩子的时候把握好"度"和"量"。

下面一个案例是发生在我校的一个真实的活动场景,从一个侧面也反映了家长学校的部分实践成效。

案例7-1　做无愧于孩子的好家长

多年的教育实践经历告诉我,那些有信心、有责任感、乐观向上、有着良好行为习惯的孩子背后,往往就有注重在生活中培养孩子各种良好习惯的父母,而这样的父母又总是重视和老师的良好配合。

小李是班里的文艺委员,这是一个做事认真、性格活泼、待人真诚,有着良好行为习惯的女孩子。这样的一个孩子,她有着怎样的家长呢?下面让我们一起来看看这个家长的教育故事吧。

初　识

记得那是开学后不久的一次家长会,等开完家长会,和个别家长谈完,已经很晚了,小李的妈妈一直在教室等着。我以为她是要和我单独谈话的,但是等别的家长走完,她却说:"老师您真辛苦,看有什么我可以帮您的?"看我在收拾桌子上的学生手册,她也一起帮着我收拾,我们就顺便聊起了孩子的情况,我说:"你养了一个很懂事的女儿,做事很认真,学习也很努力。您很会教育孩子。"她说:"老师,别耽误您回家的时间,已经很晚了,我们边走边聊。"可以感受到这是一个善解人意,能理解别人的母亲。在谈话中我了解到,她88年移民海外——澳大利亚,接受过中外多元文化的教育。作为一名毕业于澳大利亚商学院的专业服装设计师和服装模特,她有6年的企业管理经验,积累了丰富的人生经历。她认为,身为一个母亲就应该为孩子的教育背负起应有的职责。我说:"您是一个懂得教育孩子的母亲。以后学校的工作希望你提出宝贵意见,也希望得到您的大力支持。"她说:"老师你放心,我会全力支持学校的工作。"初次的

313

接触让我感觉到这是一个有良好教育理念，可以请她做一些必要的学校教育工作的家长。

交　流

起始年级学生的行为规范教育是教育的重点，我想到了小李的妈妈，何不请她来学校给学生讲一讲礼仪方面的知识呢，学校听了我的建议，说请她给全年级的学生讲吧，我把这个要求告诉她，她满口答应，认真地备课，准备资料，做幻灯片。上课前她来了一趟学校，让我看看她上课的内容。我给她提了一些建议，对她说："非常感谢您对学校工作的支持，您对孩子的教育非常热心，是一个有责任、有爱心的家长。"她说："自从孩子进入卢湾中学后，我就经常指导并激发孩子成长的勇气，我告诉孩子作为家长我会爱孩子的学校如同爱自己的家，爱老师如同爱亲朋故友，爱每个孩子如同自己的儿女。"听了这些话，我真为有这样诚恳、有责任心的家长而感动，我也给她读了一段她女儿在作文中写妈妈的一段话："在她心里，有一种精神叫——博爱；有一种力量叫——支持；她对孩子们有一种严格的爱叫——呵护；在她的生活中有一种快乐叫——奉献。"我说："你看，你对女儿的影响有多大，希望你能把这种精神带给我们其他的学生，影响其他的学生。"她答应一定尽力而为。

参　与

小李的妈妈是这样说的，也是这样做的。布置温馨教室时，她带来了两幅地图，一幅中国地图，一幅世界地图，她说中国地图要让孩子胸怀祖国，世界地图要让孩子放眼世界；在圣诞节来临之际，她来到学校为孩子们美化教室；元宵节，她为班里的孩子们送上一锅热汤圆，为的是让孩子们开心快乐；学子节来临，我请她给孩子们编一个舞蹈，她马上投入工作。

她的热情让人敬佩。为了让孩子们真正了解中国革命历史，更爱我们的党，她给孩子们编了个《红星舞》，利用周末带着孩子们训练，并做了5套红军服，支持孩子们在学子节的演出活动，最终孩子们的演出大获成功。

5月15日，她又一次利用机会带5个孩子到北京人民大会堂参加慈善晚会的演出，这是一次难得的机会。然而《感恩的心》是临时增加的节目，演出需要五套白长裙，只有三天时间准备。她白天忙完其他的事就去买料子，晚上孩子们睡了，她一件一件地设计制作起来，工作到凌晨4点钟，终于完成了这五套演出服。第二天，孩子们试穿好量身定做的衣服，排练完手语《感恩的心》以后，她又不顾一路疲劳，带着孩子们登上天安门城楼，感受中华民族的骄傲，回顾当时毛主席在天安门城楼上向全中国人民宣告"中华人民共和国成立"的神圣一刻。演出前的精心化妆、换衣服、吃晚饭、合影，每一个细节她都用心去做，她说：要让孩子开阔眼界，建立自信，因为这对成长会有深远的意义。

她说的没错，她的女儿是一个自信的孩子，这几个参加演出的孩子在多次的锻炼下也越来越自信。从开始的胆怯，有时会出错，到现在的信心满满，动作娴熟，她们的成长发生着变化，这一切和这位热情的妈妈对学校工作的配合是分不开的。她用自己的行为教育着女儿，还影响着其他的孩子。

分　享

我们可以充分利用家长的教育资源、教育能力，发挥他们的力量为班级为学校服务。其实家长的教育理念和教育活动于我们是可以分享的。小李的妈妈后来积极地参加学校活动，请她她来，不请她她也积极协助学校的工作，我们一起分享着教育的成果，分享着教育的快乐。比如结合校长的开放教育及众人教育理念，她热情地参加志愿者活动，希望能为孩子们多做有帮助的事,如英语角和形体礼仪训练。她说:"希望能让孩子们高素质地成长,能融入未来社会的多元文化发展。"多么高远的眼光啊!

为了减轻舞蹈老师的负担,她凭借着服装模特的化妆经验,每逢学校舞蹈队演出她都帮助每个孩子化妆、拍照,留下的是一张张孩子们心花怒放的笑脸,更重要的是,让孩子留下了成长的美好回忆……多么无私的奉献啊!

她说:"美丽服装靠设计,精彩人生也要靠设计。做人很简单,有多少光发多少热,要做无愧于孩子们的好家长。"多么诚恳的爱心啊!

在一次家长会上,她诚恳地对家长们讲,不怕你的孩子落后在起跑线上,但要帮孩子们赢在人生的终点。

小李妈妈是一个对孩子的教育热情、诚恳、积极,有责任心、有爱心的家长。有这样的家长言传身教比我这个班主任去对家长们说服教育要更有用。她其实也是在和家长们分享自己的教育收获,这种分享影响着其他家长,也影响着我们老师,从中我们也得到很多启发。

感　悟

苏霍姆林斯基说过:"如果没有整个社会首先是家庭的高度教育素养,那么不管教师付出多大的努力,都收不到完美的效果。"因此,只有家庭和学校形成合力,教育效果才可能是加法。教师要充分利用自身的桥梁作用,把学校力量和家庭力量进行整合,把师生之爱和亲子之爱融为一体,同心协力,使学校教育和家庭教育和谐统一。

首先,要架起学校和家庭的连心桥。孩子的成长,学校教育的成功,离不开家庭教育潜移默化的熏陶,离不开家长的精心培养。家长是我们学校教育的巨大财富,我们要不断地去挖掘这一教育资源,使家庭教育与学校教育相得益彰,夯实教育和谐的平台。

其次,要重视调动家长参与学校教育的积极性。要提高家长搞好家庭教育、配合学校教育的积极性,光使他们提高认识是不够的。作为班主任,要让家长感受到我们对学生的真情真爱,只有如此才能获得家长的信任与理解。只有让家长从你说的每句话,你做的每件事中都感觉到你是完全为孩子着想的,你也是信任他的,家长才会尽力合作。

第三、要注重对家长教育方法的指导,要指导家长怎样有效地、有针对性地进行教育、切实提高家长的家教水平。可以通过召开家长会、举办家长学校或家庭专题讲座、家教经验交流、各种家教研讨活动、组织面向家长的开放日等来提高家长的教育水平。

让我们架起学校与家庭之间的桥梁,使家庭教育与学校教育融为一体,相互配合,真正达到促进我们的孩子健康成长的目的。让我们的教育成为有灵魂的教育,达到教有所获、学有所得的境界,使我们的学生成为有美好心灵的人。

(陈思新)

三、开展融洽家校合作的活动:家长开放日、亲子课程、教育讲座、教育咨询、"卓识爸爸、卓识妈妈"评选

1. 家长开放日

家长开放日活动的主要目标。让家长了解学校、了解学生的学校生活,建立家长与学校、教师的良好合作,推进家庭教育的改善与发展。营造和谐的亲子关系,在和孩子的合作过程中培养孩子,使孩子的发展更健康、更成功。

家长开放日的活动安排。学校把每个学期开学后的第三个周五定为学校的"家长开放日"。家长开放日当天,学校会向家长"开放课堂"、"开放校园",邀请家长"看"、"听"、"谈"、"写":看校容校貌新变化,看教学

设施,看孩子的课堂表现;听教师上课,听学校领导汇报工作;谈教育孩子过程中的困惑,提出建议、意见;写家长的心声,对开放的课堂进行评议等。

家长开放日的课中活动。开放教室里,前面几排坐的是学生,后面几排坐的是家长。家长可以全方位了解孩子在课堂中的表现,零距离感受孩子在课堂上的一举一动。对家长来说,亲历课堂教学全过程有利于了解新课程改革下课堂教学的新模式、新方法,更新对教育教学的理解。

家长开放日的课后活动。组织家长沙龙。由班主任和任课老师向家长汇报学生近期在学校的表现,包括作业、纪律、成绩等方面;家长与教师交流,提出教育困惑;家长之间相互切磋教育经验等。

家长开放日活动缩短了家长与学校之间的距离,使家长真正走近学校,对孩子在学校中的生活、学习有了更进一步的了解,为家校合作打下了坚实的基础。

2. 亲子课程

以生为本的新课程改革,明确提出了课程资源不能再被束缚在教材之中。教育要走出学校,课程要融入生活,课程资源要扩大范围。家长作为一种与学校教育有着共同目标的校外资源,它可以拓展并弥补学校的课程资源,引起了研究者们的广泛关注。家长课程资源的合理利用可进一步提高校本课程的适切性和丰富性。因此,根据家长课程资源的特点,学校挖掘学有专精的家长,招募家长志愿者参与学校校本课程的开设,拓展和丰富校本课程的建设。

主要的操作流程:一是发放《家长信息卡》,对家长的职业、年龄、文化程度、爱好特长等信息进行登记备案。二是发放《致家长的一封信》,邀请家长积极参加学校组织的"请进来,领出去"活动。所谓"请进来",即学校将家长请进教室、请上讲台,向学生展示他们的专长。所谓"领出去",即家长将学生领出校门,领到自己工作的环境中去,让学生亲身感受、体验实实在在的生活。三是内容遴选。我们成立了"校本课程开发领导小组",成员由校长、教师代表和学生代表组成。小组负责对报名的家长进行考察,主要涉及:课程内容是否与学校教育理念相符合,是否明确清楚,课程组织是否恰当,是否符合学生身心发展的特点等等。同时,学校会综合考虑家长的个人素质,对符合课程内容要求、个人素质合格的家长,由学校正式给他们颁发聘书。我们本着不影响家长日常工作的原则,制订了各班授课表。四是为了帮助家长了解教师工作的特点,更好地胜任教学工作,我们定期(一般每学期两次)对家长进行培训,比如:组织家长走进课堂听课观摩,进行教育学、心理学专题辅导,召开家长教学研讨会等等。为了使家长上课有特色,我们还帮助家长修改讲课稿,组织家长"试讲"。

主要的课程开设。家长志愿者先后为学生开设了《气质学堂》、《心理》等拓展课。

以上这些工作的开展充分调动起了家长的积极性,吸引他们走进学校,走上讲台,有效地利用了家长资源,拓宽了教育渠道,促进了学生的全面发展。(见表7-4:部分"亲子课程"集锦)

表7-4 部分"亲子课程"集锦

	主 题	授 课 内 容
第一讲	理财小课堂	1. 世界 GDP 形势分析 2. 建立财富知识体系 3. 理财知识小百科
第二讲	茶叶	1. 茶叶的历史 2. 茶叶的产地 3. 中国六大茶系 4. 茶叶的制作过程 5. 茶叶的功效

六度教学：基于绿色指标的行动研究

	主　题	授　课　内　容
第三讲	钢铁与生活	1. 介绍钢铁的炼制过程 2. 介绍日常生活中的钢铁 3. 介绍钢铁的重要性
第四讲	面对大数据	1. 数据简析 2. 传统数据与大数据的区别 3. 要有大数据思维
第五讲	旗袍	1. 旗袍的演变 2. 穿旗袍的人 3. 旗袍文化的继承与发展
第六讲	室内操	1. 介绍室内操的类别 2. 示范室内操 3. 与学生一起练习室内操
第七讲	走近老师	1. 了解教师的职业特点 2. 了解自己喜欢的教师的特质 3. 掌握建立良好师生关系的技巧 4. 澄清对心理教师的误解
第八讲	市场营销	1. "市场营销总监"是什么？ 2. 营销总监职位介绍 3. 公司职业分布图 4. 营销总监工作职责 5. 营销总监职位介绍 6. 分享自己在职业中的状态
第九讲	人民警察	1. 介绍武警的职能及任务 2. 介绍警察的职能及任务 3. 分享自己的人生感悟
第十讲	我是一名设计师	1. 介绍自己的职业：室内外设计师 2. 介绍工作团队：上海建工集团 3. 展示团队作品：东方明珠电视塔、上海金茂大厦等
第十一讲	杂谈《墨子救宋》	1. 讲述《墨子救宋》的故事 2. 介绍墨子兼爱非攻的思想 3. 联系校园欺凌事件

主　题	授 课 内 容
第十二讲　职业的色彩	1．讲述职业的色彩 2．介绍我周围的职业 3．分享职业体验及培养 4．探讨未来职业及规划

下为家长志愿者刘秋雁女士开设的《美丽中国——旗袍文化校园行》教学设计：

案例7－2　美丽中国——旗袍文化校园行

教学目标

一、知识与技能：

1．理解文化继承与文化发展的关系

2．文化传承的含义

3．识记影响文化发展的因素

4．明确教育在文化传承中的作用

二、过程与方法：

通过文化继承和文化发展关系的探究，提高学生分析和归纳能力。

三、情感态度价值观：

在认识中国丰富的文化历史中树立正确的态度，并且做出正确的选择，成为自觉的文化传承者和享用者。

四、教学重难点：

文化继承与发展的关系、教育对文化发展的作用。

五、新课推进：

[导入]配乐散文欣赏

材料一：旗袍的演变

介绍旗袍的起源、旗袍文化、旗袍的演变

传统旗袍(满族)：

从字义解,旗袍泛指旗人(无论男女)所穿的长袍,不过只有八旗妇女日常所穿的长袍才与后世的旗袍有着血缘关系,用作礼服的朝袍、蟒袍等习惯上已不归为"旗袍"的范畴。从顺治、嘉庆年间屡次颁布的禁令中,满族女子违禁仿效汉族妇女装束的风气之盛,至清后期,亦有汉族女子效仿满族装束。满汉妇女服饰的风格在悄相交融,双方服饰的差别日益减小,遂成为旗袍流行全国的前奏。

民国旗袍：

民国时期,掀起了一股女权运动浪潮,寻求解放的社会大气候荡涤着服饰装扮上的陈规陋习,使之趋向于简洁,色调力求淡雅,注重体现女性的自然之美。旗袍最初是以马甲的形式出现,马甲长及足背,加在短袄上。据说得风气之先的上海女学生是旗袍流行的始作俑者。当时的女学生作为知识女性的代表,成为社会的理想形象,她们是文明的象征、时尚的先导,以至于社会名流时髦人物都纷纷作女学生装扮。

现代旗袍：

二十年代后期和三十年代,旗袍在长短、宽窄、开衩高低以及袖长袖短、领高领低等方面的改动尺度有所反复。1929 年,受欧美短裙影响,原来长短适中的旗袍开始变短,下摆上缩至膝盖,袖口变短变小。后来又有校服式旗袍,下摆缩至膝盖以上 1 寸,袖子采用西式。这一改变遭到非议,1931 年后旗袍又开始变长,下摆下垂。三十年代中期发展到极点,袍底落地遮住双脚,称为"扫地旗袍"。原先能遮住手腕的旗袍袖子缩短至肘部。以后袖长越来越短,缩至肩下两寸,1936 年后几乎无袖。

材料二：穿旗袍的人

我们孩子穿的衣服是什么样？学生穿的衣服是什么样？

三十年代:中式旗袍在校园内得宠,名校女生的装扮是当时的时尚。由满汉服装相互融合、改良而成的新式旗袍早在20年代就大行其道,这时也进入校园,成为女生们的新宠。

现在你们想穿成什么样?

总结:继承:旗袍文化的内涵、传统工艺、花色等等。

发展:旗袍的种类、款式、造型、面料等等。

关系:继承是发展的必要前提,发展是继承的必然要求,在继承的基础上发展,在发展的过程中继承。

（刘秋雁）

3. 教育讲座

为了提高家长教育子女的责任心,帮助家长掌握教育子女的科学知识和方法,学校定期举办家庭教育讲座。教育讲座根据学校的要求和家长的需要,配合学校教育,有的放矢地分主题进行。如为了宣传家庭教育的重要性,学校邀请了上海市家庭教育专家讲师团成员、广播电台"家庭教育专栏"主持人、国家心理咨询师张惠举办了"父母一定要重视和改进家庭教育"的专题讲座。邀请了上海市名师进修学院陈峤副校长、复旦大学课程开发研究中心徐冬青博士等做了相关的家庭教育讲座。下面是一位家长在讲座学习之后,回想到孩子近期的变化,写出了《孩子,你慢慢来》的一段心灵感悟。

案例7-3 孩子,你慢慢来

时间真是非常的奇妙。有时觉得它是无痕的,十三年前女儿出生的点点滴滴仿佛只是昨天的事情。有时又觉得它是有迹可循的,那个粉嫩可爱的小婴儿转瞬间就长成了一个少女,个子已经和妈妈一样高了。

十三岁,在心理学上被定义为人生命的第二次独立。第一次一般是在三岁,孩子会独立行走,脱离母亲的怀抱。而十三岁的这一次,则是心理以及思想意识的独立。所以在西方,一般把十三岁定为青春期的开始。

青春期的孩子开始不听话,其实是有了自己的主见;开始叛逆,其实是向世界证明自己的存在;开始注意言行举止衣着打扮,其实是向成人的心智迈进了。我以为自己的女儿会是个例外,因为她从小就是爸爸妈妈的乖乖女,有些娇气,脾气也温和。我内心里也不希望她长得太快。但是,自然规律真是个可怕的东西,自从过了十三岁生日,女儿也开始变了。

"妈妈,我要换个发型,原来那个太幼稚了。""妈妈,我不要穿那个颜色的衣服,太难看了,你以后买衣服要带我看看。""妈妈,你不要动我的东西。""妈妈,我想要条那样的牛仔裤,你看,就是前面有些做旧的那种。"女儿的要求突然铺天盖地而来,原来温温顺顺的她,什么事都有了自己的主意,我这个妈妈还真不适应。

关注自己的外表是每个青春期孩子的特征,但是过分关注的话,势必会分散精力。我不能要求女儿不照镜子,不能不让她换一个发型,因为她要求的发型也不过分,但是,我会提醒她人的时间精力有限而课业繁重,如果把注意力分散,影响学业是肯定的,女孩子进了中学以后开始落后于男生,并不是智商的问题,而是态度的问题,妈妈希望她认清轻重,给自己也给女孩子争口气。

其实外表的改变还是很次要的问题,最关键的是孩子心理的变化。最可怕的是她在变化而你一无所知,或者说她需要你的帮助却不知如何表达,而时间就这么漠然溜走了。有天我收拾女儿书桌的时候看到了她的随笔本,翻翻本子,我不知道女儿竟然长这么大了,有了这么丰富的情感和思想。每天和我聊天的那个活泼开爱的小姑娘和随笔中这个忧郁多愁的女孩儿,哪一个才是我的女儿呢? 记得那天合上本子,我沉默了很久,我是个多么粗心大意的妈妈,错误地以为女儿还是那个不谙世事的小姑娘,她已经慢慢长大,我这个妈妈,却还是个幼稚的妈妈。

孩子年幼的时候,我总是牵着她的小手去散步,现在她长大了,十三岁了,当别人松开牵着孩子的手时,我却发现,我应该再牵一次她的手。我想牵起她的手告诉她,"孩子,慢慢来,青春期是美好的,你不要急着长大,而应该尽情享受它的醇美;青春期是绚烂的,不要让多愁善感损伤你飞翔的翅膀;青春期是最富于创造性的,把精力都用在对知识的追求上吧;青春期是危险的,你以为你已经长大,可还是有很多状况无法应对自如;青春期又是残酷的,如果你肆意挥霍,她转瞬就离你而去,毫不留情。"

时间真是奇妙,抱着粉嫩可爱的女儿从医院出来仿佛还是昨天的事,现在,她却长成了十三岁的少女,青春逼人,充满朝气,执意要长大。孩子,你总归会长大的,不过,慢慢来,青春是杯美酒,需要慢慢品尝,生命也如是。

4. 教育咨询

家庭教育咨询是为解决家长在家庭教育中遇到的疑难问题,特设专业人员对家长进行个别指导的一种家庭教育指导方式。

为了更好地服务家长,解决家长教育子女过程中的困惑,学校以家长沙龙的形式开展"家庭教育案例研讨",征集家庭教育案例。由家长和孩子提供家庭中的真实案例,针对某一问题或某一类学生成长的共同需求,专家帮助家长解决实际教育中遇到的难题。如六年级的一位家长碰到了一个具有很强的普遍性的问题:

作为一名六年级学生的母亲,应该在家庭教育的问题上已有些经验,可每每在得到结果的时候却一次次地否定过程。有时觉得孩子大了,不用事事跟在后面,应该给他更多的自主权,可到头来却和初衷大相径庭,而自己呢,也越来越缺乏耐性去沟通。最鲜明的一个事例就是上网玩游戏:一般周一至周五是禁止他玩的,周末在完成作业的情况下可以玩,我每次总让他自己先定好玩的时间,可他没有一次能在规定的时间里结束。一叫再叫,还要拖拉,直至闹得不愉快。每次事后我和孩子沟通,他都表示愿意改正,但到了下一次,还是老样子,让我也越来越没信心。说心里话,这孩子在很多方面都挺让我满意的,可为什么在上网玩游戏方面他就那么没有自控力呢? 有什么办法可以解决吗?

围绕家长提出的困惑,学校组织专家、教师进行了探讨,最终为家长提供了一套量身定做的方案。

5.“卓识爸爸、卓识妈妈”评选

为了进一步加强家庭与学校的联系沟通,共同关注孩子的成长,挖掘和宣传关心教育、支持学校工作、在家庭教育方面有创新有实效的好家长的先进典型和事迹,学校开展了“卢湾中学荣誉家长”的评选活动。在学校德育领导小组的领导下,学校成立了评选小组负责审核、评选、表彰工作。评选对象为全校家长。评选条件为:(1)与时俱进,科学教子:能积极学习和掌握教育子女的科学知识与方法,创建民主、平等、和谐的家庭环境,支持和关心教育事业。(2)言传身教,以德育人:在家庭中是个好家长,在社会上是个好公民,在各方面起示范表率作用,能帮助孩子树立正确的是非观念,培养孩子良好的道德品质和文明行为。(3)倾心尽力,教子有方:能认真履行抚养和教育子女的责任和义务,其子女在德、智、体、美、劳等方面进步显著,特别是在思想品质和道德修养方面表现优秀。(4)和谐民主,平等共进:能积极参加家长学校的学习,热心支持学校组织的各项活动,积极主动与学校联系和配合,带领子女积极参加街道、社区等组织的各项公益活动,与孩子相互促进,共同成长。

初评采用自荐和班主任推荐两种方式,复评由校评审小组研究决定。经过层层选拔,学校宣传了十位“卓识爸爸、卓识妈妈”,并在六一儿童节对获得"卢湾中学荣誉家长"称号的家长颁发荣誉证书进行表彰。

第三节 家校合作案例：学生发展与学校发展

话题一：家校合作如何促进学生品德及学业发展？

家校合作的目标是促使家庭教育和学校教育保持一致，形成合力，促进青少年学生在品德、学业以及身心各方面良好地发展。家校合作，首先应体现在教育观念的一致性上。当前学校与家庭在教育观念上存在一定差异。"望子成龙"的过高期望不符合青少年儿童身心发展的规律。相当多的家长不明白这一道理，他们给孩子超重的学习负担，让孩子背着沉重的心理包袱苦度光阴，使他们过早地失去了天真无邪的秉性，失去了本该属于青少年的无忧无虑地生活和活动的世界。一些孩子的心理被扭曲，以致损害了健康或误入歧途。

然而，睿智的父母总是善于聆听教师们的经验总结，就像案例中的家长陶逸玲，在孩子上学后的第一次家长会中，将教师的叮嘱铭记于心，日复一日，年复一年，坚持培养孩子的良好习惯，与学校的教育保持高度一致，终于使得孩子在学业、品德方面取得显著的进步。一个深刻、全面和真实的教育，必须是教师要了解家庭，做好与家长合作的心理准备，并且要积极鼓励家长成为学校的密切伙伴。从这一方面来说，案例中的陈士萍老师用自己的敏锐眼光察觉到"乖乖女"的情感危机，及时邀请双方家长共同合作，用艺术化的方法使女孩走出"早恋"的误区，顺利地通过中考，进入了理想的学校。

（陈士萍：转化"乖乖女"的情感危机）

常会听到家长自豪地说："我们女儿乖得很，不用操心。"的确，乖巧的女孩家长放心不少。在学校里,乖女孩循规蹈矩,也容易成为老师的盲点,成为被忽视的"夹心层"。事实上文静乖巧的女孩内心更细腻、更脆弱,他们真实的意图往往被"乖巧"的假象所掩饰,心田往往因为缺少爱的耕耘而荒芜,从而出现情感危机。

小黄是个典型的乖乖女,性格文静内向,学习认真,成绩优良,属于中上层段,即最不需要老师担心的学生。她对老师家长的话也都言听计从,从不会反抗什么。一回家就把自己关在房间里做功课,父母从不用为她操心。一直以来,她就是师长的骄傲。然而,这样的乖乖女却和班级里的男生谈恋爱了。我们都觉得不可思议。

从初一以来,我们就发现他们的关系比较近。他们喜欢课间一起聊天,女孩经常向男孩问理科题目。在同学心目中他们已经是公然的一对。但他们表面是比较平静的,掩饰得很好,老师很难看出来。直到男孩的手机费用严重超额才引起家长的注意。

核实情况后,我和小黄的母亲沟通此事。她的吃惊不亚于我们,但她担心女儿虽然外表乖巧,实际上性格很倔,如果直接阻止,是不是会激发叛逆,反而弄巧成拙?

于是我们决定为了维护乖女孩的自尊,由家长出面旁敲侧击,委婉地引导。

"听说你们班有同学早恋啊?"(当时班级中还有另外比较公开的一对,她也不讳言。)

"那你怎么看早恋这件事?"(对早恋的危害她非常清楚。)

"马上要初三了,可不能因此而分心,相信你不会这样的!"(她非常肯定自己不会的。)

这一次谈话之后,他们有所收敛。男孩的家长收掉了男孩的手机,网络也严格控制。

但此事并没有就此停息,事实上他们一直保持着密切的关系。初三体育考试前夕,为了督促学生练习,我抽空到楼梯口查看学生的练习情况。然而我却看到了令人震惊的一幕:男生小王正双手抚摸着女生小黄的双颊,深情款款地对望,似乎还在安慰或叮嘱些什么。此情此景丝毫不让人产生轻浮、轻佻之感,反而让人感觉到这是一对经历了多年的,感情深厚、纯真的情侣,甚至让人莫名地感动。但现实却令人担忧:女孩除了一个要好的女同学之外也不太和别的同学往来,交友比较狭窄,成绩虽没有明显退步,但也没有明显进步。而男孩始终不能进入学习状态,这件事对他的影响不言而喻。况且,如此公然的行为对班级同学也会造成负面的影响,一直和她比较要好的女孩也出现了早恋的迹象。此事必须从根本上加以解决,我暗暗下决心。

分析:

为此我查阅了相关的书籍,请教了心理老师,决定先弄清他们早恋的原因。

初中阶段之所以会早恋,除了青春期的生理、心理及社会原因以外,家庭原因也是一个不可忽视的因素。许多学生早恋和不良的家庭因素有关。这样的家庭或结构缺失、或教育失当,从而给学生带来许多不利的影响。

小黄的父母是温州人,一直忙于做生意,家庭条件比较优越。小学开始,父母就把她送到苏州寄宿制学校读书,一两个月才回来一次,到中学才回到父母身边,有段时间还借宿在亲戚家里。家长一直认为她自理能力比较强。母亲又生了一个小她七岁的妹妹,更多精力花在了妹妹身上。

但乖女孩的光环下掩盖着爱的缺失。她总是腼腆的文静的,和父母的关系就不像一般的家庭那样亲密。她不会撒娇、不会无理取闹,不会和父母敞开心扉交流,距离就在不知不觉中产生了。

孩子长期缺少父爱、母爱，缺乏必要的家庭教育，心理上出现了一些异常。当他们一旦遇到关心自己的异性，即产生强烈的好感、依附感。这种心理上被关心、被爱的需求是牢不可破的。

而小王是个有点个性的大男孩，阳刚，喜欢体育，理科成绩突出，尤其是物理，这恰恰是小黄所欠缺的。男孩家长对孩子的督促和管教都比较严格，曾为了提高他的英语成绩每天九、十点后请家教一小时。他的课余时间几乎是在补课中度过的。母亲几乎是全天候陪着他，严格控制他的时间与空间。在压抑的生活状态下更需要情感的宣泄与寄托，他们之间就有了共同语言和彼此吸引对方的魅力。

其次，繁重的学业造成中学生精神压力过大，他们通过恋爱寻求解脱。现在，素质教育虽然进行得轰轰烈烈，但传统应试教育的理念仍根深蒂固，父母望子成龙的心态与学校一味追求升学率、名校率的融合，使得中学生被束缚在书山题海中，奔波于家庭学校与补课点之间，压得学生喘不过气，严重压抑了中学生的个性和全面发展。他们在现实中苦不敢言，愁无处诉。哪里有压迫哪里就有反抗，他们急需把自己对社会、家庭、学校的不满向他人发泄以寻求解脱。这种欲望很容易使情窦初开的中学生找到他心目中自认为值得倾诉且又同病相怜的她（他），从而相互产生情感的共鸣，萌生心心相印的美丽错觉，最终导致早恋。

再次，社会环境的影响也客观存在。社会大环境不用说，班级小环境影响也不容忽视。当时班级中另有女追男比较大胆的一对。他们公然的言行也使得一直小心翼翼的他们越发大胆、无所顾忌了。

思考：

1. 乖孩子也需要关爱

往往我们会认为乖巧懂事、自立的孩子不需要操心而忽视了对他们的关爱。其实孩子就是孩子，他们的心智尚未成熟，需要家长及时地了解、引导,需要感受到爱。比如晚餐时就可以一起谈论一些轻松愉快的话题,而不要一味只谈孩子的成绩、学习。学习之余,也可以让孩子适当参与家务,让孩子充分感受到家庭的乐趣与温暖,找到家的归属感。其次,可以借助某些具有纪念性的节日策划一些亲子活动,拉近彼此之间的距离。比如,家人生日,把亲人间的拥抱作为礼物;女儿14岁了,家长可以写一封情真意切的书信。此外,对待两个女儿尽可能一视同仁,不要当着大女儿的面对小女儿特别亲昵、宝贝。嫉妒心理对一个孩子来说是在所难免的。

2. 家长要冷静面对孩子的"早恋"

家长要改变对青春期少年早恋的错误认识。从某种意义上来讲,早恋并不是真正的恋爱,因为这是一场没有结局的情感经历。既然青春期少年已经进入准成人发展阶段,在这个阶段里,少年的生理发育已经呈现高峰期,家长要正确认识少年们的生理发育现象,允许少年们有自己的情感关注目标或者已经发生的早恋行为。不要认为有早恋的现象,就一定会影响他们的学习,影响正常的生活。把早恋看成是洪水猛兽一样的可怕。对少年们来说,面对学校规定的不允许谈恋爱,家长的极力反对,在逆反心理作用下,往往会越严厉禁止,越想去尝试体验。这种拿不到桌面上来的情感表达行为,往往让青春期少年当成是一种挑战,你越不让我干什么,我偏要去做什么。所以建议家长不要简单粗暴地"棒打鸳鸯",而要学会"冷处理"。平时可以轻松闲聊这个话题,让孩子放松下来。还可以给他们制定努力的目标,互励共勉,让时间来考验他们的感情等。

3. 解决问题关键要进行正确疏导、引导

问题产生了该怎么办?这确实因人而异,但要从根本上解决还是要以"导"为主。小黄的父母感情是非常融洽的。他们年纪轻轻就到上海打拼,创造了事业上的辉煌。于是,我建议他们给孩子讲一讲自己从恋爱到成家养育孩子的过程中一些感人的瞬间或者小故事，让孩子明白什么是真正的爱情。爱意味着责任、承担、包容等等。适时启发孩子：就算眼前自己的成绩好像并没有受到太大的影响，但男孩的心思一直不能够专注于读书，是否应该多为对方想一想？你们不适当的言行举止是否会给其他同学、给班级带来负面影响？从心底里认识到行为的重要性才能从根本上加以改变。

4. 适当减轻孩子的学业压力

家长要学会正确分析孩子的学习现状。孩子成绩提高与否关键是他能否意识到学习的重要性，发自内心产生学习的需求、动力。如果无视这一点，一味把家长的意愿强加给孩子，使孩子始终处在家长制造的压力之中，势必会造成孩子逆反的心理，忙碌伤财，结果成绩依然上不来。小王的睡眠时间很少，有时听课就睡着了，真让人心疼。

关关雎鸠，在河之洲。窈窕淑女，君子好逑。对少男少女这份纯真而美好的感情，我们一定要慎重。尤其要加强对家庭教育的指导，多关注那些容易被忽视的"夹心层"。后来，在大家的共同努力之下，他们顺利通过了中考，他们都考进了理想的学校。尤其是男孩，最后两个月的进步是非常明显的。事实证明适当的家庭教育指导能够及时帮助家长化解困扰，能够帮助学生顺利迈出青春期的第一步。在家长和老师双桨共同滑动下，孩子的人生小舟才能够顺利前行！

（家长陶逸玲：保持学校与家庭教育的一致性）

记得儿子上学后的第一次家长会，他们冯教导的几句话深深印入了我的脑海：教育孩子，首先得培养他良好的学习习惯。上课认真听讲、做好课堂笔记、及时完成回家作业、做好预复习工作，每天自己整理书包，这是学习的基础。

儿子自开始上学起,是班里的"识字大王"(他们老师封的)。儿子一年级下半学期开始写话,那时我便在他身上发现了超越同龄人的语言能力。我不反对他看动画片,还会借来各国优秀的动画大片和他一起看,我觉得动画片能让他插上想象和创造的翅膀。我不主张背诵华丽的辞藻,我只希望儿子能通过阅读,耳濡目染文章的语言和文风,使之慢慢成为他自己的语言。我告诉儿子,写作文时应在文中注入自己的真情实感,这样才能写出好文章。儿子从开始写作文起就没被一篇文章难倒过,写文章很快,而我总是他的第一位读者。他写得好,我会由衷地跟他说:你写得非常好,你已经超越了妈妈小时候的水平。他会很高兴。每次自己写完作文,觉得写得好,不管我在干吗,都会迫不及待地读给我听。听完我便会笑着赞美他,"程程,你又有进步了。"如果感觉有写得不恰当的地方,我会告诉他我的想法,他觉得有道理便会修改。他有段时间特爱看自然、科幻和侦探类小说,二年级他便开始写科幻小说《宇宙魔兽》,有几千字,写得很不错。三年级第一学期是他的作文瓶颈期,没什么进步,口语化明显。于是我开始介绍他看《读者》,把好的文章介绍给他。他从开始的不接受到现在《读者》一来便抢着看,词汇日渐丰富,文笔日渐老练,消灭了口语化。

在数学方面,现在很多人反对学奥数。我的亲身感受是:适合孩子的才是好的。儿子从一年级第二学期便开始学习奥数,其间也经历过困难和瓶颈期,但都一一克服过来了。我们并没有一定要拿奖的心态,只是认同他们奥数老师的一句话:读奥数旨在锻炼孩子的逻辑思维能力。儿子奥数一直读到小学毕业,进入初中后奥数所锻炼的逻辑思维能力对于他编程课程及数学的学习都是很有益的。

我们家家长和孩子的相处方式便是家长和朋友兼顾型的亲子关系。孩子到了初中发育时期,经历了心理和生理上质的发展,作为家长更多地需要站在孩子的角度换位思考后和孩子沟通,因为这个时期的孩子觉得自己长大了,自己成熟了,心理上对说教式的教育方式非常反感,所以以轻松地开玩笑的谈话方式与孩子沟通效果会更好。我们家每天晚饭时段,儿子会把学校发生的事情告诉我们,开心的或是不开心的事情,对于他的有些处理问题的做法和见解我们会适当地发表看法,不对的地方也给予指出,这样的方式孩子更易于接受。

我和许多贪心的母亲一样,希望儿子处事玲珑、成绩优异、知识面广,却又不希望他太累,多么矛盾,其实我内心里知道那不现实。所以就最简单的一个愿望就是:希望他始终快乐如一,虽然或许这也是个奢望。

(家长苏琳:我和孩子一起成长)

多年前,当儿子第一声啼哭响起,向这个世界报到的一刹那,我的内心充满了喜悦和憧憬。这不仅是因为他是我们生命的延续,更重要的是儿子更新了我们的生活。但是,同众多年轻父母一样,因为年龄和工作的缘故,在儿子上小学之前我真的不太懂如何教育孩子,如何做一个合格的家长。我曾经认为教育就和公司做经理一样,告诉儿子做什么,不做什么,他有不懂的问题,我来回答。这在他小的时候还可行。但随着孩子慢慢长大,他对我这个母亲日益悖离和叛逆,我渐渐感到了力不从心。

记得第一次明显的叛逆是在四年级的下学期。那是一道关于时间的数学题,无论我怎么解释,他就是不明白,后来好容易弄清楚了这道题,我出于好心想给他巩固一下,他照错不误,这下我真的火了,一巴掌打了下去,他没有躲,而是流着泪瞪着我,眼里分明写着不满,甚至是仇恨。然后一动不动地坐在那里,以示抗议。我有些恐惧了,知道自己做错了,又不知道自己究竟该怎样做才对。我也没理他,直到老公回家,我把事情和他讲,老公告诉我不要把在单位的不好情绪带回家,更不能把孩子当出气筒。我曾犯过几次类似的错误,但他和儿子为了照顾我的自尊心,一直没说什么。天哪,我真的太自私了。从那以后,我没再犯如此愚蠢的错误,是孩子改造了我的性情!只要也只有跟儿子在一起,我就会尽量让自己变得无比温柔,无比宽容,无比有耐心,无比有克制力。

中国的传统教育中一直倡导"严师出高徒"、"棍棒底下出孝子",我们的父母也是这么教育我们的,所以他们很少鼓励、表扬孩子。但儿子让我明白:好孩子是夸出来的!儿子的学习成绩一直不属于优秀,但我认为这不能说明他在其他方面不行。为了培养儿子的自信心,我学着在生活中发现他的闪光点:儿子的人缘特别好,周围的同学、朋友很多;周末时,儿子经常组织同学打篮球、踢足球;英语歌听几遍,就可以有模有样地唱了……于是,慢慢地,我发现他有爱心,有组织力,领导力和极强的语言能力。渐渐地,我开始经常鼓励他,"你真行!""你能干好!""你一定能干得更好!",这既是对孩子的激励,又是培养孩子自信的良方。儿子越来越自信,这种自信又帮助他在学习上越来越自觉,越来越独立。

更重要的是,孩子让我有了更多的希望。有了孩子之后,我才真正懂得和感觉到生命的价值或意义。我相信,在这个世界上,没有任何一种力量,可以超越母爱。没有任何一种力量,可以比得上掌握、决定和操纵他人一生命运所带来的压力。而那个唯一可以让你释放母爱的人,是爱着你、恋着你、缠着你、靠着你、顺着你、逆着你、但无论如何都会需要你,无论如何都不会离开你的孩子!这份亲和、这份责任、这份压迫、这份动力,无论任何海誓山盟的爱情、无论任何缜密无隙的契约、无论任何严刑峻法的制度都无可比拟!这种力量驱使着我为了给孩子提供一个最佳环境而不断奋斗,冲向生命的制高点;这种力量强制着我,为了给孩子提供一个健康心境而不断自我修正,追求人性的至善至美。

为此,我在个人素质方面努力做到求知:追求知识。坚持经常学习新知识,把通过思索后产生的智慧火花传递给儿子。为教育好子女储备知识和资源。人到中年,即在人生的秋天。我不是在拾秋天的落叶,而是在不断呼吸秋天的新鲜空气,不断用新知识给大脑补氧,用知识酿造生活的美酒,用文化增加生活的浓度。同时,这种积极的生活态度也影响着儿子的将来!

我认为,作为家长不仅仅是孩子父母,更应该是良师,是益友,是孩子人生的榜样! 为人父母并不容易,在教育孩子方面需要付出努力,不断学习,我愿与自己的孩子一同成长。

话题二:家校合作如何助推学校的发展?

在家校合作中,家长通过参与学校活动、参与学校教学、作为志愿者为学校服务等途径,为学校的发展献计献策、添砖加瓦,起到了不可忽视的作用。在下面的案例中,你将会看到一个个让人感动的故事……家校合作如何助推学校的发展? 相信,在这里,你会找到答案。

〔家长:我们也是"卢湾人"〕

第一次带着孩子走进卢湾中学,我和孩子一样,激动而又新奇,我们一直在校园里看啊看啊……"咦,众人文化?"

众人众人,众字当中的一人是家长,家长也是卢湾中学教育的一份子。

看到这里,我不禁回忆起孩子从牙牙学语到会背唐诗,从五音不全到能说会道,我都悉心陪伴在其左右。作为家长,总是希望孩子能得到最好的教育,走最好的人生之路。家长能做什么? 做好美味的饭菜? 给孩子报名不同的补习班? 催促坐在电脑前的他快去做功课? 除了这,我们还能做些什么?

开学不久后的中秋节,学校安排了亲子活动。那次,我和孩子一起设计月饼图案。晚上,全家人聚在一起,孩子把月饼喂到我的嘴边,"靠近一点,再近一点……"爸爸在一旁忙着拍照。中秋的月饼很甜,但一定没有我的心里甜。工作繁忙,我与孩子的交流多半只是傍晚饭桌上的几句家常,有时连一起吃饭都难以做到。不经意间,我们又捡起了无暇经营的亲子关系,我和孩子走得更近了!

家长开放日到了,我来到学校,与孩子同上一节课,共吃一顿饭,共同参加一次活动。当我走进校园,我看到了孩子不一样的一面,看到他跟同学们欢笑,在课堂上发言,跟老师礼貌地打招呼……孩子长大了。

要开家长会了!咦,发言的怎么不是老师?家长也可以做老师?……哦,原来我们都会面对孩子成长带来的困惑,原来我们心中都有一个"别人的孩子",原来还可以这样来解决孩子的问题……家长间的交流,专家的点拨远比我们自己摸索要好得多。我也开始认同,教育不止是老师的事,我也能走进校园,和学校一起勾画出孩子教育的蓝图。

心怀激情,我加入了卢湾中学家委会。却不想,我和我的孩子就此开始了一段最有意义的教育之旅。在这里,我听到了一个又一个让人心动的故事……

王君,原是学校家委会主任,为了带着女儿和女儿班里的同学去人民大会堂参加慈善晚会的演出,她自己编排舞蹈,自己制作服装。白天,她陪伴着孩子们,晚上,孩子们睡了,她忙着缝纫,忙着给一套套红军装缝上一颗颗红星,彻夜未眠……多累啊!可是她却说,能为孩子们做这些,她很快乐,这些难得的经历会充实孩子们的生活,让他们感受到爱的力量,在她们小小的心中播下善良、助人的种子。

学校 60 周年校庆,在家委会中一直不做声响的方瑜自告奋勇,义务担当起了校庆文艺演出的舞台灯光设计和音响设备的调试工作。她每天都出现在演出的舞台边，组织和指挥专业工作人员，还带上家人一起过来协助工作。哇！原来我们的舞台还可以这样辉煌。可她从来也没提过家里还有三个需要她照顾的孩子呢。

类似的事例还有很多……在这些对教育有热情、诚恳、有责任心、有爱心的家长周围，我深受感染。他们的爱不止给了自己的孩子，也给了卢湾中学每一个孩子。他们真正和卢湾中学融为了一体，为学校奉献出自己的一份力。我也开始明白，"家校合作"是一条充满意义的路：只有学校发展得更好，我们的孩子才能走得更远；给自己孩子的爱是"小爱"，只有为所有的孩子营造出"爱"的氛围、创造一个孩子们共同成长的良好环境，自己的孩子才能得到更多的爱，这才是"大爱"。在充满"爱"的氛围中，我们的孩子才会懂得怎样去爱生活，爱学习，爱父母，走好自己的人生……

于是，我也积极参与到卢湾中学的家长志愿者活动中，我希望能尽我的绵薄之力，为孩子们做更多有帮助的事。

相比于小学，初中学习内容难度加大，家长们因为各种原因无法辅导，只能为孩子们的成绩担忧。在家委会的建议下，学校开设了课后助学班，由家长志愿者管理，教师志愿者提供辅导，解决学生课后作业困难的问题，遇到作业有问题及时解决。看着孩子们豁然开朗的笑脸，看着他们逐步提高的学业成绩，我们很欣慰。

每年的三月十五日，卢湾中学会组织学生们进行学雷锋义卖。孩子们准备得热火朝天，为义卖积极筹备，我们家长们也没有闲着。在家长席位上我们也热情地叫卖着，和孩子们一起参与到义卖的行列中去，筹集钱款进行爱心捐助，与孩子一起做慈善。

各个社区里有废旧衣物回收利用的收集箱，为市民捐赠书籍和衣物提供渠道。细心的我们觉得这很有意义，立刻联系了主办方，"爱心熊猫"走进了校园,它会见证孩子们的爱心之树在这里生根、发芽、成长。

校门口是孩子们每天上下学的必经之地。我们组建了一支校园安全保障的志愿者队伍,进行安全护导。我们细心观察学校的安全隐患,提出改进措施,为了让孩子们能安全进校,放心回家……

当我一次又一次地来到校园,我觉得我的心也年轻了。看到孩子们调皮的眼神,倾听孩子们的心里话,让我心生爱怜,他们真的太可爱了!我爱自己的孩子,爱卢湾中学的每个孩子,我把每一个孩子都当成自己的孩子。我希望孩子们能更好地成长,希望孩子们能赢在人生的终点!

陪伴孩子成长的过程是一份快乐的收获,我走进校园,执起孩子的手,与他一起谱写幸福人生,精彩一页,珍藏一生。我终于明白:原来,家长也是卢湾中学众人教育中的一分子,我们也是"卢湾人"!

(家长:携手同行)

能够成为卢湾中学家长志愿者的一分子,对我来说,既是责任,又是挑战。能够进入孩子的学校,亲身体会校园文化、亲自参与学校活动,与孩子一起享受校园时光,与其他家长志愿者们一起为学校添砖加瓦,我收获颇多,感触颇多。

总结近几年来的工作,在以下几方面,我们与学校携手同行,为孩子们营造了一个更加安全、健康、温馨的环境。

首先,我们协助学校不断改善办学条件,尽自己所能协助学校解决相关问题。比如,我们发现许多学生每天都背着沉甸甸的书包往返于学校,对学生的身心发展都不利,为了减轻学生负担,有家长志愿者便提出了为学生设计校园书柜的建议,并得到了广大家长的积极响应。家长们献计献策,马不停蹄地测量大小尺寸、精心设计款式样式,为每个班级制作了学生书柜,让学生把课外辅导等平时不太用的书本放在学校书柜中,减轻了学生的背负重量。还有的家长从改善教学质量出发,建议提高学校网站质量,为学生的线上学习提供更优良的条件,学校也积极回应,在网速、服务器的配置上加以改进,使网站的浏览速度更加快速,节约了教学成本,提高了学习质量。

其次,家长们积极参与学校组织的各项活动。学校每逢重大活动,我们都自发组织开展校园安全护导活动。由家委会委员带头、各年级家长志愿者们进行每天一次的安全护导活动。在上学高峰时段,护导人员配戴统一的标识,在校门口、马路横道线边上开展执勤,引导车辆停放、及时制止学生的不安全行为,为学生的出行保驾护航,为创建和谐校园贡献自己的力量。

最后,家长志愿者们还努力配合学校做好社会公益工作。我们自发组织起来,开展了"收集书本,从我做起"的公益活动,鼓励自家孩子将家中多余的书籍投入"熊猫宝宝"进行回收,将回收到的书本捐献给贫困地区的孩子们,进一步培养了学生的公益和社会意识。家长志愿者还利用双休日、节假日带着孩子参加由学校组织的"爱心募捐"活动,塑造学生的"感恩"和"爱心"意识,许多孩子踊跃参加,充分体会到了活动的积极意义。

实际上,家长们做的不仅仅是这些,家长与学校融合的同时,也为学校带来了丰富的社会资源,这些宝贵的资源都对孩子的成长起着不容小觑的重要作用:学校进行安全改建时,一位在行的家长积极提供样稿,为学校建设提出了宝贵的意见;一位曾定居澳大利亚的归国华人家长每周五为学生开设拓展课《气质课堂》,教孩子们做一个优雅、文明、有风度的人;一位家长积极联系拍摄组,为初三毕业生制作精美毕业视频,为他们四年的学习生涯留下了一段美丽的回忆;一位学生家长是专业心理咨询师,她为孩子们开设额外的心理拓展课,为孩子们的身心健康发展献出了自己的一份力。

在卢湾中学,家长用自己的才华传授给孩子们可贵的信息,分享我们的一份关爱,让爱增值,让教育增值!"众人教育"真正做到了协调社会各方面的力量,营造有利于孩子们成长的育人环境。一切都是为了孩子能更好地成长,为了孩子能赢在人生的终点。

学校也对积极投身到家校"众人教育"的家长予以了肯定。评选出10位关心教育、支持学校、支持班级工作的荣誉家长,在学子节上,当着全校学生的面,由校长为爸爸妈妈们颁奖。

作为卢湾中学的学生家长,我们对学校的发展和未来前景充满信心。在学校、家庭、社会一体化的教育体系下,学校工作必定能更有序地开展,学生的健康成长也一片光明。

陪伴孩子成长的过程是快乐的,收获是丰富的。让我们走进卢湾中学,执起孩子的手,与他们一起谱写幸福人生的精彩一页并珍藏一生。

后记　六度教学：圆梦学校的众教育

奋斗是万物之父。这是中国著名教育家陶行知的一句话。这句话用来形容卢湾中学的教师，也特别贴切。因为他们单纯、坦荡、心无旁骛，他们不畏艰难、不惧挫折、无怨无悔地坚持做一件事整整十八年，这就是众教育。

创办于1953年的上海市卢湾中学，曾经是一所完中。20世纪90年代，上海开始推行初高中分离政策。1999年，卢湾中学与高中部分离，紧接着又先后与两所初中学校合并，才形成了今日的学校规模。

作为一所刚从重点中学独立出来的初中学校，它基于初高中办学理念的互补与共生，确立了"人文立魂　科学树人"的办学理念和"科学发展　人文见长"的学生发展目标。为了实现学校的发展，当时的卢湾中学做了大量的工作，将组织的愿景转化成个人的愿景，将组织的目标凝结为全体教职工的共同目标，将全体教职工的思想和行动统一到学校的建设中去，为教育实现培养高素质人才的目标提供文化底蕴和精神支撑。十年间，卢湾中学的教育人不负众望、众志成城、手拉手、心相连，在追求立德树人的办学目标以及卓越的办学质量过程中，不懈进取、奋力前行，把卢湾中学打造成了区域的优质学校，累积起如何办好初中校的学校经验，

343

为市、区两级的加强初中建设工作树立了标杆。

回首这十年，所有卢湾中学的教育人都会引以为傲，因为他们将一腔热血、青春抱负都无怨无悔地献给了教育事业；回首这十年，所有卢湾中学的教育人都会想起曾经红遍大江南北的一首歌——《众人划桨开大船》，"一加十，十加百，百加千千万，你加我，我加你，大家心相连"，这不正是他们的真实写照吗？回首这十年，所有卢湾中学的教育人倾尽心血为学校留下了弥足珍贵的精神财富，这就是众教育的朴素的哲学之思：只有集众人之力，才能成众人之事；只有汇众人之智，才能享众人之果。

2010年，学校在回顾十年发展历程之后，历经反复的酝酿，多次的论证，确立了《打造众人文化，有效实现学校教育最大增值行动研究》的学校龙头课题，"众人文化"首次走进了人们的视野。何为众人？当时的解释为：在词义层面，按中文造字字形来看，是为三"人"合一，"三人成众"。在字形结构上，"众"的上面一个"人"指代一类人，即学生；左底下一个"人"指代一类人，即教师；右底下一个"人"指代一类人，即家长。朴素释义背后的深刻含义是：学生、教师、家长本就是处在一个生态系统，良好生态的基础是三者同步发展，互助共赢，因此也可以说，"众人文化"本质上是一种生态共存、共生、共发展的文化。

"众人文化"的提出以及随后的落地行动，也让"众教育"从哲学之思走向了学校生态文化的共建，也让众教育有了更为丰满的理念及目标的诠释：为了支持每个学生的成长，教育要调动学校、家庭、社会以及学生自己，共同参与到教育的整个过程中来，形成合力，相互配合、相互补充，推动四位一体目标趋同、理念融通、过程协调、方法互补、资源共享、评价一致，最终实现学校教育、家庭教育、社会教育以及自我教育等多方面、多角度、多层次的育人体系。

2011年，上海市率先推出了"中小学生学业质量绿色指标体系"，它

344

体现的是一种全面教育观,呈现的是教育者共同的价值追求。如何让学校教育工作全面对接中小学生学业质量绿色指标体系(以下简称绿色指标)呢?卢湾中学首次提出了"六度教学:助推绿色指标落地,全面实现学校发展"的行动要领。何为"六度"?"度"有维度之意,是指学校变革活动要从六个维度来对接绿色指标,即课程建设、课堂教学、学习指导、师生关系、校本研修、家校合作。"度"也有量变引发质变之意,是指学校的每一项变革都要直击教育教学中的痛点,在渐变中实现学校"化茧成蝶"的蜕变,即以延展度提升课程建设的内涵、以增值度促进课堂教学的有效、以贴心度改进学习指导的方法、以温暖度增进师生关系的和谐、以共享度转型校本研修的方式、以融洽度实现家校合作的共赢。

"六度教学"的提出以及五年的实践努力,使学校在上海市学业质量绿色指标测试中显示各学科学业成绩标准达成指数达到 9 级,绝大部分指标指数均高于全区平均水平,并呈现了正向进步的状态。近三年,学校中考成绩稳中有升,连续三年合格率 100%。2017 届中考再创新高,普高达线率 97.87%,上海市实验性示范性高中达线率 60.28%,自主招生预录取率达 39%。这些量化显性的数据告知我们,学校"化茧成蝶"的蜕变已经走在路上,而且也必将呈现加速度的发展趋势。

这一切变化,也使学校对"众教育"的落地路径及其策略有了更为清晰的立体画面。其核心的含义有二:一是让每个学生的生命潜能自由、充分、全面、和谐、持续的发展;让每个教师都能教有个性,在成就自我的同时成就学校的发展;让每一位家长都能与学校携手同行,体验家校和谐、亲子活动的快乐。二是学校教育的改革必须主动适应课程改革的发展,必须立足于学校这片土壤,必须满足于师生未来的发展,在目标导向的引领下,问题导向的思考中,集聚众人的力量、众人的智慧,不断优化所有教育要素,进而达到"谐振"效应,形成高效的运行机制和教育形态。

2013 年，伴随着学校六度教学的有序推进，如何进一步实现课程建设的延展，这一现实的命题催生了"无边界思维坊"跨界教师学习共同体的诞生。学校组织形态的变化，让不同学科教师能够围坐在一起，实现教师的跨学科合作，"无边界课程"也呼之欲出。现任上海市教育学会会长的尹后庆先生如此盛赞"无边界课程"的成果：立足于课改理念，指向核心素养；立足于学习方式，突破学科边界；立足于"互联网＋"时代，丰富无边界内涵。黄浦区教育局局长姚晓红在为《无边界课程："互联网＋"时代的变革加速度》一书所写的序言中表述：无边界课程是一种课程建设创新，串门式教学是一种课程实施创新，无边界思维坊是一种教研创新。

　　盛誉之下，我们心有惶恐，因为我们知道，这只是迈出了万里长征的第一步，未来还有许多工作要做。与此同时，我们也在深思，究竟是什么动力使卢湾中学的教育人始终孜孜不倦地追求，从"众人文化"到"六度教学"，又从"六度教学"中延展出"无边界课程"，进而把学校建设成学生成长的乐园、教师发展的沃土，让家长满意，使社会认同。众里寻他千百度，也许原因有千千万，但蓦然回首，不忘初心，"集众人之力，成众人之事；汇众人之智，享众人之果"，这才是学校发展的最根本的原生动力，浓缩为一个词，就是"众教育"。

　　十八年寒来暑往，十八年风雨征程。当历史的脚步在白驹过隙的岁月中向前迈进，流逝的岁月离我们越来越远的时候，凝聚了全体卢湾中学教育人辛劳汗水的"众教育"，经过不断地继承与完善、改进与创新，正逐步摆脱稚嫩，走向成熟。而今，我们把"众教育"的内核简要概括为一句话，那便是：集聚众人力量和智慧于一身，追求众人和谐和发展于一体的学校发展模式。

　　梦想，永远是一个充满魔幻的字眼，给人带来无限遐思，令人倍生希望。而圆梦，则需要砥砺践行，聚力四方，真抓实干。"众人文化"、"六度教学"、"无边界课程",每一次的跨越式发展,都是卢湾中学教育人的一次灵魂洗礼,同时也让我们对众教育的认识和理解不断由肤浅走向深刻。而六度教学作为承上启下的一次标志性教改活动,在众教育从一颗原生态的种子成长为可操作的学校发展模式这棵参天大树的过程中,无疑起到了举足轻重的作用。

十八年,历史长河的一瞬间。未来,我们的路在哪里? 下一个目标是什么? 这是每个卢湾中学教育人都在不断思考的问题。这种思考有助于我们更清醒地认识到:尽管有十八年的教育实践历程,实现了学校的脱胎换骨,实现了学校的内涵发展,结下了众教育的三枚果实——"众人文化"、"六度教学"、"无边界课程",但未来的路依旧漫长,我们要有更深层次的众教育思想指引我们前行,只有这样,我们才能适应不断变革的教育。为此,借由《六度教学:基于绿色指标的行动研究》这本书的出版,我们用这篇后记来回顾这十八年的众教育探索之路,以表达我们对卢湾中学教师们的感佩和尊敬,正是他们让学校追寻到了发展前行的根脉。

未来已来,我们正圆梦学校的众教育!

未来已来,我们将开创学校的新篇章!

图书在版编目（CIP）数据

六度教学:基于绿色指标的行动研究/何莉主编.
—上海:上海三联书店,2018.
ISBN 978 – 7 – 5426 – 6394 – 8

Ⅰ.①六… Ⅱ.①何… Ⅲ.①中小学—教学研究
Ⅳ.①G632.0

中国版本图书馆 CIP 数据核字(2018)第 153645 号

六度教学
——基于绿色指标的行动研究

主　编　何　莉

责任编辑　钱震华
装帧设计　陈益平

出版发行　上海三联书店
　　　　　　　(201199)中国上海市都市路 4855 号
印　　刷　江苏常熟市东张印刷有限公司

版　　次　2018 年 8 月第 1 版
印　　次　2018 年 8 月第 1 次印刷
开　　本　700×1000　1/16
字　　数　280 千字
印　　张　22.5
书　　号　ISBN 978 – 7 – 5426 – 6394 – 8/G·1497
定　　价　78.00 元